関係人口の社会学

人口減少時代の地域再生

田中輝美

はじめに

関係人口という概念を初めて知ったときの胸の高鳴りを、今でも鮮やかに思い出すことができる。

筆者は、過疎の発祥地と言われる島根県で生まれ育った。物心ついた頃から人口は減り続け、増えるという事態はあまり想像できなかった。しかし、地域を活性化しよう、再生しようという議論となれば、人口の増加や経済指標の伸びこそが、成功のわかりやすい証であった。

では、島根県をはじめとした過疎地域は常に、失敗例であり、〝負け組〟でしかないのか。今後も再生はかなわないのか。地元紙の記者時代から抱えていた問題意識が、関係人口という新しい概念とつながり、解決の糸口になるような気がしたのである。

ただ、まだ関係人口は生まれたばかりで、あいまいな部分も多かった。そこで二〇一六年、大学院博士前期課程に社会人として入学し、関係人口の可能性を考える修士論文を執筆した。続いて二〇一七年、『関係人口をつくる―定住でも交流でもないローカルイノベーション』を著した。

この本は、関係人口は人口減少に直面する日本社会のこれからを考えるヒントになる概念であり、地方の新しい再生戦略にもなりうるのではないかという仮説に基づき、今なぜ関係人口が求められるのか、具体的にどんなものを指しているのか、そして、どうやって生み出されていくのかを考える内容であった。

そのときに積み残したことが、実は二つあった。一つが関係人口の厳密な定義、もう一つが地域にとって関係人口はどんな価値があるのか、ということである。この二つについて当時の考えを書き連ねてはいるものの、確信を持って言語化するには至らなかった。そのことが、大学院博士後期課程への進学へとつながっていった。

時は流れ、関係人口を取り巻く環境は大きく変わった。政府が政策として取り入れ、自治体関係者を中心に期待を集めて「ブーム」とも言われるほど急速に広がった。一方、過剰な期待を寄せられるがあまり、混乱や批判も生まれているのが現状と言えるであろう。

本書は、二〇二〇年三月に提出した博士論文が元になっている。そのため一般の読者の方には読みにくい部分もあるのではないかと想像するが、前著で積み残した関係人口の定義と、関係人口が地域再生に果たす役割、この二つの宿題に、社会学のアプローチで筆者なりに向き合ったつもりである。そしてその過程を通じて、人口減少時代の地域再生の方向性が浮かび上がれば幸いである。

目次

第2部 関係人口の群像 123

序章　かつてない〝危機〟の中で

1　地方消滅への過剰な対抗

明治期以降、基本的に人口が増加していた日本社会は、人口増加が社会発展につながるという基本枠組みを維持してきた。しかし、二〇一一年に人口の継続的な減少が始まった[1]。さらに国立社会保障・人口問題研究所（二〇一八）の推計では、二〇一五年に一億二、七〇九万人であった総人口は二〇六五年には八、八〇八万人となり、この五〇年間に約三割の人口を失うことになる、とまとめられている。同研究所は、日本では歴史上、このような長期にわたって恒常的に人口減少が起きたことはなく、「わが国の二一世紀は、まさに人口減少の世紀と言えるだろう」と述べている[2]。

ただ、地方の一部地域においては、過疎化と言われるように、以前から段階的に人口の減少を経験してきた[3]。そのため、人口減少の中でどうやって地域を再生させるのか、政府や地方自治体は対策を取り続け、学術研究の主題でもあり続けてきた。にもかかわらず、これまでの地域再生政策は基本的に失敗だったと指摘されている（飯田ほか二〇一六）[4]。

こうした中、日本創成会議が二〇一四年、いわゆる「増田レポート」を発表した。これは、二〇四〇年までに日本全体の四九・八%にあたる八九六の自治体が消滅する恐れがあるとした内容で、続いて同会議の座長である増田寛也は『地方消滅』という書籍を出版し〝危機〟をあおった。この「増田レポート」は、後述するように、全国の自治体関係者に衝撃を与えたとしてさまざまな批判や反論が寄せられており、中には説得力のあるものも含まれている。

しかしながら、人口減少の段階が進み、ついに消滅するという言説が登場するほどの状況になったということは事実であり、かつてない事態として受け止める必要があろう。消滅というパワーワード、そして、失敗の連続で打つ手が見えない地域再生政策。これらを前に、今ほど新しいアプローチによる地域の再生が強力に求められている時代はないのである。

「増田レポート」に応答する形で推進されることになったのが、人口減少の歯止めと東京一極集中の是正を目的とする「地方創生」である。安倍晋三前首相は「地方創生」への決意を初めて表明した二〇一四年の所信表明演説で、「故郷《ふるさと》を、消滅させてはならない」と訴えた。「地方創生」は、このように投げ掛けられた消滅への危機感をベースに、過剰な人口対策へと傾斜していった。

実際に「地方創生」に取り組む地域では、移住を積極的に推進することが再生の方向性として広く認識された。その結果、空き家のあっせんや子どもの医療費無料、「引っ越してくれば〇〇万円」といった移住者への特典の提供が行われるなど、「自治体間人口獲得ゲーム」(山下 二〇一四、一八七頁)の様相を呈している[5]。

一方、地方の消滅を訴えた「増田レポート」への反論は、やはり、地方は消滅しないということに集中している。例えば、使用データの古さなど「増田レポート」の前提条件に疑問を投げ掛けるものや、後述する田園回帰と言われるような地方への関心の高まりというトレンドを徹底的に無視している点を批判するもの、そして、若年女性人口の増減率を持って消滅可能性を論じた乱暴さを決定的な問題点に挙げているものもある。その上で、いずれも、地方が消滅しないこと、そして存続が十分にありうることを強調しているのである（藤山 二〇一五、小田切 二〇一四、嶋田 二〇一六ａ）[6]。

中には、すべての地域において人口の増加を目指すことはできないこと、人口は絶対に減ることを前提にした議論もあるものの、その前提を踏まえて論じられるのは、地域が存続するための方策である（徳野 二〇一〇、山崎 二〇一七）。

確かに、地方消滅という乱暴な議論かつ、あおられた〝危機〟への対抗として、地域の存続可能性を訴えることには大きな意義があり、また必要不可欠な作業であろう。

しかしながら、存続の意義や可能性が過剰に強調されるあまり、人口を維持さえすれば地域再生が実現されるという定義にすりかわってしまったり、地域の存続が地域再生における唯一絶対の評価基準ですらあるかのような空気が強まっていたりするようにも見える。

あらためて問いたい。本当にそれで良いのであろうか。厳しいかもしれないが、前述のように恒常的な人口減少社会を迎えた中で、すべての地域において人口の増加を目指すことができないのではなく、もはや地域の存続を目指すことも難しいのが現実であろう。

人口減少が前提となる現代社会において、地域再生とはいったい何を目指すべきなのか、その再定義も求められているのである。

地域再生をめぐる論点は、もう一つ存在している。誰が地域再生を担うのか、つまり、地域再生の主体の問題である。

人口減少社会とは単純に考えれば、これまで地域再生の主体として捉えられてきた地域住民の量、つまり、定住人口が減っていく社会のことである。

政治学者の曽我謙悟（二〇一九）は、著書『日本の地方政府』で、これまでの地方自治体は人口の増加を目標の一つとしてきたと述べた上で、人口という量的側面への注目やそれに基づく制度設計は人口増大と経済発展がともに進む段階では適合的であったものの、その前提が失われた中では、人口の質への理解は不可欠であるとして、人口という量の「呪縛」から解き放たれて質へと目を向ける必要性を強調している。

2　心の過疎化

そこで、あらためてその質に目を向けてみると、人口減少が進む地域では、住民の「誇りの空洞化」や「あきらめ」に起因する主体性の欠如が、相次いで報告されてきた（稲垣ほか 二〇一四、小田切 二〇一四、上村 二〇一七）。「心の過疎化」と言える事態である。

以上を踏まえると、地域再生の主体は、定住人口が減り、そして、主体性が欠如するという量と質の両面において困難な状況にある。地域再生主体の不足、ときには「不在」と指摘されることもあるほどの深刻な事態に直面しているのである。地域社会、そして地域再生を考えたときに、本当の〝危機〟とは、ここにあるとも言うことができる。

これまでも地域再生の主体やその形成は重要であるとの指摘は数多くなされてきたが、重要性の指摘にとどまっていたり、事例の中で所与のものとして扱われたりする傾向が強かった[7]。近年になって、詳細な形成過程の分析や蓄積が進んできたものの、共有された理論の枠組みは未だ存在していないと言えるであろう。

一方で、地域再生の主体をめぐっては、地域住民以外の存在、つまり、地域外の主体への着目は少なくない。実際にかつては地域外の企業による開発が盛んに行われ、都市住民が農村を訪れる都市農村交流に期待がかけられた時代もあった。しかし、一九八〇年代以降のリゾート開発に代表されるように失敗に終わったものも多く、都市農村交流も地域側が消費される一過性の関係となって、「交流疲れ」現象が報告されている（小田切 二〇一四）。

言い換えれば、これまでの地域社会は、地域外の主体との間の関係構築に失敗してきた、つまり、地域外の主体を地域再生の主体として形成することに失敗してきたという歴史でもあった。

こうした中、二〇一六年には、定住人口でも交流人口でもない、関係人口という新たな地域外の主体を指す用語が登場した（高橋 二〇一六、指出 二〇一六）。総務省は二〇一八年、人口減少が先行する地方においては地域外の主体の力を取り込むことが必要であるとして、中でも関係人口への着目が地域再生の糸口になる、という報告書を公表した。

さらに、二〇一九年度からは同省が「関係人口創出事業」をモデル的に始め、「地方創生」の方針を決める政府の第二期「まち・ひと・しごと創生総合戦略」でも初めて関係人口の創出・拡大が掲げられたこともあって、関係人口への期待は急速に高まりを見せている。

しかしながら関係人口は新たな用語ということもあって、社会学的な概念定義は定まっておらず、地域再生に果たす役割も明らかになっていない。そのため、これまでの交流人口との混同や、過度な期待、そして本質を外した議論も散見される状況である。地域ＰＲ戦略の中で消費されていく恐れも指摘されている(田口二〇一七ａ)。

歴史を踏まえれば、新たな地域外の主体の登場に一喜一憂するのではなく、地域社会が地域外の主体とどのような関係を築き、そしてどのように地域再生の主体としての形成を促すのかを考えるべきであろう。これは地域住民が量的にも質的にも困難な状況にある現代社会における地域再生を論じる上で、より重要性を増していると考えられる。

3　ねらいと構成

人口減少が前提となる現代社会において、地域再生とは、誰が、何を目指すべきなのか、という二つの大きな問いが浮かび上がってきた。

そこで本書は、新たな地域外の主体として登場してきた関係人口に着目し、関係人口が地域再生に関わった事例を分析、考察することで、関係人口はどのように地域再生の主体として形成されていくのか、そして地域再生にどのような役割を果たすのか、という二点を明らかにすることを目的としたい。これらの作業は、人口減少が前提となる現代社会において地域再生とは何を目指すべきなのかという再定義にもつながるであろう。

具体的な構成は、次の通りである。

まず第Ⅰ部で関係人口とは何かを明らかにする。第1章は、関係人口が登場するまでの地域社会史がテーマである。消滅という言説が出るほどになった地域社会の変容を概観しながら、併せて地域再生政策を検証し、地域再生をめぐる本質的な課題を浮き彫りにする。少し長めの章ではあるが、関係人口が今なぜ登場してきたのかを考える上では避けては通れないと考えている。

第2章では、本書で着目する関係人口に関連する議論を整理し、あらためて関係人口を社会学の概念として定義する。関係人口という用語は、『東北食べる通信』元編集長の高橋博之（二〇一六）と、雑誌『ソトコト』編集長の指出一正（二〇一六）という二人のメディア関係者が最初に言及し、その後、学術研究においては、農業経済学者の小田切徳美（二〇一八）が中心となって論じてきたというのが大きな流れである。これまで社会学的に関係人口を定義し、地域再生に果たす役割を論じた研究は存在しなかった。

その上で、第3章で、関係人口が地域再生の主体としてどのように形成されていくのかを社会関係資本論[8]のアプローチで、地域再生にどのような役割を果たすのかをよそ者論のアプローチで、それぞれ分析することを説明する。

社会関係資本は、二〇〇〇年代以降の人文社会科学において、最も幅広く引用され、議論された概念である（寺床二〇一六）。そして地域再生への有効性を分析する研究も、学際的に数多くなされてきた[9]。しかし、その一方で、社会関係資本と地域再生主体の形成との関係は、十分に検討されてきたとは言い難い状況であった。

第2章と第3章は学術的な記述が中心的になることから、具体的な実践により関心のある読者の方は、後回しにしてもらっても良いかもしれない。

第2部では関係人口の群像を描く。第4章から第6章で、調査対象である島根県海士《あま》町と同県江津《ごうつ》市、香川県まんのう町において関係人口がどのように地域再生に関わったのか、その詳細を記述する。海士町では廃校寸前の高校が復活し、江津市ではシャッター通り商店街が蘇り、まんのう町では高齢者が安心して暮らせる仕組みが整いつつある。

これらを踏まえ、第3部は、関係人口と地域再生をテーマに置く。第7章で関係人口の地域再生主体としての形成を、第8章で地域再生における関係人口の役割を、それぞれ分析した上で考察を加え、人口減少が前提となる現代社会において地域再生とは何を目指すべきなのかを明らかにする。最後に本書の限界と今後の課題を述べる。

また、二〇二〇年に起こった新型コロナウイルスの感染拡大は、地域と関係人口のあり方にも大きな影響を及ぼしている。そこで、補論で新型コロナウイルスの感染拡大に伴う変化を踏まえた、これからの関係人口のあり方や課題を検討することとする。

4　本書の手法について

地域再生主体の形成について、共有された理論の枠組みは未だ存在していない状況であることはすでに触れた。要因はさまざまあると考えられるが、その中の一つは、「個人の意識変容を捉えなければ、本当の意味での主体形成の実態把握とは言えない」（蜂屋 二〇一七、二五頁）との指摘もあるように、個人の意識変容を捉えることの難しさにあるのではないだろうか。学術研究においては、時間や費用といったさまざまな制約があり、なじみのない地域での調査となったり、十分に時間をかけることが難しかったりすることは少なくない。しかしながら、個人の意識変容を捉えるためには、どうしても時間がかかることに加えて、調査対象者との信頼関係も必要になってくるであろう。

本書に登場する三カ所のうち、海士町と江津市という二カ所が島根県内となっている。筆者は島根県に生まれ育ち、大阪大学卒業後にUターンして、同県の地方紙である山陰中央新報社に入社した。記者として一五年間勤務し、特に地域の再生に関心を持って取材活動を行った。二〇一四年にフリージャーナリストとして独立後も変わらず島根県を拠点に執筆活動を続け、現在も同県内や中国山地の地域再生を追う新聞連載を担当している。

中でも海士町と江津市については、記者時代の二〇一二年から継続的にフィールドワークを行っており、それに基づき三冊（山内・岩本・田中 二〇一五、田中・藤代 二〇一五、田中 二〇一七b）を執筆した。

また、二〇一六年度に大阪大学人間科学研究科に提出した修士論文（田中 二〇一七a）においても、この二地域の事例に基づき、これからの地域再生の戦略は定住人口の増加から関係人口の増加へというパラダイムの転換が求められることを指摘した。続いて二〇一七年には関係人口を生み出した島根県の連続講座「しまコトアカデミー」を事例に本を執筆するなど（田中 二〇一七c）、関係人口の最前線に伴走し、記録を続けてきた。

そして、これらをさらに発展させ、二〇二〇年に大阪大学人間科学研究科に提出した博士論文を改稿したものが、本書となる。

本書は、これまで述べたような長期間にわたるフィールドワークと、調査対象者との信頼関係に基づき、個人の意識変容に踏み込んで記述・分析しているという点が、特色の一つである。東北地方のブロック紙・河北新報社の元記者の寺島英弥（二〇一二）は、地方紙の記者の本質は「その場にとどまり、当事者と同じ時間を生きる」ことであると述べている。筆者もこのあり方を大切に思い、目指してきたつもりである。

ただし、もう一つの調査地である香川県まんのう町については、海士町と江津市ほど長い時間をかけることができたわけではない。調査対象者と丁寧にコミュニケーションをとることを心がけたものの、その点は留意いただけると幸いである。

以上を踏まえ、本書は、学術研究では決して多くはない実名公表としている。この点については調査対象者に説明を行い、承諾を受けた。また、記述内容についても確認し、修正を希望する調査対象者と箇所については修正を行った。

質的な調査の記述や描写の作法については、個人情報保護を背景に、匿名化に努めることが近年求められるようになった。確かに重要な観点ではあるが、一方で、匿名化を行うことによって生きている人や地域がいわば記号化され、どうしてもその息づかいや鼓動が伝わりにくくなってしまうという側面もあるように感じる。

賛否は分かれるであろうが、本書では、主体の形成を考察するために欠かせない個人の意識変容を捉えるため、そして「対象者の許諾を得られるかぎりは、真に生きられた現実に沿った、具体的で詳しい記述を目指すのが質的研究のあり方」(吉川徹［二〇〇一］二〇一九、v頁)という考えに沿い、実名公表としている。

5　島根県というフィールド

本書に登場する三カ所のうち二カ所のフィールドが島根県となっているのは、これまで説明してきたように筆者自身が生まれ育ちジャーナリストとして活動していたから、というだけではない。むしろそれ以上に、人口減少時代においてここを見るべきであるという、うってつけの地域と言うことができるからである。

まず一点目は、島根県は過疎の発祥地とされ、さらに現在も人口減少の最先端に位置しているということである。近年は人口減少に直面する地域は増えてきたものの、半世紀以上前から過疎や急激な人口減少に島根県は直面していた。

現在の県人口は、二〇一五年国勢調査で六九万四、三五二人。ピークである一九五五年の九二万九、

○六六人と比べると、約二三万人減少している(図1)。何より、第一回の国勢調査が行われた一九二○年の県人口を下回った全国唯一の都道府県となっているのである[10]。講演などで大正時代よりも人口が減ったことを紹介すると、会場にどよめきが起こるのが常である。

一九六四年に開催された東京オリンピックから五年後の一九六九年、島根県旧匹見町《ひきみ》(現・益田市)の故・大谷武嘉町長は衆議院地方行政委員会に参考人として出席し「過疎といえばまず島根県、島根県の中でも匹見町というほどに、過疎では匹見は全国にうれしくない名前をはせておりますことを、まことに恥ずかしく思って」いると発言した。この頃には島根県が過疎の代表的存在として認識されていたことは確かと言えそうである[11]。

なぜ島根県が過疎の代表的存在になったのか――。それは裏返せば、かつてはそれだけ豊か

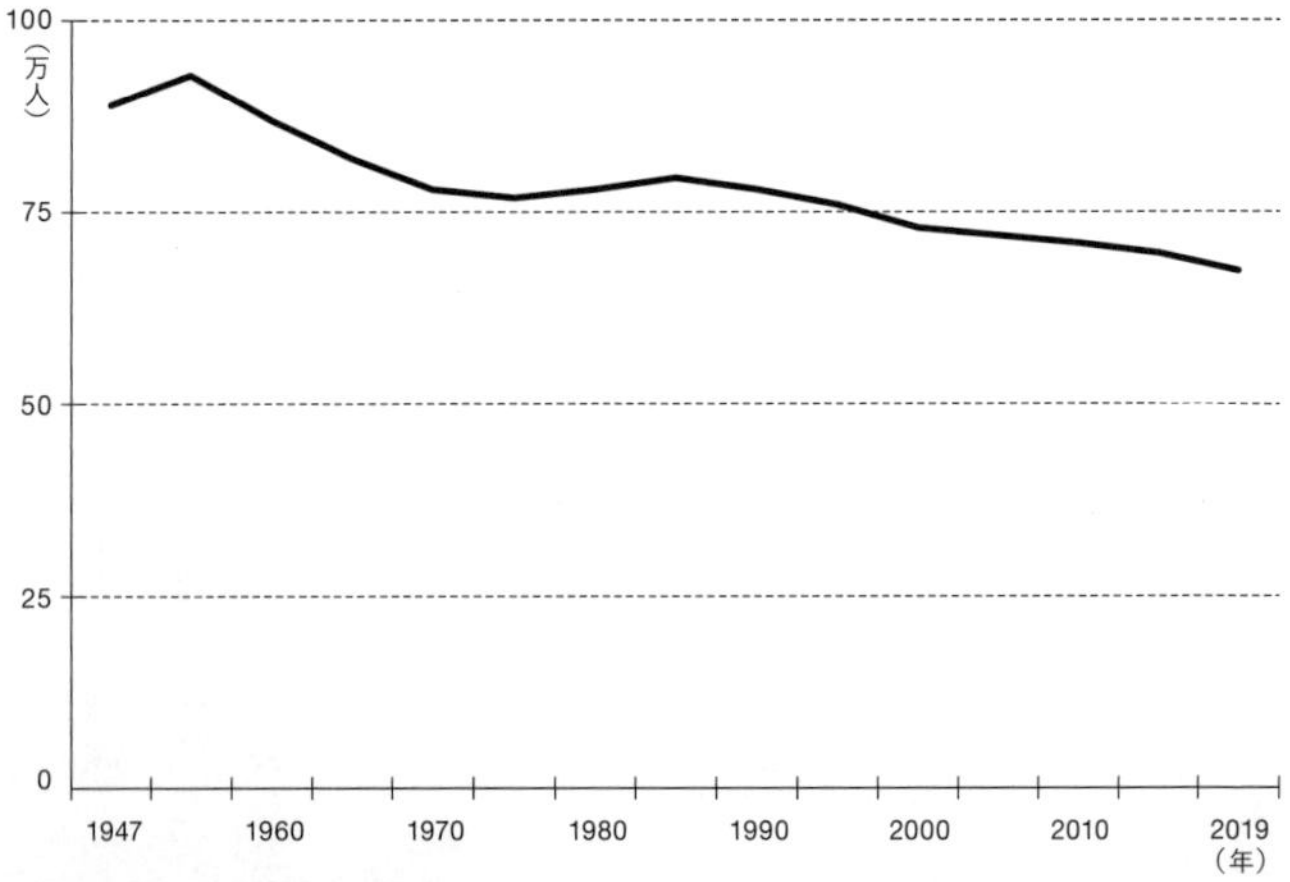

図1　島根県の人口推移(出典：島根県 2020a)

で人口を抱えていることができていた、という意味にもなる。

島根県は中国地方の北側にあり、隣の鳥取県と合わせて山陰地方と呼ばれている（図２）。

中国山地を隔てた広島や岡山の山陽地方と比べても曇りや雨の日が多く、冬になると、ほとんど青空を見ることはない。筆者自身、子どもの頃は、いつも変わらない鈍色の空と海の暗さが嫌いだった。なんとなく気分も重く、見ているだけで憂鬱だった。その陰影の美しさや奥深さが愛せるようになったのは、大人になってからである。

島根、鳥取の二県は「島」「鳥」という漢字が紛らわしいことに加え、左右の位置を間違われることも多く、島根県は「島根は鳥取の左側です！」、鳥取県は「島根の右側です！」という地図入りのＴシャツを販売してＰＲしている[12]。実際に、二県ともインターネット上で面白半分に

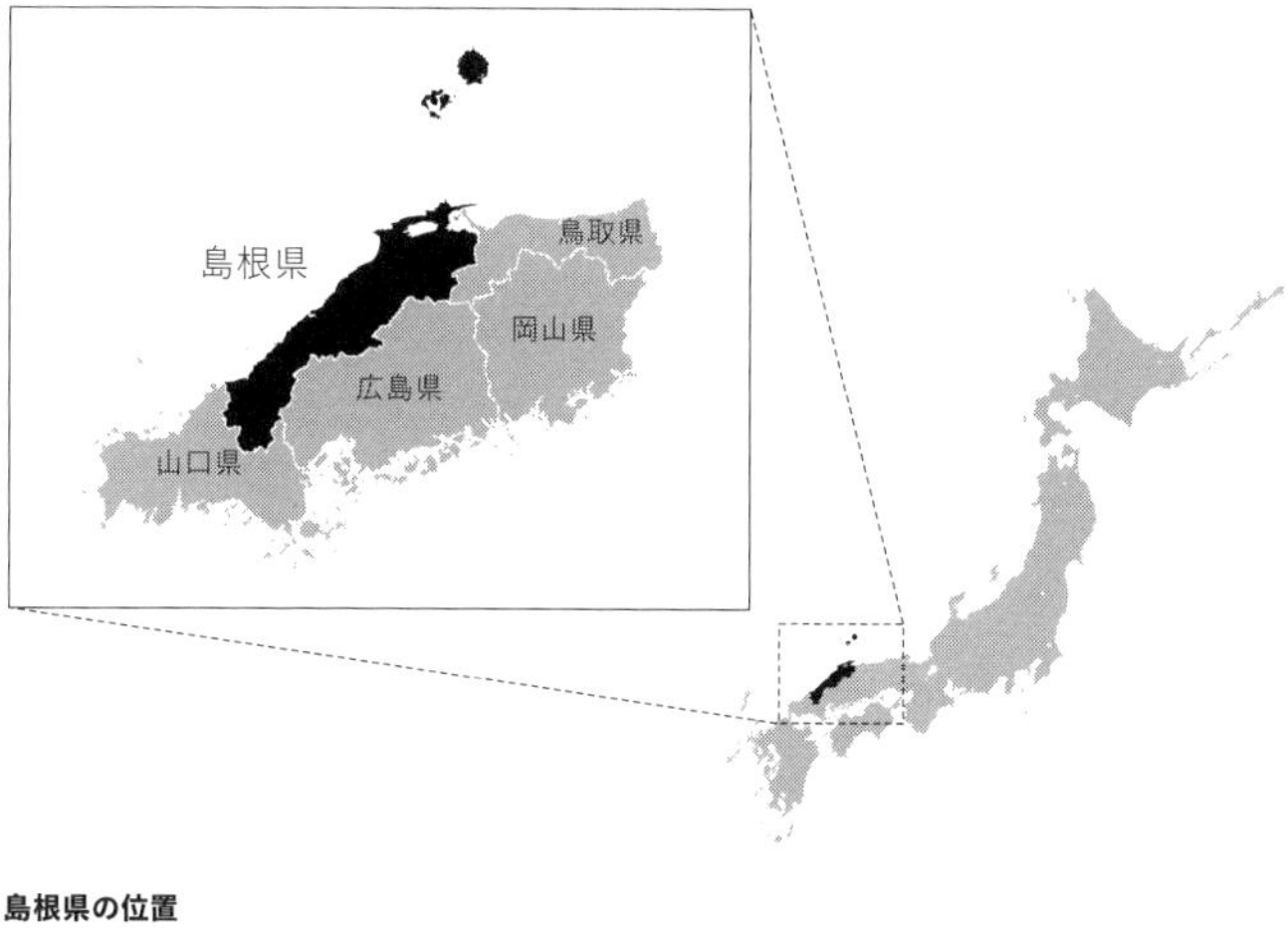

図２　島根県の位置

展開される「実はどこにあるのかよく分からない都道府県ランキング」上位の常連でもある。一言で言えば、地味なのであろう。

しかしながら、かつては、明治時代まで続いた国内の製鉄の中心地だった[13]。島根県を含む中国山地は、鉄分を多く含む花崗岩が風化してできた真砂土が大量に産出される。加えて、県の面積に占める森林割合が七九%に上り、全国三位の森林県である。湿潤で、比較的標高の低い山並みが続き、木炭の生産に最適なナラ、ブナといった広葉樹が多いことから、砂鉄と木炭を土でつくった窯で製造する「たたら製鉄」が盛んに行われた。特に全国の木炭生産がピークを迎える一九六〇年まで、東の横綱が「岩手木炭」、西の横綱が「島根木炭」とされ、製炭が重要な産業であった[14]。だからこそ、山深い地域にも集落が形成され、人が住み着いていたのである。

しかし、明治時代に入り近代的な製鉄が始まり、さらに一九五〇年代になって各家庭にガスが普及し出すと、木炭の生産量は一気に減少した。現金収入の手段を失った島根県の農村から、人口流出が始まった。前述した島根県匹見町が中国山地にあり、総面積の九七%が森林であったことは、象徴的である[15]。一家を挙げて離れる「挙家離村《きょかりそん》」が相次いだ同町の人口は七、一八六人(一九六〇年)から五年で五、二五六人となり、現在は一、一一九人で約八割も減ったことになる。

島根県から山陽側に行くには、ほぼ必ずと言っていいほど中国山地を越えなくてはならない。江戸時代には播磨国姫路(兵庫県姫路市)から出雲国松江(島根県松江市)を結ぶ出雲街道が存在し、現在では国道や高速道の整備が進んでいるとはいえ、それでも冬は積雪が一メートルを超えるところも少なくない。JRも山あいを縫うようにして走るローカル線が陰陽を結んでいるものの、高速道の影で存在感は薄く、新幹線は通っていない。

それゆえ、島根県は通勤・通学で隣の他県に通うことは、一部をのぞいてほぼ不可能な地理的環境にある[16]。だからこそ、一九五〇年代以降の高度成長期には仕事を求めて、その後も大学をはじめとした高等教育を求めて、人々は流出し続けた。流出するしか選択肢がなかったのである。

面積的には、決して小さい県ではない。県の東西は約二〇〇キロ、面積は六、七〇八平方キロメートル(全国一九位)である[17]。しかし、この中に大学はわずか二校(国立大学一校、公立大学一校)しか存在していない。全国四七都道府県で最少である。島根県と並んで佐賀県も同様に最少の二校ではあるが、地理的に隣の福岡県に近く、交通機関も発達していて福岡県の大学に通うことができるという点が大きく異なる。

実際に島根県(二〇二〇b)のまとめで、各歳別の県外転出者数は一五～一九歳で大きく増加する。県外転入者数との差し引きの増減数では多くの世代で転出超過となっている中で、特に一五～一九歳から二五～二九歳が大幅な転出超過である。

一五～一九歳の最も多い移動理由は就学・卒業である。これは約六、〇〇〇人の一八歳人口に対し、県内に存在する二校の入試定員は一、六〇〇人余りと県内一八歳人口の二七%に過ぎないことが影響している。日本社会の高い進学率から考えれば不足していると言え、定員からあふれた若者は進学をあきらめるか、進学を望むなら県外に流出する。こうして前述したように島根県は現在の人口が大正時代の人口を下回る全国唯一の県となった。

それでもというべきか、だからこそというべきか、現在の島根県は、移住・定住対策や、本書のテーマである関係人口の先進地域として知られるようになっている。それが、島根県をフィールドとする大きな理由の二点目でもある。

なぜ先進的なのか、その理由を聞かれることは少なくない。さまざま考えられるが、ただ、積極的で先取の気風がある風土ゆえ、ということではないように感じている。風土で言えばむしろ、保守的でよくある地方の県の一つではないだろうか。

それでもなぜなのかというのは、前述した島根県旧匹見町の大谷町長による一九六九年の意見陳述にヒントが隠されているように思う。少し長いが引用して、第Ⅰ章への導入としたい。

私たちは過疎の問題についてどろんこになって真剣に立ち上がっていこうと、また全国の中の七七六の町村の中で私は最右翼のりっぱな過疎の村づくりをしてみせるという意欲に燃えている者の一人でございます。どうかそのひなびた山村におります私の心を裏切らないように、われわれのその勇気を、われわれのその気持ちを生かしていただくように、過疎立法がぜひ実現いたしますように皆さま方の格別の御尽力をお願いを申し上げて意見を終わりたいと思います。

過疎の発祥地だからこそ、全国最先端で人口減少が進むからこそ、人々は悩み、もがき、工夫し続けてきた。そこに先進性が宿るのではないだろうか。

第Ⅰ部

関係人口とは何か

第1章　誕生前史——地域社会の変容

1　人口減少の段階による三つの時代区分

序章で述べたように、現代社会においては人口減少が前提となった。ただし、人口減少という現象自体は突如始まったものではなく、地方では顕在化して長い年月が経過していることが、すでに多く指摘されている[18]。

社会学者の山下祐介(二〇一〇)は、第二次世界大戦後の地域の人口変動を三つの過疎に区分した。一九六〇年代に顕在化した、地方から都市へと人口が移動する社会減少による過疎が第一次過疎期である。一九八〇年代末以降になると、死者数が出生数を上回る自然減少への転換が始まった。社会減少と自然減少がともに進むのが、第二次過疎期である。そして、二〇〇〇年代を過ぎて現在は第三次過疎期に入っている。第三次過疎期とは「人口の社会減少・自然減少がいよいよ地域社会の淘汰におよび、二〇一〇年代には一部の過疎集落が限界を超えて消滅するとまで予言されている」(山下二〇一〇、五頁)状況を指している。

この区分に従い、第Ⅰ章では、学際的に蓄積されてきた地域社会の変容を概観し、関係人口が誕生するまでの地域社会史として位置付けたい。地域の中でも特に、人口減少の影響が大きい過疎地域と中間地域（地方都市）に着目する[19]。

2 「金の卵」を見送って――過疎の誕生

民族大移動

第一次過疎期から順に見ていく。日本国内では、一九五五年に始まった高度経済成長を背景に「民族大移動」（内野 一九九〇、一六頁）と呼ばれるほどの、農村から都市への若者たちの大規模な流出が生じ、人口の地域分布の著しい不均衡がもたらされた。具体的には、非大都市圏から大都市圏への移動数は一九五五年から一九六二年の間に急増し、年間一二〇万人となった[20]。三大都市圏への転入超過数で見ると、年間三〇万人から六〇万人の間を上下しながら一九六一年の六五万人をピークに減少しており、八〇年からは小さな増減を繰り返している（図3）。

特に一九五五年からの一〇年間は、学生服姿の地方の中卒者が「金の卵」と呼ばれ、特別仕立ての就職列車に乗って集団で大都市に移動し、就職する「集団就職の時代」（加瀬 一九九七、五頁）であった[21]。例えば、島根県では一九六五年に中学校を卒業して就職した七、二〇七人のうち五、五五一人が県外に就職し、県外就職率は七七％に上った（今井 一九六八、表Ⅰ）。

こうした人口の地域分布の著しい不均衡、地方から見れば激しい人口流出という現象に、新しく過疎という用語が与えられた。

共同通信元記者の今井幸彦（一九六八）によると、経済審議会が一九六七年に提出した地域部会報告で過疎が初めて定義されている。報告では、高度成長が地域経済社会に与えた影響はきわめて大きなものであったとした上で、問題点として、①地域格差問題、②人口の急増する地域における過密問題、③人口の急減する地域における過疎問題の三つを挙げた。過疎問題は独立しているのではなく、都市の過密とセットで捉えられていたことがうかがえる。

人口減少地域における問題を〝過密問題〟に対する意味で〝過疎問題〟と呼び、過疎を人口減少のために一定の生活水準を維持することが困難になった状態、たとえば防

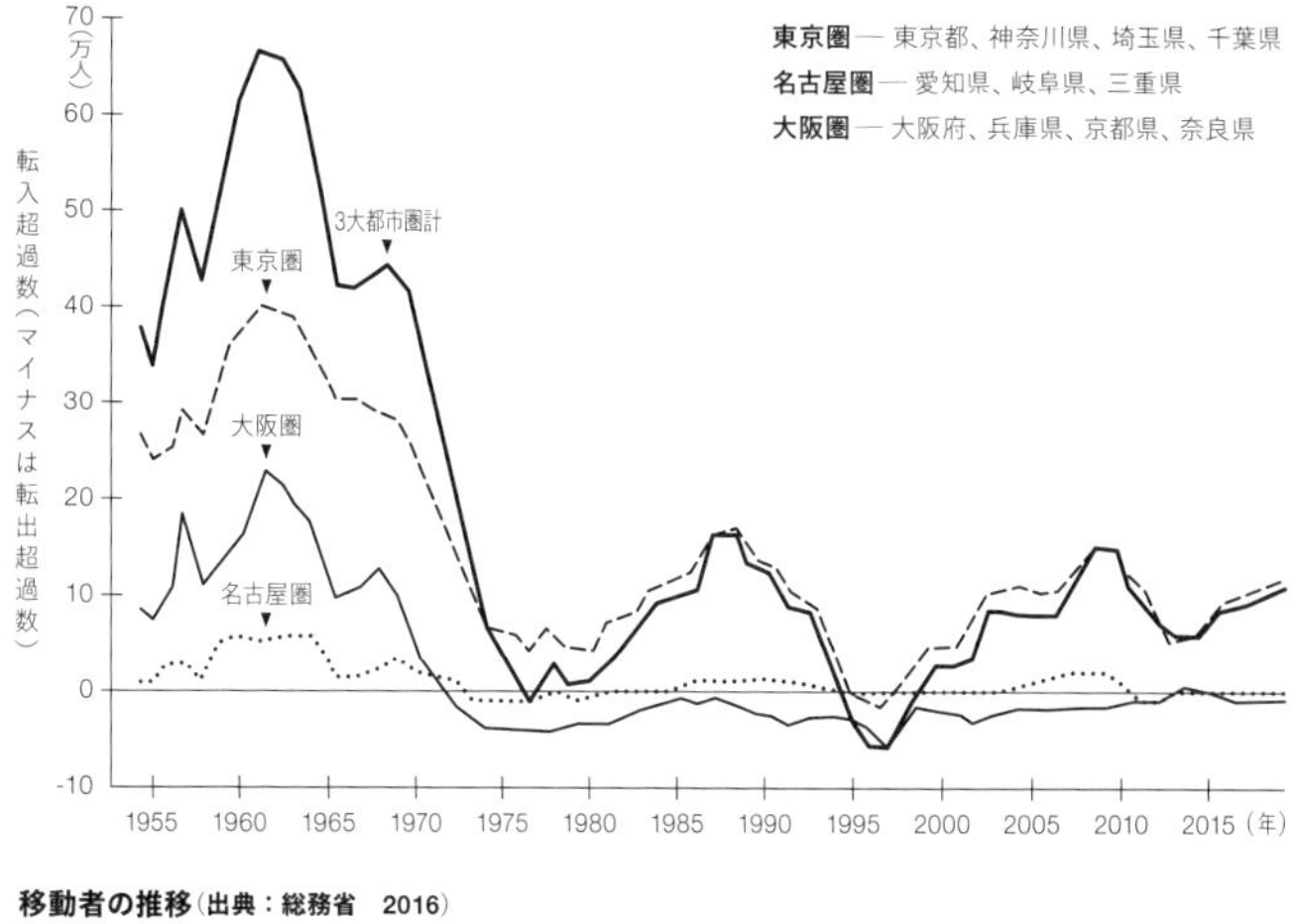

図3　移動者の推移（出典：総務省　2016）

災、教育、保健などの地域社会の基礎的条件の維持が困難になり、それとともに資源の合理的利用が困難となって地域の生産機能が著しく低下することと理解すれば、人口減少の結果、人口密度が低下し、年令構成の老齢化が進み、従来の生活パターンの維持が困難となりつつある地域では、過疎問題が生じ、また生じつつあると思われる[22]。

中学生の離村宣言

過疎化は濁流のような大きな流れとなり、地域を飲み込んでいった。こうした様子を生々しく伝えている一つが、広島市に本社を持つ中国新聞社の記者が島根県を含めた中国地方の山村を歩いたルポルタージュ『中国山地』である。

この一〇年間に村の人口の三、四割も減ったというところが続出している。それまでが

表1　島根県内新卒者の県内、県外就職推移(出典：今井 1968、96 頁)

	年	卒業生総数(人)	県内就職(人)	県外就職(人)	就職計(人)	県外就職率(%)
中学校	1962	21,252	2,343	5,705	8,048	70.9
	1963	26,987	2,817	6,543	9,360	69.9
	1964	25,217	2,022	6,279	8,301	75.7
	1965	24,258	1,656	5,551	7,207	77.0
	1966	22,079	1,766	4,422	6,188	71.5
高等学校	1962	9,036	2,200	4,219	6,419	65.7
	1963	8,786	2,356	3,950	6,306	62.6
	1964	7,207	1,729	3,276	5,005	65.5
	1965	10,722	2,382	4,951	7,333	67.5
	1966	14,688	3,451	6,556	10,007	65.6

「過剰人口」だといえばそれまでだが、村に残った人たちの質的エネルギーを換算すれば、村の力は、一〇分の一にも減ったといってもいい。しかも残った人たちが「隣がいつ町へ出るやらわからず、いらいらして仕事が手につかない」と、話すのを聞いた。集落の生活基盤が、用意のないまま土台から変わっているのだ[23]。

さらに、都市との格差を縮める方策も見つからない「お荷物」とも表現されていた。

今日の日本では、この「中国山地」でとりあげられたような地域は見捨てられようとしている。日本経済の高度成長の中で、地域格差が拡大したといわれるが、もっとも大きく格差の開いた地域は、山村、農山村である。これらのいわゆる「山地」の村々はもはや格差を縮めようにもその方法がみつからぬ「お荷物」とみられている[24]

もう一つが、農業経済学者で島根大学教授であった安達生恒(一九七三)が、島根県を主なフィールドに著した『〝むら〟と人間の崩壊』である。

注目したいのは、人口の急減により産業の衰退が起き、残された住民の間に何をやってももうダメだという住民意識の後退が起きて地域が崩壊する「過疎化の内部メカニズム」(安達 一九七三、一二〇頁、図4)を描き出していることである。

こうした悪循環の中で、中学生までが村をあきらめて離村宣言をしていた。

「村の将来について思うこと」を自由に書いてもらった作文では、「この村では里山を開けばタバコも牛も増やせるのに、役場もそれをやろうとしないし、親たちもすっかりあきらめている。だから僕はこの村はつまらないと思う。つまらない村だから、卒業後は大阪に出る。おそらく村に帰ることはないだろう」という、離村宣言にも似た作文が何通もあった[25]。

一九六〇年代の過疎化は「貧しさの中の過疎化」(岡田・杉万 一九九七、一七頁)と呼ばれた。当時の過疎化は、都市化の影の現象として国土管理上もいわば必要悪視される傾向があり、「そういうところに住んでいるから浮かばれないのであって、都市に出てくればはるかに幸福になれる、高度成長社会とはそういうものだ」という価値観が支配していた。また、「貧しさの中の過

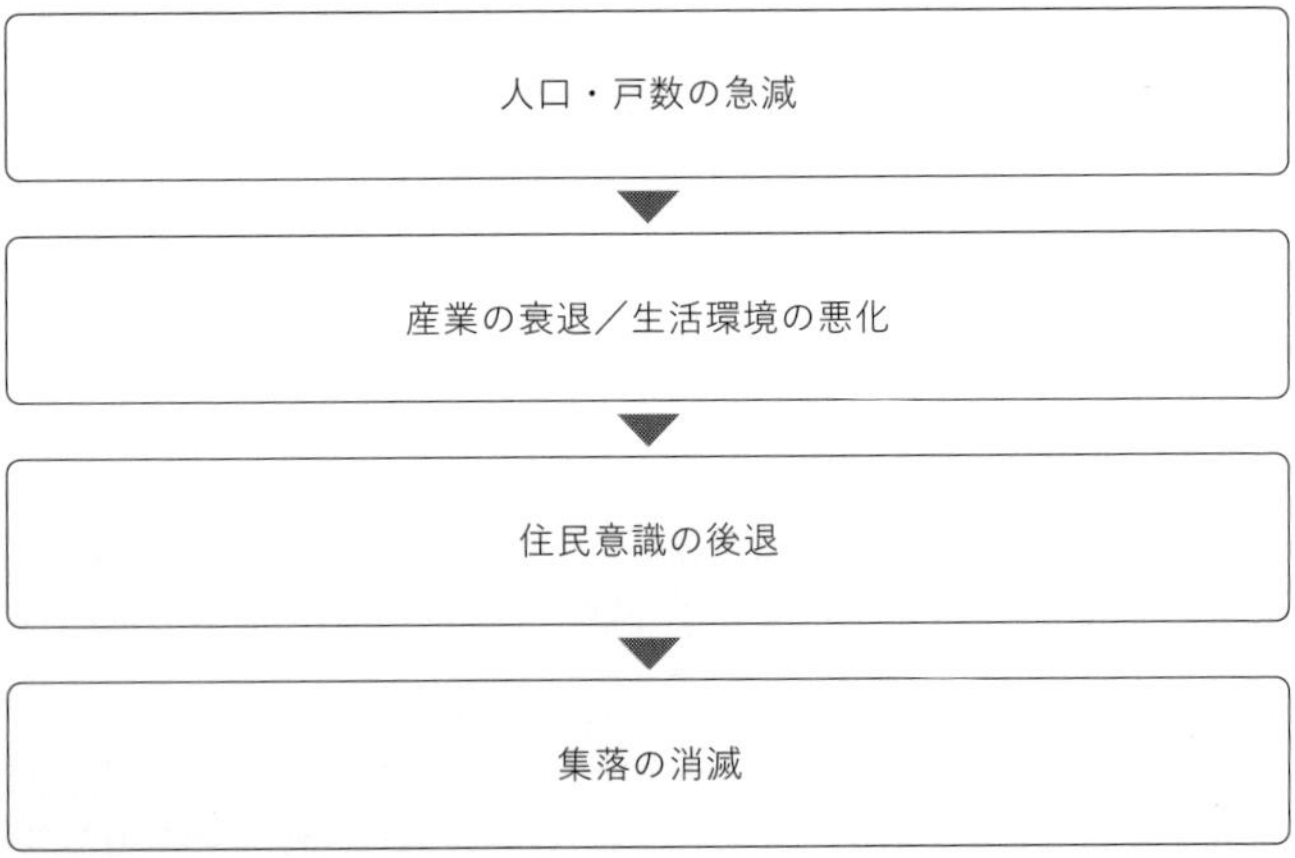

図4　過疎化の内部メカニズム(出典:安達 1973、121頁)

疎化」から抜け出るには、出て行くことのみが選択であり、出て行かないことは選択ではなく、むしろ選択することができないで、取り残された結果と受け止められた。「選択できないことの貧しさこそ、貧しさの本質」であった(岡田・杉万一九九七)。

前述の今井幸彦による過疎地域の住民の声もこれを裏付けている。

> なにしろこの土地は、もはや産業といってこれというものもなく、若者たちが都会に憧れて出て行くのはもちろん、一家をあげて離村していく者も少なくなく、廃屋は年々その数を増すばかりです。(中略)私の息子でさえ私のあとをつぐ気があるのかどうか…しかし私は、たった一人になったとしても、この地を離れるわけにはいかず、また許されないことなのです…[26]

これに対し、今井は「じゃあ、沈んでいく船の船長さんみたいなものですね…」とつぶやく以外言葉もなかったと記している。

いい道をつくっても出て行く

急激に進む過疎化に、政府と地方自治体はどう対応したのだろうか。戦後の地域政策の歴史でもある政府の全国総合開発計画(全総)を中心に見ていきたい[27]。

「国土の均衡ある発展」というキャッチフレーズは、かつては広く共有されていた。これは、一九六二年の「第一次全国総合開発計画」が過疎・過密問題を背景に一九七〇年までの目標に「地域間の均衡ある発展」を掲げたことが発端となっている。地方都市を新産業都市として開発拠点に指定する「拠点開発方式」で、公共投資と企業誘致を集中させ、地域開発という名の工業開発が推進された。

続く一九六九年の「新全国総合開発計画（二全総）」では、高速道路や新幹線などの全国ネットワークの整備と大規模工業基地などの産業開発プロジェクトを採用した。一九七七年の「第三次全国総合開発計画（三全総）」でも地方は依然、教育、文化、医療などのサービスや多様な就業機会において大都市よりも一般的に低水準にあるとして、道路や小中学校などの整備を進める必要性を挙げた。

一方、過疎対策を求める声の高まりを受け一九七〇年、「過疎地域対策緊急措置法（過疎法）」が一〇年の時限立法で制定された。「緊急」に生活環境や産業の基盤を整備し、人口の過度の減少防止や地域格差の是正に寄与することが目的に掲げられた。道路、診療施設や漁港、保育園や老人福祉施設、公民館といった社会資本整備を行う自治体に対し、国から財政支援が行われる制度が初めて導入された。現在まで切れ目なく続く過疎対策の始まりであった[28]。

続く一九八〇年の「過疎地域振興特別措置法」でも、「緊急」から「振興」へと法律名は変わったとはいえ、道路をはじめとした社会資本整備への財政支援が変わらず中心であった。その後、バブル景気を時代背景として、一九八七年には「第四次全国総合開発計画（四全総）」と「総合保養地域整備法（リゾート法）」が制定され、地方開発が企業誘致からリゾート整備に切り替えられた。さらに一九八八年から翌年にかけては「ふるさと創生事業」で地方自治体に使途自由な一億円が交付された（小熊編 二〇一二）。一九九〇年、今度は「振興」から「活性化」へと衣替えした「過疎地域活性化特別措置法」においても、基本理念は引き継がれつつも、支援が受けられる施設に観光やレクリエーション施設が追加され、この流れに一層拍車をかけた。一九八七年からの約一〇年間で、国土面積の一六％に相当する六〇〇万ヘクタールにおよぶ特定地域でゴルフ場やスキー場などの大規模なリゾート開発が行われた（吉見 二〇〇九）。

これまで見てきたように、一次～四次の全総と一連の過疎法では、企業誘致や社会資本整備に重点が置かれていた。つまり、「モノ」によって地域を発展させ、都市と地方の格差を是正することが目指されていたのである。

こうして地方では、確かに、道路や施設の整備が進んだ。しかし、道路を整備しても、人口の流出は止まらなかった。ある群馬県の村で道路整備を進めた村議会議員の悔しそうな発言が紹介されている。

人間というのはいい道をつくっても出ていってしまう[29]

人口の定着と増加を狙った道路整備が、むしろ人口や産業の都市への吸い上げをもたらすストロー効果を生んでいったのである。ほかにも道路整備が人口流出を加速させ、外部資本による乱開発を誘発したとの指摘もある（長谷山 一九九六）。加えて、工場誘致に成功した地域でも、事業税や雇用の効果がさほど見られず、生み出された収益の多くが、本社が所在する東京に還元されたほか、中央の大企業系列の工場が立地したことで、地方の産業と企業は下請け関連企業となっていくなど、結果として地場産業の衰退や環境破壊にもつながった（松本 二〇一七）。

期待されたリゾート開発も破たんが相次ぎ、旧国土庁は、開発ブームの中で目先の利益に走り、地域振興などへの配慮が不十分だったと反省しているとまとめざるをえなかった（宮下 一九九三）。そして、「ふるさと創生事業」も豪華な文化施設や観光施設、モニュメントなどの建設が相次ぎ、「バラまき」といった批判は根強かった（米沢 二〇〇二）。全総や過疎法といった一連の対策で目指された地域格差の是正は、失敗に終わったと結論付けられるであろう。

3　大衆教育社会――大学進学による流出

ローカル・トラック

第二次過疎期では、過疎地域において慣性的に続いてきた社会減少に加えて自然減少も始まり、人口減少が固定化するという次の段階に入った[30]。

自然減少は、第一次過疎期で子どもを産む若い世代が流出して絶対数が少なくなったこと、また、高齢化が進んで死亡者の絶対数が増加したことが影響している。一方、社会減少の要因は、第一次過疎期で見られた「金の卵」の集団就職から、「大衆教育社会」（苅谷 一九九五、iii頁）へと変化していた[31]。高校卒業後、大学へ進学した人の割合を示す大学進学率は、一九八五年には三〇％前後であったが、その後上昇を続け、二〇〇二年に四〇％を超えた（図5）。

地方からの大学進学を研究した吉川徹（二〇〇一）は、著書『学歴社会のローカル・トラック―地方からの大学進学』で、島根県内の県立高校が若者に大きな教育投資をして大学進学をバックアップすることを明らかにしている。島根方式とも呼ばれた各高校内部での徹底した習熟度別クラス編成という特異なシステムにより、山間部でも大学進学率が全国レベルに引き上げられた。若年エリート（予備）層の県外流出を助長しているかと思われるほどであり、しかも自治体はその損失の大きさには「無頓着」（吉川 二〇〇一、二三三頁）であった。

まるでベルトコンベアーのように、地域は若者を不可逆的に流出させていった。それは、都市への「供出」（吉川 二〇〇一、二三二頁）と表現した方が、より適切かもしれない。

吉川の著書のタイトルにあるローカル・トラックは「それぞれの地方の出身者が、アカデミックな進路選択とは別次元のものとして、自らの地域移動について選択していく進路の流れ」（吉川 二〇

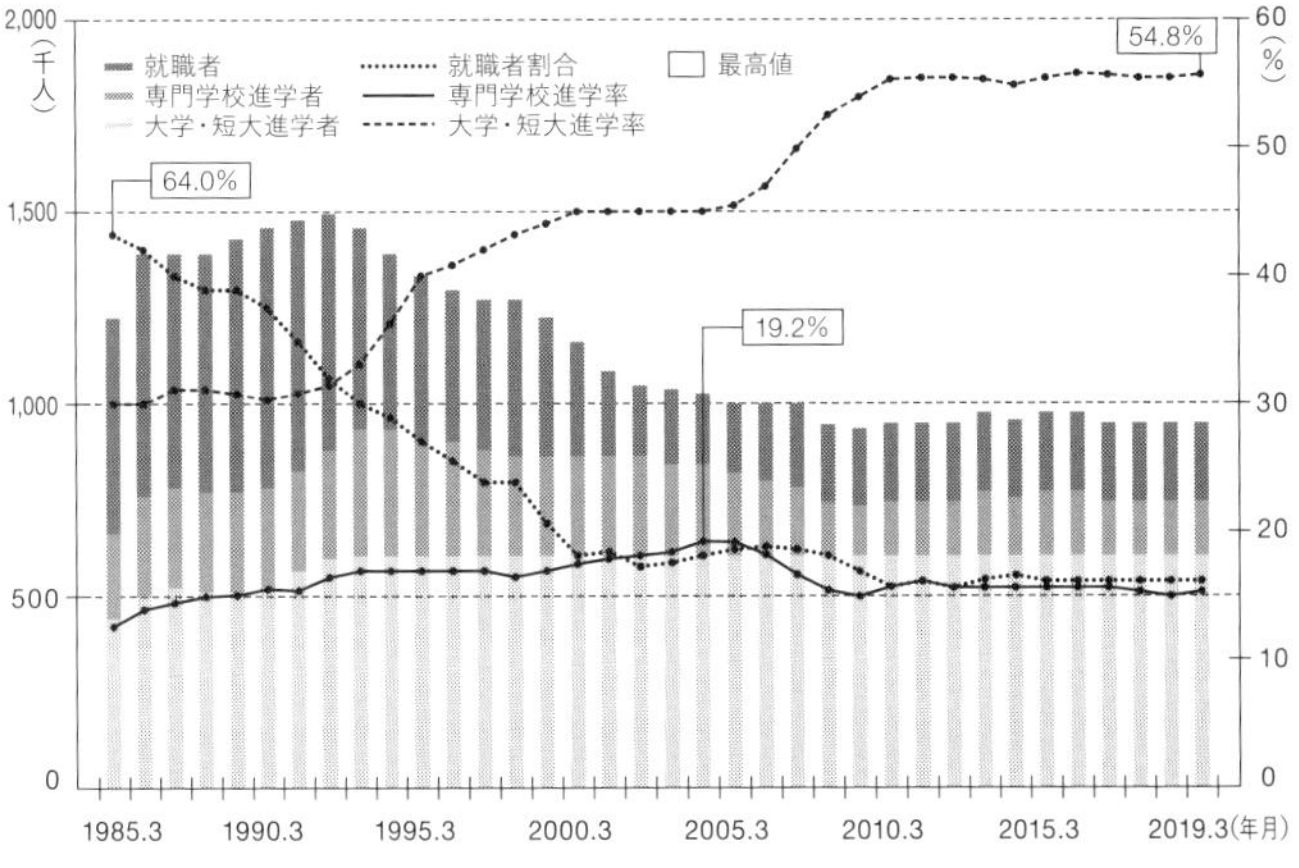

図5　大学進学率の推移（出典：文部科学省 2019）

〇一、二二三頁）である。吉川は、高校卒業後の若者の進路が個々の選択によって様々に分岐していくと同時に、少数の型に収斂していくことを発見し、一九九〇年代の島根県のローカル・トラックのモデルとして次の四類型を挙げた。

①県内に進学・就職する県内周流型
②県外流出した後、そのまま都市定住者となる都市定住型
③県内への周流に加わるJターン型
④出身地まで戻ってくるUターン型

大量流出の中でも地元に残った①と、県外から帰ってくる一握りの③④という微妙な均衡を保っていると分析し、島根県のローカル・トラックをどのような形にするのか、地方行政と教育機関が主体的に決めていくことが重要であると述べている。

この吉川の研究を機に、青森県や沖縄県、北海道など全国各地で地方からの大学進学による若年層流出とその後のUターンの状況などが研究され始め、地方では島根県とほぼ同様に進学による若年層の流出が存在していることが明らかになっている[32]。

それは、序章でも触れたように、若者の多くが地元への大学進学を希望すると、大学側の収容力が不足するという地方の現実があるからである。大学への進学を考えたとき、大学の分布が東京圏と近畿圏に偏っている現状は、地方出身の進学を考える若者に移動を強いる。特に大規模で競争力のあ

る大学はほとんどが東京を中心とした大都市に設置されており、「若者に許された意志決定が『移動するかしないか』ではなく、『どこに移動するか』だけとなることさえある」(石黒ほか 二〇一二、一二頁)のである。

都市農村交流と「交流疲れ」

人口が減り、活性化が叫ばれるようになった過疎地域で登場したのが、都市農村交流であった[33]。社会福祉学者の小川全夫(一九九六)は、格差是正が図れない現実にぶちあたり、いわばその隙間を埋める開発手法として注目されたと指摘している。

都市農村交流の取り組みは、一九八〇年代半ば以降から盛んに行われるようになり、代表的な形態として、①姉妹都市提携、②サミット交流、③農産物を媒介とする交流、④特別村民制度、⑤オーナー制度、⑥イベント交流、⑦農業体験交流、⑧保養施設による交流、⑨都市内拠点施設、⑩市民農園交流、⑪山村留学、⑫リサイクル交流、という一二のパターンが挙げられている[34]。

この分類には観光は含まれていない。観光は来訪者に必要以上に迎合する傾向がつきまとうとして、観光と交流は区別され、交流は来訪者と地元住民が対等であり、そして相互の信頼に成り立つとされていた。

前述の小川は、交流人口とは量よりも質の問題であると訴えた。主人公はあくまで地域住民とした上で、観光客を誘致するのではなく、都市からの交流民を、同志やパートナー、農村の担い手あるいはサポーターとしての責務を分かち合える存在に変えていく姿勢が問われている、としている。交流人口を地域再生の主体となりうる地域外の主体と位置付けて期待を込めたのである[35]。

しかし、地域では「交流疲れ」現象が報告されるようになった。交流当初は取り組みに熱心に参加できるが、二〜三年後には「都市の者に頭を下げてサービスをして、地域に何が残ったのだろう」という疑問とともに、参加者の疲れが増す現象であり、最終的には活動が崩壊した例も少なくなかった(小田切 二〇一四)。

実際、イベント交流などの機会は増えたが、大半は農村住民の無償労働によって成り立ち、一部では本業の農業に支障をきたすほどになっていた。本来、両者の関係は相互補完的で負担なども対等なはずだが、実際には互いに相手側への期待にずれがあり、全体としては資金と労力の両面において農村側の持ち出しになっている場合が多かった(森戸 二〇〇一)。都市農村交流をめぐっては、都市住民のまなざしによって消費されるという批判はつきまとっており(松宮 二〇一一、図司 二〇一二)、交流人口は、担い手対策としてはほとんど有効性を持たなかったとまとめられている(徳野 二〇一〇)。

こうして都市農村交流は廃れていくとともに、短期の観光として語られる傾向が強まっていった[36]。観光の定義はあいまいだが、観光学では「楽しみのための旅行」とされ、その主体は観光者である(岡本編 二〇〇一)。さらに、より本質的には「大衆社会や消費社会の誕生と結びついたもの」(東 二〇一七、二七頁)であり、信頼関係を結ぶには地域住民と観光客の接触時間は短すぎるとして、地域が消費されたり商品化されたりするという批判、観光振興が地域再生に直接つながるわけではないといった否定的な見方は根強い(安福 二〇〇〇、滝本二〇一六)。地域再生の主体として期待された交流人口は、地域再生ではなく観光の主体となり、むしろ地域を客体化していったと言えるであろう。

シャッター通り商店街

過疎地域ではこのような問題が生じていた一方で、地方都市では、中心市街地の活性化という課題が浮上した。人口減少やモータリゼーションの進展などを背景に一九八〇年代後半から、商店などが閉店・閉鎖してシャッターを下ろした風景を指すシャッター通りという言葉が使われるようになった[37]。それほど、中心市街地とその中核の商店街の衰退が目立ってきたのである。

シャッター通り商店街の住民の意識を見ていきたい[38]。引用するのは、新聞記者が長期間、地域に住み込んで執筆した日本経済新聞社のシリーズ『絆の風土記』である。

舞台は、山形県新庄市の駅前通り。人がほとんど歩いておらず、シャッターを下ろしたり商品を撤去したりした店、店舗を壊して駐車場にした場所が四軒に一軒の割合で見られた。

交差点近くにあった喫茶店の男性は、ケーキ作りをしていた父親が亡くなったことをきっかけに、このまま赤字経営を続けても将来はないと自主廃業した。

異変は九〇年代後半から。あれよあれよという間に商店街から人の姿が消えた。節約のため、昼時に店でコーヒーを飲む大人も激減した。危機感はあった。だが「何ができるか、わからなかった」。「私は独身だが、もし息子がいたら、別の考え方で、次の流れを生み出していたかもしれない」[39]。

もう閉店するので話すことは何もないと言いながら取材に応じた緑茶販売店の女性は、未来図が描けず、子どもに跡を継がせたくないと語った。

春になっても「新茶ありますか？」と尋ねてくる客が皆無だった。新茶を楽しみに待つ人もいないのなら、と閉店の気持ちは固まった。（中略）息子に継がせる気持ちは当初からない。「商店の将来が不安でしょ。教員資格を取れば地元で生きていけると思い、息子には大学で資格を取れと至上命令のように言いましたね[40]。

こうして中心市街地の衰退に悩む多くの地域に切り札として受け入れられたのが、一九九八年に施行された「中心市街地における市街地の整備改善及び商業等の活性化の一体的推進に関する法律（中心市街地性化法）」である。同法に基づき「中心市街地活性化基本計画」を策定する地方自治体も増えていった（矢部 二〇〇六）。

しかし、「中心市街地活性化基本計画」の内容は、同法がその正式名称に市街地の整備改善を掲げたことに見られるように、やはり、道路拡幅や新設、再開発ビルの建設であった（山下 二〇〇六）。ここでも過去の地域開発や過疎対策と変わらず「モノ」を整備するという思考が続いていた。さらに、通行量・居住人口・売上高といった数値目標はほとんど達成できず、補助金が終わればかえって地方の衰退は進むという結果になっていた（松岡 二〇一八）。

4　限界から消滅へ――加熱する人口獲得合戦

住み続けたくても

二一世紀に入り、日本社会は恒常的な人口減少の局面を迎えた。人口減少が地域社会の淘汰におよぶ第三次過疎期である。この時代の初期は、「限界集落」(大野 二〇〇九、五一頁)という用語が広がりを見せた[41]。六五歳以上の人口比率が半数を超え、社会的共同生活の維持が困難な状態を表しており、人口減少社会への関心の高まりを背景に定着していった。

過疎地域では、学校の統廃合が加速した(図6)。一九九八年以降、ほぼ毎年二〇〇を超える小中高校が廃校となっており、さらに二〇〇三年以降は四〇〇校へと拡大し、一九九八年から二〇〇七年の一〇年間で三、六三九校が廃校となった(西村 二〇一〇)。

国土交通省の「平成二五年度新しい離島振興施策に関する調査」によると、高校が存在している地域としていない地域での人口増減率の差は一〇・九ポイント、小学校の場合は一二・〇ポイントに上り、病院・診療所の〇・二ポイントと比べても、廃校が地域の人口減少に与える影響は大きくなっていた。

また、一九九〇～二〇一九年の二九年間で、一市町村に一つの公立高校が存在していた市町村の約二割で公立高校が消滅し、高校が消滅した市町村では六年間で総人口の一%相当が転出超過となっていたというデータもある(阿部・喜多下 二〇一九)。学校がなくなり、さらに人口減少が進むという悪循環が進んでいったのである。

人口減少などに伴う自治体財政の悪化は、日常生活の維持に必要な医療・福祉・購買・交通などのサービス低下をもたらした。実際に生活する高齢者については、「転出子」や「他出子」、「別居子」などと呼ばれる、地域から転出した子どもが物心両面で支えていることが報告されている[42]。

例えば、厚生労働省による全国規模の統計調査「国民生活基礎調査」でも、別居しながら介護にあたっている人は、全介護者中の一二・二%にのぼっており、介護事業者の一三・〇%とそれほど変わらない状況となっている[43]。近距離の場合は通いで支えることもできるが、遠い場合は「遠距離介護」となる。この頃からメディアを通じて遠く離れて暮らす老親の介護・ケアに子どもが通う現象が報告されるようなり、社会問題化した(中川二〇〇四)。

こうした中、社会学者の高橋憲二(二〇一二)は同県内の過疎地域に暮らす高齢者を調査し、多くが「住み続けたい」という思いを持ちなが

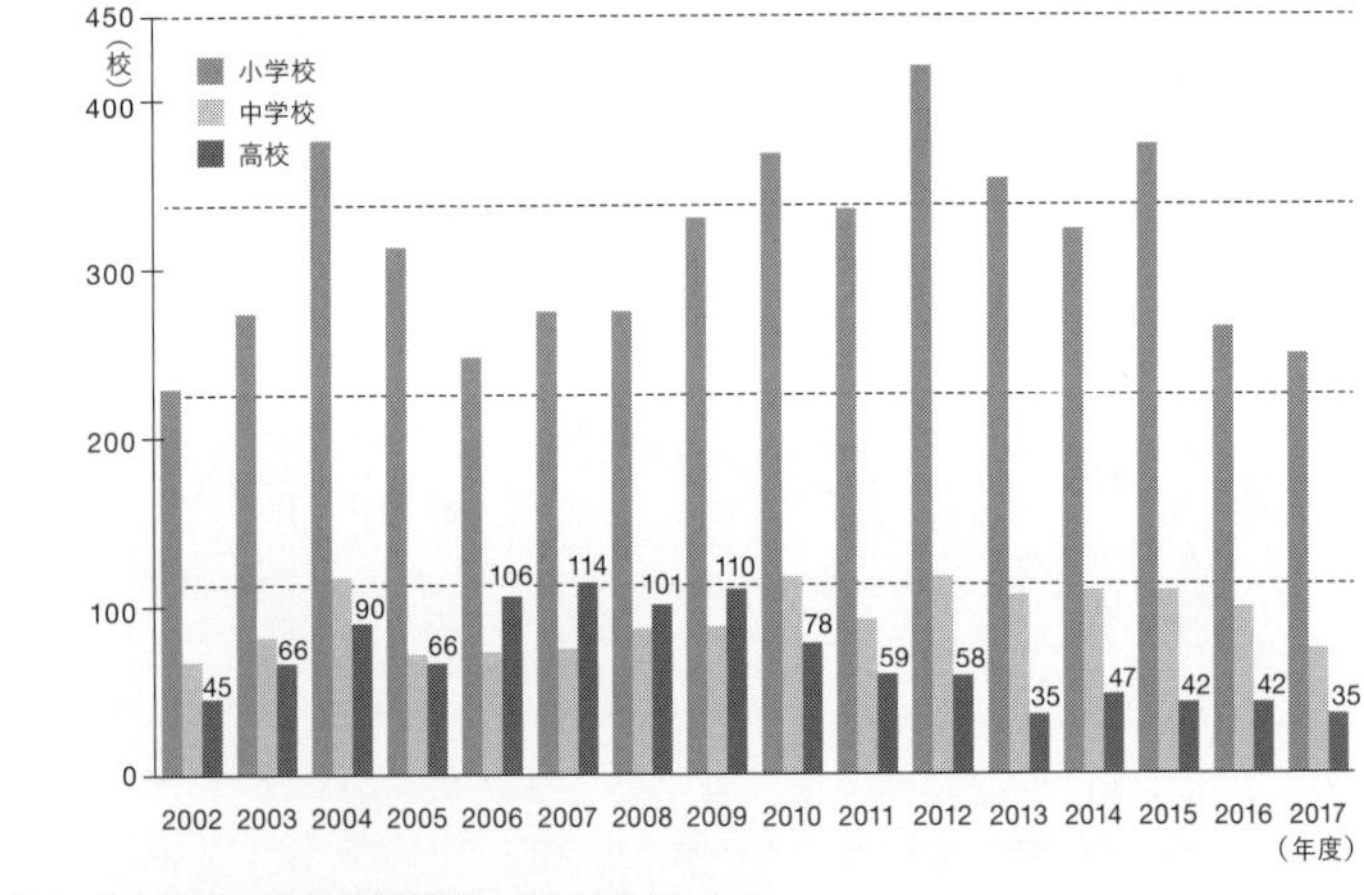

図6　公立学校の年度別廃校発生数(出典：文部科学省 2018)

も、介護者の高齢化と介護負担の増加などによって入院や特別養護老人ホームに入所せざるを得ない状況にあり、安心して暮らし続けていく環境に至っていないことを報告した（高橋 二〇一二）。また、「（病気がちになって）施設や都市部の子どもの家に行ったら人生おしまい」（林 二〇一〇a、二四頁）という高齢者の言葉が強く印象に残ったという報告もある。

「地方創生」という人口対策

さらに二〇一四年には、前述の「増田レポート」が発表された。その根拠は、二〇一〇年の国勢調査を基にした試算で、二〇四〇年までの間で二〇〜三九歳の女性人口が半減することである（増田 二〇一四）。このうち二〇四〇年時点までに人口一万人を切る五二三の自治体については、「このままでは消滅可能性が高い」としており、都道府県別で見ると、青森・岩手・秋田・山形・島根の五県は、八割以上の市町村が消滅可能性が高いとされていた。

その後、「増田レポート」に対しては批判や反論が相次いだこと、そして、反論も含めて地域再生を論じる際には地域の存続を目標に置くものが中心的となっていることは、すでに述べた通りである[44]。とはいえ、少し厳しい言い方をすれば、これまで見てきたように地方は不可逆的に人を流出させ続けていたのだから、当然の帰結と言えるのかもしれない。

そして、「増田レポート」に応答する形で始まった「地方創生」を特徴付ける性格は、過剰な人口対策である[45]。前述した「増田レポート」の生みの親である増田の著書『地方消滅』の副題が、「東京一極集中が招く人口急減」であるように、これらを貫くのは、出生率が低い大都市の人口割合が高まれば、日本全体の人口減少に拍車がかかって地方消滅に向かうという論理である。「地方創生」と言いながらも東京一極集中の是正に重きが置かれた過剰な人口対策となっているのである（城戸 二〇一六）。

「地方創生」を目的論から再考した経済地理学者の中澤高志（二〇一六）は、「地方創生」は地域再生の主体の確保よりは、東京一極集中の是正に向け人口をどう移動させるかという量的側面を強調し、地域は国全体の経済や人口を維持・拡大するための装置と位置付けられていると批判した。さらに、「地方創生」で多用される資源という言葉は、有用性という基準から客体化された人間の能力であって人間そのものではなく、より充実した人生という問題意識が欠落しているとも述べている。

さらに「地方創生」に基づき、政府の方針を定めた「まち・ひと・しごと創生総合戦略」では、二〇一七年の改定版で初めて地域消滅の危機を強調する文言が盛り込まれた。

こうして危機感をあおられた各地域が「自治体間人口獲得ゲーム」と言われる人口獲得合戦を繰り広げていることはすでに述べた。人口という量的側面のみに着眼した過度な期待に対する危惧も指摘されている（筒井・佐久間・嵩 二〇一五）ものの、現実の地方自治体の人口獲得合戦の過熱ぶりを見れば、量的な人口増加、そして地域の存続に意義を見出す傾向は、やはり根強いと言える[46]。

よそ者への期待

人口獲得合戦とは、突き詰めると、よそ者への期待を意味している。現状の地方は、人口流出による社会減少が止められず、自然増加もすぐには見込めない。そんな中で人口を獲得しようと考えれば、移住・定住政策の推進、つまり、地域外の主体であるよそ者の移住を促すという戦略しか残されていないように見えるからである。

しかしながら、よそ者は、閉鎖性が指摘されてきた地方においては、警戒されがちな存在であった(敷田 二〇〇九)。それが、近年は、地域再生の決め手は「よそ者、若者、ばか者」であるとも言われるほど、期待を集めているように変わったのである[47]。

なぜ、地方がよそ者に向けるまなざしが変わったのだろうか。一つには、身も蓋もない言い方になってしまうが、「お金が足りない(財政は厳しい)」という現実を意識せざるを得なくなった点が挙げられる(林 二〇一〇b)[48]。二〇〇〇年以降、地方分権とセットで行われた「三位一体改革」に伴い、地方自治体の収入にあたる地方交付税が大幅に削減され、市町村合併が推進された(坂本 二〇〇八)[49]。

社会学者の清水亮(二〇〇八)は、人口減少と財政の伸びが期待できない中で、公共政策が撤退を含めた再編の必要が迫られる基調を「縮小社会」(清水 二〇〇八、三頁)と呼び、新たな社会体制の展望を示すことが求められていると提起した[50]。こうして新たなアプローチが求められる中で注目が高まってきたのが、よそ者である(敷田 二〇〇九)。

政策としても従来の補助金に代わって「補助人」制度が登場した。二〇〇八年の農林水産省の田舎で働き隊!に続き、二〇〇九年には、地方自治体が一定期間生活の拠点を移す都市住民を最長三年間委嘱し、地域協力活動に従事する総務省の地域おこし協力隊が始まった。地域おこし協力隊は、隊員数も受け入れ自治体も年々増え、スタートした二〇〇九年度の八九人(自治体数三一)から二〇一九年度は五、三四九人(同一、〇七一)と増え、定着してきた[51]。

しかしながら、地域おこし協力隊として移住したものの、ミスマッチが露わになり、不本意な形で地域を離れるケースも少なくない[52]。

地域おこし協力隊の地域横断型ネットワーク・村楽ＬＬＰを組織した東大史（二〇一四）は「元協力隊員による『失敗の本質』の研究」という論考で、とりあえず募集して役場に席を設け、事務補助の仕事をさせて隊員のモチベーションが下がったり、草刈りや掃除といった村の便利屋として扱われたりしたケースに触れながら、隊員のリアルな声を紹介している[53]。

協力隊誘致に熱心だった担当課長が異動してしまったのもイタかった。ＹＥＳもＮＯもない、形だけの打ち合わせが続いた／受け入れ地区と自治体の話し合いがきちんとできておらず、地区は「自治体がいうから引き受けてあげた」と廃校についての動きがないに等しく、自治体内部も準備不足な状態でした。

こうした状況から、「なぜ移住者が必要か」が自覚されている地域は少ないという批判も寄せられている（田口二〇一七ａ）。加熱する人口獲得合戦の中で、地域にとっても移住者にとっても幸福とは言えない状況も生まれているのである。

5　地域衰退サイクル

主体性の欠如

人口減少が段階的に進む中、高齢者が安心して暮らし続けられない過疎地域、シャッター通り商店街が広がる地方都市が、当たり前の風景となった。そして「地方創生」の旗の下、人口獲得合戦を繰り広げながら、大学進学を通じた足下の若者の流出にはほぼ無頓着である。教育、経済、福祉あらゆる分野で課題が山積しているのが地域社会の姿であり、これまでの地域再生政策は失敗の連続であったと結論付けられるであろう（表2）。なぜこのようになってしまったのだろうか。

一九六〇年代の過疎化を「貧しさの中の過疎化」と提起した岡田憲夫・杉万俊夫（一九九七）は、道路整備といった環境変化を踏まえて「豊かさの中の過疎化」（岡田・杉万 一九九七、一七頁）へと性質が変わったとして、当時の住民の意識を次のように表現した。

> わずかずつ人口が減っていくことに、居残って住み続ける人たちは、一抹の寂しさと漠然とした不安を感じつつも、日常的にはさほどの衝撃を感じることはなく、過疎化が進行していくのが典型的状況であろう[54]。

地域再生の障害は、ここで言及されている一抹の寂しさと漠然とした不安であるとして、高齢者にとっては地域の持続可能性への懐疑や「あきらめ」がないまぜになったものであり、若者にとっては地域

表2　主な地域再生政策と語られた言説・キーワードの一覧（筆者作成）

年次	社会の動き	主な地域再生政策	言説・キーワード	
1955	高度成長期			
1962		全国総合開発計画（1全総）	地域間の均衡ある発展	第一次過疎期
1969		新全国総合開発計画（2全総）	貧しさの中の過疎化	
1970		過疎地域対策緊急措置法		
1977		第3次全国総合開発計画（3全総）		
1980		過疎地域振興特別措置法		
1986	バブル始まる			
1987		第4次全国総合開発計画（4全総）	交流	
1988		ふるさと創生	リゾート開発	第二次過疎期
1989	1.57ショック		豊かさの中の過疎化	
1990		過疎地域活性化特別措置法		
1991	バブル崩壊		シャッター通り商店街	
1995	阪神・淡路大震災			
1998		中心市街地活性化法	交流疲れ	
2000		過疎地域自立促進特別措置法	地方の自立	第三次過疎期
2005	平成の大合併	三位一体改革	地方分権	
2008	リーマンショック	田舎で働き隊！の制度化	限界集落	
2009		地域おこし協力隊の制度化	補助人	
2010		過疎地域自立促進特別措置法延長	縮小社会	
2011	人口減少元年 東日本大震災			
2014		「増田レポート」発表 地方創生	地方消滅 田園回帰	

の閉鎖性などが含まれると分析した[55]。これらについて住民自身の気付きがないことが積極的対応に結び付かない原因であり、真剣に対応を模索すれば糸口はあると強調している。前述の安達(一九七三)と同じく、過疎化の要因に住民意識、つまり主体性の欠如を見ているのである。

同様に、シャッター通り商店街の根本原因についても、山形県新庄市の商店街を取材した『絆の風土記』の須貝道雄(二〇一二)は、商店の人たちが「思考停止の状態」(須貝 二〇一二、二二四頁)であるという市職員の言葉を紹介している。実際に「もし息子がいたら、別の考え方で、次の流れを生み出していたかもしれない」といった商店の人たちの語りにも見いだせる構図である[56]。そのほか直接的に再生主体の不在を指摘する研究もある(矢部 二〇〇六)。

さらに教育問題にも当てはめてみる。島根県内の県立高校教育を研究した樋田大二郎・樋田有一郎(二〇一八)は、地方の教員が指導によって生徒の都市への就職や大学進学を使命としていたこと、地域課題は町が解決することで生徒の目は大都市に向けられるべきであること、逆に地域課題に生徒の目を向けさせることは生徒の有名大学進学や大企業就職の邪魔をすることになりかねないと考えられていたことを明らかにしている。

「大衆教育社会」を背景に、これらの姿勢は否定されるものではなく、また否定するために触れているわけではない。しかしながら、ここから浮かび上がるのは、地域課題を解決する主体として生徒、すなわち住民を想定せず、そして自分自身も地域の一当事者であるという意識に欠ける姿であると言えるのではないだろうか。

「誇りの空洞化」と「あきらめ」

豪雪地域での除雪対策を研究、実践してきた雪氷工学の上村靖司（二〇一七）は、人口が減ることが本当の問題なのかとし、「衰退していく地域の現実に目をつぶり、問題が起きれば他人事のように役所に陳情してきた。地域を持続していくんだという覚悟はなく、行動を起こすこともなかった。自分の生まれ育った地域に誇りを持てず、こんな不便な地域に未来はないと自虐的に自らを語っていた。本当の問題はそこにあったのではないか」（上村 二〇一七、五頁）と投げ掛けた。

新潟県中越地震を経験した稲垣文彦（二〇一四）も、中越地震が顕在化させた本質的な課題は「課題に主体的に向き合ってこなかった地域社会の姿勢」（稲垣ほか 二〇一四、九頁）にあるという。震災前から過疎化や高齢化という課題があったものの、その課題を自分事として捉えず、誰か、もしくは何かのせいにし、主体的に課題解決に向けて動き出していなかった地域社会（住民、行政機関、周辺の住民）の姿勢であり、この姿勢を変えていくことこそが、地域再生の本質的な課題であったとしている。

こうした地域住民に見られる主体性の欠如の背景に、小田切（二〇一四）は、人・土地・むらの三つの空洞化が進んだ結果、住み続ける意味や誇りを見失いつつある「誇りの空洞化」（小田切 二〇一四、四一頁）という本質的な空洞化を指摘した。子どもが都会に出て良かった、こんなところに若い人は住まないだろうといった声を地域で聞くことがあると述べた上で、「誇りの空洞化」が顕在化したものが「あきらめ」であると解説している。

また、長野県の高校を調査した宮本和夫（二〇〇七）は、「もはやこの村に子どもたちが帰ってくることは望まない」「近い将来、この村はイノシシとシカとサルに包囲されるときがやってくる」（宮本 二〇〇

七、六五頁)という、二人の教育長のつぶやきを紹介している。地域の教育者の間にも「あきらめ」が漂っていたと言うことができる。

これまで述べてきたように一九六〇年代以降、過疎地域を中心に不可逆的な人口減少を経験し続ける過程で、人・土地・むらの三つの空洞化といったさまざまな課題が顕在化し、「誇りの空洞化」と「あきらめ」を生む。それらは「心の過疎化」と名付けてもよいであろう。

そしてその結果、主体性が失われる。地域再生の主体は形成されることなく、課題は解決に向かうどころか悪化していったのである。そしてこのサイクルは、過疎地域だけでなく、シャッター通り商店街や教育者にも共通していたとまとめることができる。

「地域衰退サイクル」の帰結

あらためて、これまで地域再生の主体と捉えられてきた地域住民をめぐり、「誇りの空洞化」や「あきらめ」が、繰り返し報告されてきた。より本質的な〝危機〟とは、これらに起因する「心の過疎化」や失われた地域住民の主体性であり、地域再生の主体の不足、ときには「不在」と指摘されることもある状況であった。これまでの地域社会の姿は、課題が顕在化しても主体的な解決の動きが起きず、状況が悪化していったという連鎖的な「地域衰退サイクル」の帰結である(図7)。

それにもかかわらず、第一次過疎期には工場誘致や道路整備という「モノ」の整備によって地域格差を是正するという思考から抜け出せず、主体への投資は行われなかった。

北海道夕張市の財政破綻を研究した社会学者の中澤秀雄(二〇一二)も、人材への投資がなかったことを挙げ、今後は人材への投資や価値観の転換ができる主体を育てていく重要性を強調している。

第二次過疎期にも地方都市や一部の過疎地域では「モノ」を整備する思考が続いた一方、地域外の主体との対等な関係構築を目指して期待が高まった都市農村交流も、都市住民に消費される一過性の関係しか結ぶことができずに「交流疲れ」現象が起きた。

そして、現代の第三次過疎期には、地域の消滅という、あおられた〝危機〟によって人口獲得合戦が加熱し、人口という量的評価のみが先鋭化している。本来ならば、恒常的な人口減少という新たな局面を迎え、地域再生の新たな目標を描く必要があるにもかかわらず、地域の存続の意義や可能性が過剰に強調されるあまり、人口を維持さえすれば地域再生が実現されるという定義にすりかわってしまったり、地域の存続が

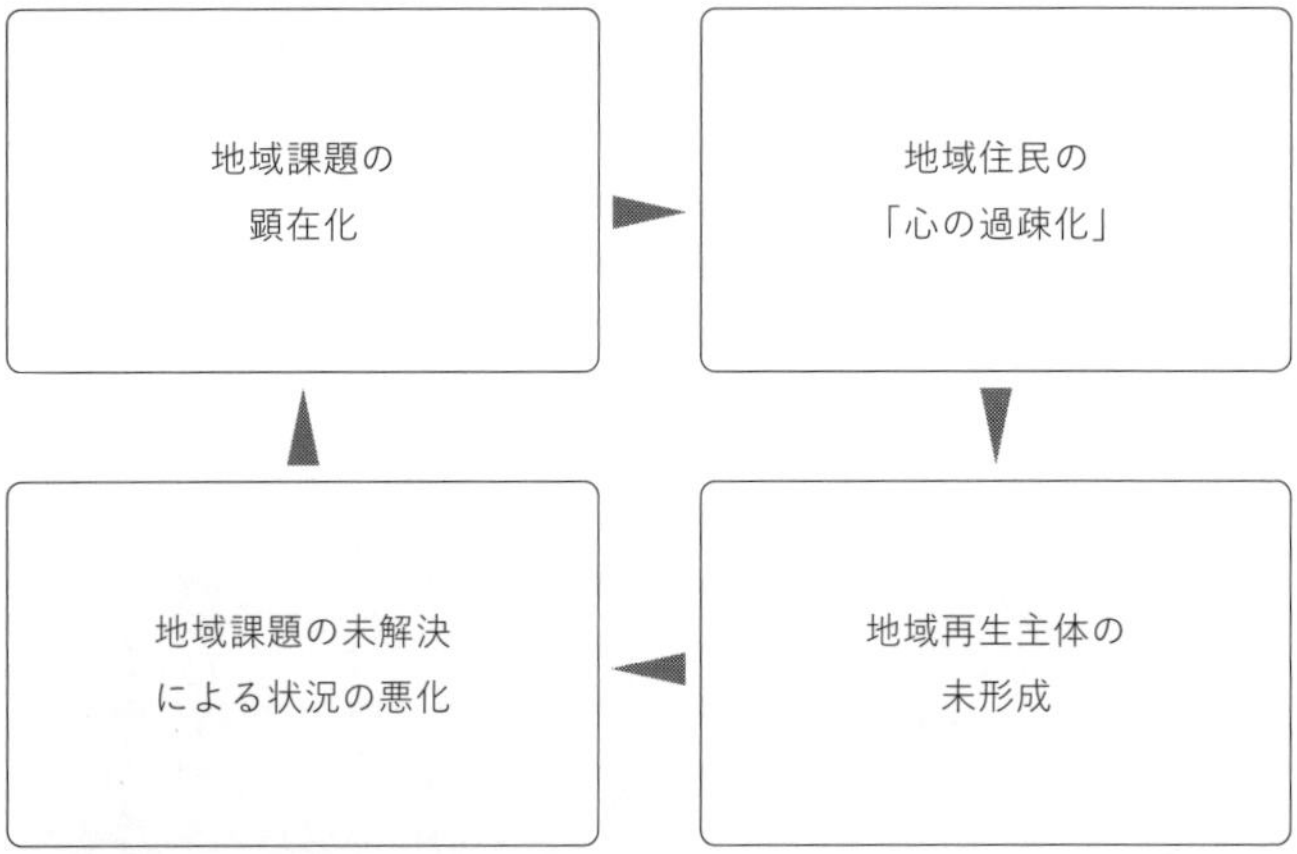

図 7　「地域衰退サイクル」（上村 2018、176 頁を参考に筆者作成）

地域再生における唯一絶対の評価基準ですらあるかのような空気が強まっていたりするようにも見える。

以上をまとめると、地域再生主体をめぐる課題が指摘されていたにもかかわらず、その主体をどう形成するのかは、どの時代においても十分に取り組まれたことはなく、依然として大きな課題として残ったままであると言うことができる。地域再生の主体とその形成過程に着目すべき理由は、まさにここにある。そして人口減少が前提となる現代社会においてあらためて問うべきは、地域再生とは何を目指すべきかという地域再生の再定義であり、本書でも主題の一つに置きたい。

第2章　関係人口の概念規定

1　登場の意味

定住でも交流でもない

第Ⅰ章で地域社会がかつてない〝危機〟にあることを確認した。第2章では、こうした地域を再生させる手がかりとして本書が着目する関係人口の社会学的な概念定義を試みる。

関係人口に着目する理由は次の二点である。

一点目は、「モノ」ではなく人、つまり主体という点である。第Ⅰ章で、道路や施設といった「モノ」を整備しても地域の再生にはつながらず、投資すべきは主体であったことを明らかにした。

二点目は、主体の中でも地域外の主体という点である。地域再生の主体と捉えられてきた地域住民の数が減るだけでなく、主体性の欠如が報告されていることは繰り返し述べてきた。地域再生主体としての地域住民が量的、質的ともに困難な状況に直面する中で、関係人口は、地域再生を担う新たな地域外の主体として期待されているのである。

あらためて、関係人口は二〇一六年に生まれた新しい概念である（高橋 二〇一六、指出 二〇一六）。提唱者の一人である高橋は、著書『都市と地方をかきまぜる』で、交流人口と定住人口の間に眠る存在が関係人口であると述べている。

地方自治体は、いずこも人口減少に歯止めをかけるのにやっきだが、相変わらず観光か定住促進しか言わない。観光は一過性で地域の底力にはつながらないし、定住はハードルが高い。私はその間を狙えと常々言っている。観光でも定住でもなく「逆参勤交代」で、地方を定期的に訪ねるというニーズは、広がる一方だと思う。交流人口と定住人口の間に眠る関係人口を掘り起こすのだ。

日本人自体がどんどん減っていくのだから、定住人口を劇的に増やすのは至難の技だ。しかし関係人口なら増やすことができる。私の周辺の都市住民たちには、移住は無理だけれど、こういうライフスタイルならできるという人間がとても多い。現実的な選択肢だ[57]。

また、高橋と同様に提唱者の一人である指出も著書『ぼくらは地方で幸せを見つける』で、これまでは地方を元気にする方法として移住者を増やす人口増と観光客が訪れて経済効果が上がるのかどちらかが主流だったが、東京ですら二〇二〇年には人口減に転じるとの予測を元に、移住と観光の二つで人を集めることはどの地域でも難しいと述べている。その上で、この二つのどちらにも当てはまらない新しい人口として関係人口を紹介している。

関係人口を特徴付ける性格は、定住人口でもなく、そして、交流人口でもないという点である。

時代の要請

定住人口は、どこに住民票を置くかというゼロかイチかの選択となりやすい。第Ⅰ章でも触れたように、消滅に対抗して人口が重視される風潮が強まっている中、人口減少社会において各自治体が定住人口の増加を目指して移住者を奪い合うことは、どこかの自治体は増えてもどこかの自治体は減るという「ゼロサム問題」が発生する懸念が提起されている[58]。

それに対し関係人口は、複数の関係先を選ぶことができる。一人の関係人口を各地域が奪い合うのではなく、シェア（共有）する考え方とも言える。「ゼロサム問題」というジレンマを回避するためにも、定住人口ではない地域外の主体の必要がある。

ただ、地域外の主体といえば、都市農村交流に代表されるように、消費されるという一過性の関係となり地域再生の主体にはなりえなかった、つまり、地域社会が地域外の主体との関係構築に失敗したという交流人口の歴史がある。そこで交流人口ではない形で、地域外の主体との関係を再構築する必要もあるのである。

これは、小田切（二〇一八）が、交流人口の失敗を踏まえて、関係人口は量的概念ではなく、個々人を対象として関係性をより意識すべきだと強調していること、前述の指出も「人を数で語る時代とはさよならをして、顔と名前を覚える時代が『地方創生』の次のステップ」（指出二〇一六、二四五頁）と述べていることにも表れている。

以上を踏まえると、関係人口には、人口減少社会における「ゼロサム問題」の発生を避けながら、地域外の主体との関係を再構築することで地域再生の主体の確保につなげる、ということが含意されている。つまり量ではなく、関係の質に目を向けたアプローチであるというメッセージが込められており、そしてそれは、時代の要請でもある。

同様に、これまでは地域を住み継ぐ主体は住民が前提であったが、住民が積極的に外部と連携して交流を展開することで、住んでいる人が減っても地域活動量という「ご縁の量」(山崎 二〇一七、二〇頁)を落とさないようにする必要があるという議論もある(山崎 二〇一七)。

そのほかにも、経済学者の玄田有史による「希望活動人口」(玄田 二〇一五、九頁)や、コミュニティデザイナーの山崎亮の「活動人口」(山崎 二〇一六、二〇頁)といった地域社会に積極的に関わる人を指す造語[59]があり、両者ともこうした人々の重要性を提言している。また、前述の小田切は、人口が減る中でも多彩な主体が交錯する状況を「にぎやかな過疎」(小田切 二〇一九、四頁)と名付けるなど、同じ趣旨の議論は広がりを見せている[60]。

これらは、人口という量ではなく、質に目を向けたアプローチであることが共通している。さらに、人口減少社会においてこれまでとは異なる地域再生の目標を模索する動きに位置付けることもできるであろう。

2　混乱と批判

急拡大と期待の高まり

その後、総務省は二〇一八年、人口減少が先行する地方においては地域外の主体の力を取り込むことが必要であるとして、その中でも関係人口への着目が地域再生の糸口になるという報告書を公表した。この報告書では、関係人口が地域外の主体であり、かつ、地域再生の主体として捉えられていることが明記されている。

地方圏は、人口減少・高齢化により、地域づくりの担い手不足という課題に直面していますが、地域によっては若者を中心に、変化を生み出す人材が地域に入り始めており、関係人口と呼ばれる地域外の人材が地域づくりの担い手となることが期待されています[61]。

そして、同省が二〇一八年度から「関係人口創出事業」をモデル的に始めたことで、関係人口は全国の自治体で知られるようになった。初年度は予算二億五千万円で全国三〇団体が採択され、続く二〇一九年度は「関係人口創出・拡大事業」として予算も五億一千万円と倍増、採択団体も四四団体へと増えた（図8）。二〇二〇年度は二億四千万円、二五団体が採択された。

さらに、「地方創生」の方針を定める政府の第二期「まち・ひと・しごと創生総合戦略」で、初めて関係人口の創出・拡大が掲げられた。

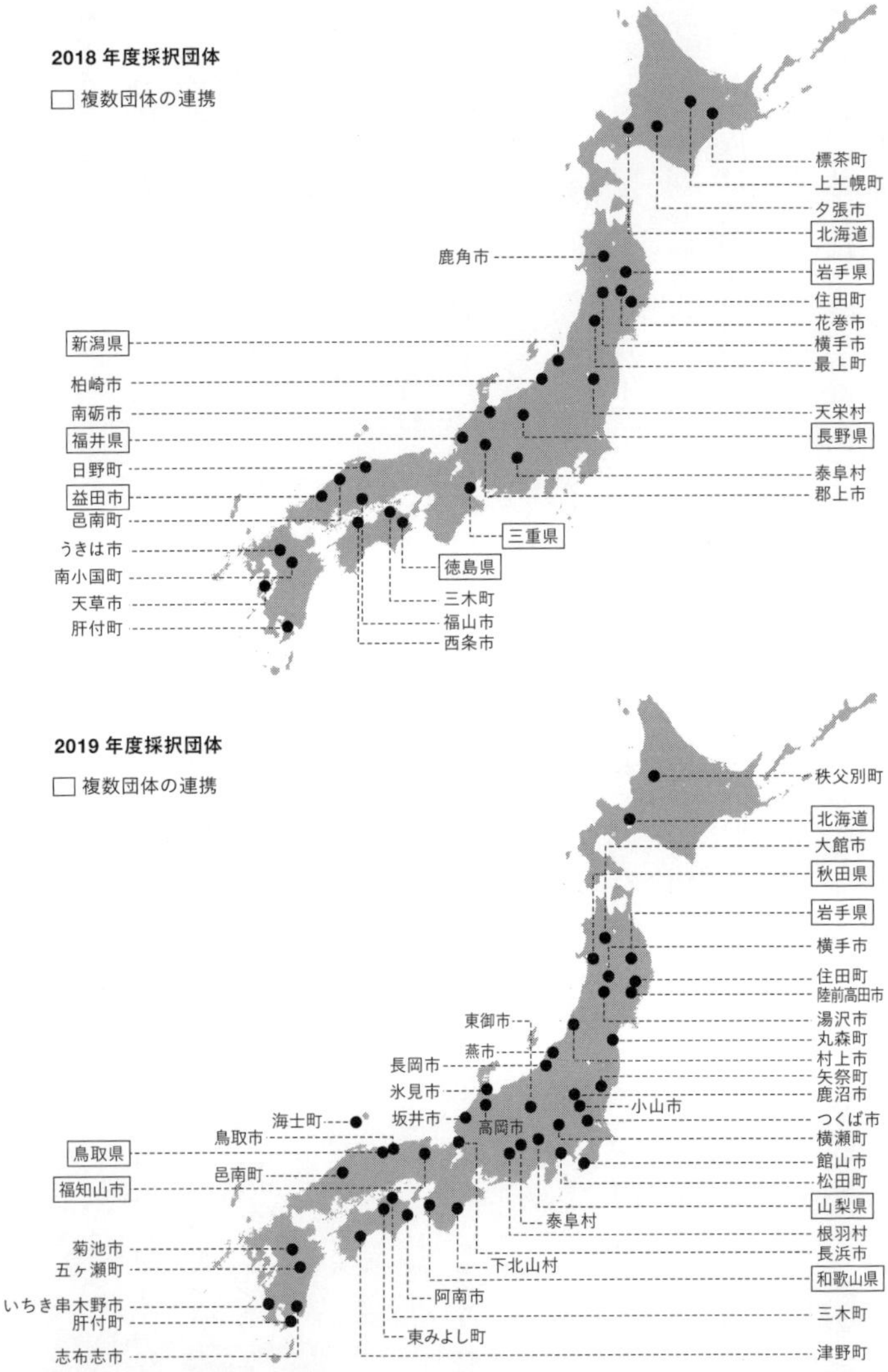
2018 年度採択団体
複数団体の連携
標茶町
上士幌町
夕張市
北海道
鹿角市
岩手県
住田町
花巻市
横手市
最上町
新潟県
柏崎市
南砺市
福井県
日野町
益田市
邑南町
うきは市
南小国町
天草市
肝付町
天栄村
長野県
泰阜村
郡上市
三重県
徳島県
三木町
福山市
西条市
2019 年度採択団体
複数団体の連携
秩父別町
北海道
大館市
秋田県
岩手県
横手市
住田町
陸前高田市
湯沢市
丸森町
村上市
矢祭町
鹿沼市
小山市
つくば市
横瀬町
館山市
松田町
山梨県
泰阜村
根羽村
長浜市
下北山村
和歌山県
阿南市
三木町
東みよし町
津野町
東御市
燕市
長岡市
氷見市
坂井市
高岡市
海士町
鳥取市
鳥取県
邑南町
福知山市
菊池市
五ヶ瀬町
いちき串木野市
肝付町
志布志市

図 8　総務省の「関係人口創出事業」採択団体一覧（出典：総務省 2020）

安倍前首相は二〇一九年六月の「まち・ひと・しごと創生総合戦略」の会議で、「週末の地方での兼業・副業など、関係人口の創出・拡大によって、将来的な地方移住につなげることや、企業版ふるさと納税の活用促進による、地方の魅力を一層高めていく取り組みなどの政策を通じて、地方への人・資金の流れを重層的な形でもっと太いものにしていきたい」と述べ、関係人口への期待を述べている。

関係人口という用語は、二〇一六年の登場からわずか三年あまりで一種の「ブーム」と言われることもあるほど急速に広がり、そして、急速に期待が高まっているのである。

こうした状況を反映して国土交通省が関係人口の実態を調べるアンケートを実施し、二〇二〇年二月に公表した。それによると、三大都市圏に暮らす一八歳以上の約二割にあたる一、〇八〇万人が特定の地域を訪問している関係人口であるという[62]。

そのほか後述する「ふるさと納税」や、住民票を置いていない人に対して行事や空き家情報などの案内、介護や相続関係書類の送付先変更受付といったさまざまな行政サービスを提供する「ふるさと住民票」に取り組む自治体も増えており、これらも関係人口の一つのあり方であると考えられる。

あいまいな定義

しかしながら、急速な拡大に伴い、混乱や批判も生じている。

まず、「関係する」という概念の広さと多義性もあり、自分と関係が強い（質が高い）人を指すとの解釈や、交流人口よりももう少し広い意味で使われることが多いという解釈など、一般的な使用についてはさまざまな解釈が存在している[63]。こうした状況から、「地域と関わりを持つ外部者」（田口二〇一七a、一五頁）が共通の要素でありつつ、関係人口の定義自体は、いまだあいまいであるとまとめてられている（田口二〇一七a）。

これに関連し、関係人口に対する自治体の受け止め方もそれぞれである。前述の総務省の関係人口モデル事業に応募した自治体の事業内容を詳しく見ると、事業の目的を定住人口の増加につなげることに置くケースや、これとは逆に、交流人口との区別が付いておらず、これまで通りの観光客を募って呼び込んでいるケースも散見される。

しかし、目的を定住人口の増加に置いたり、観光客を呼んできたりしたのでは、関係人口の創出や拡大を掲げていながら、結局のところ、定住人口や交流人口の獲得という従来の地域再生政策の延長線であることに、変わりはない。それでは、この章の冒頭で述べた通り、定住人口でも交流人口でもない新たな概念が求められているという時代の要請に応えているとは言えないのである。

もちろん、関係人口が結果的に移住・定住することは歓迎すべきことであろう[64]。また、交流人口や観光客も地域にとって大切な存在である。定住人口や交流人口を決して否定しているわけではないことは、繰り返し強調しておきたい。むしろ、地域における人口の概念として、定住人口と交流人口という二つしか存在していなかったところに、第三の概念として関係人口が登場してきたことで、幅が広がったのである。

一方、批判の内容は、大きく二つに分けられる。

一つは、関係人口の創出・拡大に取り組む政府や自治体の姿勢に対してである。たとえば二〇一九年六月二四日付けの日本経済新聞の社説では、政府が第二期「まち・ひと・しごと創生総合戦略」で関係人口の拡大を掲げたことに対し、「東京一極集中の是正という課題を直視するのを避けた」と否定的に捉えている。

同じ趣旨で、「シティプロモーション」を提唱する河井孝仁（二〇一八）は、関係人口の流行の背景を「定住人口の獲得が実質的に困難になった状態の糊塗に微温的に『関係人口』ではないか」と述べている。人口獲得合戦に疲れ、そして失敗したことを隠すために、関係人口を持ちだしているのではないかという指摘である。

もう一つの批判は、関係人口そのものに向けられるものである。

社会学者の貞包英之は、自分の選んだ自治体に寄付ができる「ふるさと納税」などを念頭に、関係人口は「突き詰めれば、ある地域の産物やそこでの経験を買う『消費者集団』につきるのではないか」と述べ、地域再生にはつながらないとした[65]。

また、『地域とゆるくつながろう！――サードプレイスと関係人口の時代』（石山二〇一九）というタイトルの著書で関係人口が代表的に取り上げられているほか、関係人口の定義をめぐって「その地域に居住はしていないけれど、出身地や勤務経験地だったり、知り合いがいたり、地域と何らかのつながりがあって時々通うような『ゆるい関係』を持つ人たち」（井門二〇一八、二三頁）として、定住と比較しての「ゆるさ」が特に強調されている側面もあり、こうした「ゆるい」人間に何ができるのかという批判にもつながっていっている。

これらの根底に流れているのは、端的に表現すれば、「（住んでいない人が）何の役に立つのか」という素朴とも言える疑問であろう。筆者自身、何度もこの質問を直接、投げ掛けられてきた。

確かに、閉鎖性が指摘されてきたこれまでの地方では、定住という「骨を埋める覚悟」が求められがちであることや、住んでいなければ地域に関わる資格がないというような一種の「暗黙の了解」が存在していることは、経験的にも感じてきた。

そのほか、前述したように、関係人口とは個々人を対象として関係性をより意識するものであるという含意があるにもかかわらず、「人口」とついているために、むやみやたらに関係人口を「増やそう」「増えればそれでいい」という数の議論に回収されたり、定住人口と同様に奪い合いが起こったりすることへの懸念も提起されている。

その一方で、全国で四〇〇を超える自治体が関係人口の創出・拡大事業を実施や検討していることをまとめた記事のタイトルは、「関係人口で地域を存続・活性化」であった（中川内 二〇一九）。地域外の主体に対して地域の存続という大きな期待がかけられているのは、これはこれで過剰であると言わざるを得ないのではないだろうか。

このような混乱や批判が生じている要因は、繰り返し触れてきたように、関係人口の学術的な定義が明確化していないこととまったく無関係とは言えないであろう。

そこでまず次の節で、社会学的な視点に基づき関係人口が生まれてきた背景を検討し、続く節で関係人口の概念定義を試みることにする。

3　社会学的背景

田園回帰

なぜ、関係人口と呼ばれる人たちが生まれてきたのであろうか。

背景には、都市住民の地方への関心の高まり、いわゆる田園回帰と呼ばれる都市に暮らす主に若者の変化が考えられる。内閣府（二〇一四ａ）の「東京在住者の今後の移住に関する意向調査」では、四〇・七％が地方への移住を検討している、または検討したい、と答えた。同じく内閣府（二〇一四ｂ）による「農山漁村に関する世論調査」では、農山村地域への定住願望がある人は三一・六％で、一〇年前の二〇〇五年調査の二〇・六％と比べて一一ポイント増加していた。

しかしながら、全国的な移住者の実数を統計的に把握することは困難である[66]。数少ない手がかりになりそうなのは、二〇一四年度に行われた明治大学の小田切研究室と毎日新聞、ＮＨＫの共同調査である。自治体の支援策を使うなどして移住した人が一万一、七三五人で、二〇〇九年度から五年間で四倍以上増加していた。これは自治体が把握できた数に限られるだけに、実態はさらに多いと見られる（阿部・小田切 二〇一五）[67]。

地方への移住支援を行う「ふるさと回帰支援センター」（東京）への問い合わせ件数を見てみると、やはり増えている（図９）。

二〇〇八年のリーマンショックをきっかけに、まず若者が訪れるようになったことに加え、二〇一一年の東日本大震災後はそれまで動きがなかった乳幼児を連れた若い家族が相談に来るようになった。

その避難的な移住の動きが落ち着いた後も、子どもの教育環境や自分たちの暮らしを変えたいという相談が増えてきたという。例えば、二〇一七年の相談件数は三万三、一六五件と初めて三万件を超え、しかもその七割を二〇～四〇歳代が占めていた。

「移住ブーム」と言われることもあったが、同センターの嵩和雄（二〇一六）は、ブームではないと断言する。その理由は、同センターを訪れる「地方出身ではない、地方を知らない若者」（嵩二〇一六、九六頁）が地方に向けるまなざしの変化を感じるからだという。

過去にも、出身地に戻るUターン、出身地以外に移住するIターンの存在は指摘されてきた[68]。しかし、Uターンは消極的な理由が中心であり、Iターンも主に自らのライフスタイルの実現が移住の目的であった（藺信三一九九四、嵩二〇一六）。つまり、地方への関心ゆえの移住ではなかったが、

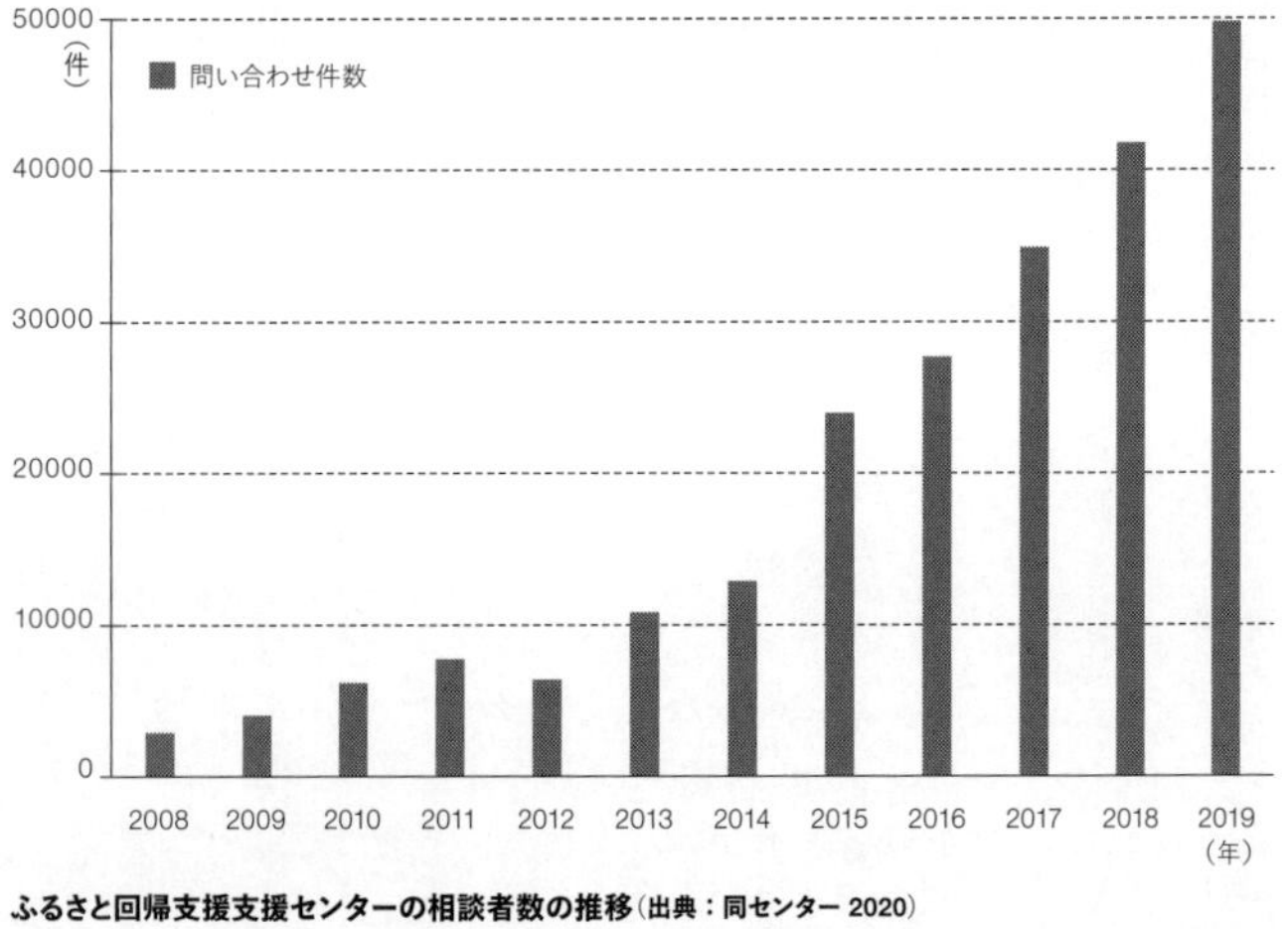

図 9　ふるさと回帰支援支援センターの相談者数の推移（出典：同センター 2020）

近年はそれが変わってきたというのである。

関東地方から岡山県美作市に二〇一〇年に移住し、活動している男性の言葉が裏付けている。

実際に来てみたら意外とみんな豊かで、ここが人が暮らしていく場として、若い人の選択肢としてこれから先、選ばれてもいい土地なんじゃないかな[69]

さらに若い世代の変化を「ローカル志向」(松永 二〇一六、六頁)と名付け、背景として自分のしたいことと地域の課題解決をすりあわせていく傾向を分析したものもある。

個人にとっては、地域や社会に貢献するよりも、自分がしたいことと地域の課題解決の方向性をすりあわせていく、そうした社会のデザイン能力が花開く場所として地域が受け皿になっているようである[70]。

全体数は把握できないものの、地方に新しい人が流入し始めているのは確かであり、何より第Ⅰ章で触れたように若者にとっては「出て行く場所」であった地方に対するまなざしが変化していることがうかがえる。これまでのUターン者やIターン者とは異なる、新たなよそ者の像である。一方通行ではなく、自身の関心と地域課題の解決が両立する関係を目指す「新しいよそ者」(田中 二〇一七b、九頁)と言うことができるのではないだろうか。

ふるさと難民の発生

若者の地方に対するまなざしの変化を、もう少し深掘りしてみたい。関係人口をめぐっては、これまでも述べてきたように『東北食べる通信』元編集長の高橋と雑誌『ソトコト』編集長の指出というメディア関係者が最初に言及し、続いて筆者の田中輝美、そして関係人口の報告書をまとめた総務省、学術的には農業経済学の小田切が中心的に論じてきていることから、主にこの五者の主張を参考に整理していく。

高橋は「都市住民にとって、生きる実感と人とのつながりは、もはや贅沢品になっている。その贅沢品は、地方の農漁村にまだ残っている」（高橋 二〇一六、七九頁）として、生きる実感と人とのつながりを失った都市住民を「ふるさと難民」（高橋 二〇一六、九五頁）と呼んだ。

また、指出は、若者たちは自分が手応えや実感を得ながら暮らせる居場所を探しており、その居場所として地域に注目するようになったとして「災害などの緊急時だけではなく、普段から人とのつながり、安心できる仲間との関係をみんな必要としているのだと思います。都市生活に代表される個人主義が尊重されてきた時代から、『個』ではなく、どこかに属することに価値を見出す人たちが圧倒的に増えている」（指出 二〇一六、二三五頁）とした。

二人の主張をまとめると、①つながりや関係に価値を置く都市住民や若者が増え、つながりや関係がある場所としてふるさとや居場所が求められている、②つながりや関係は都市では失われており、相対的にまだ残っている地方がふるさとや居場所になると受け止められている、と言うことができる。

田中と総務省もこれらの変化を都市の若者に特徴的だとしており、さらに小田切も同様の趣旨で「関わり価値」（小田切二〇一八、一五頁）が発生しているとして、「地域やそこに住む人々との関係を有することに意義を見いだす人々、特に若者が生まれているのであろう」（小田切二〇一八、一五頁）とした。加えて小田切は、情報通信技術の進化も指摘している。被災地からの支援要請や空き家改修ボランティアの募集といった多数の地域情報がソーシャルメディアを通じて個人から発信されており、インターネットがあることで関係を見つけたり維持したりできると言及した。田中（二〇一九b）もソーシャルメディアの登場で、人々がつながりやすくなったことを指摘している。

以上が、若者の地方に対するまなざしの変化であり、つまり、関係人口が生まれる背景であると言い換えることができるであろう。

アイデンティティとモビリティ

続いて、関係人口の背景として挙げられた、関わりやつながりへの希求、情報通信技術の進化の二つの要素を社会学的な文脈に位置付けたい。

関わりやつながりへの希求というのは、何を意味しているのだろうか。社会学で指摘されているのは、現代社会においてアイデンティティが以前より捉えにくいものへと性質を変えていることである（鈴木二〇一五、吉川二〇一八）。個人のアイデンティティは所与のものではなく、他者との関係性の中で自ら形作っていくことを余儀なくされており、アイデンティティの確立は人生上最も重要な課題になりつつあるとされている（坂本二〇一七）。

つまり、個人のアイデンティティの揺らぎという現代的課題の解決方法の一つとして、アイデンティティの確立につながる、他者との関わりやつながりが求められていると考えることができるだろう。そしてそれは、政治学者の宇野重規(二〇一〇)が、人と人とのつながりという社会関係資本は「個人にとっての財産」(宇野 二〇一〇、V頁)になったと解説しているように、社会関係資本への希求につながっていくのである。この点については後述する。

島根県の連続講座「しまコトアカデミー」を通して関係人口が生まれる過程を追った田中も、「しまコトアカデミー」への参加者を、「ふるさと難民」、「ゆくゆくは島根系」、「もやっとピープル」の三タイプに分類している。「ゆくゆくは島根系」は将来的にUターンやIターンを考えている層だが、残りの「ふるさと難民」「もやっとピープル」はまさにアイデンティティの揺らぎが背景に存在している。ここには都市――農村関係を背景に置いた田園回帰では回収しきれない、都市に暮らす個人の姿がある。

もう一つの情報通信技術の進化は、社会学的にどう位置付けられるであろうか。参照すべきは、ジョン・アーリ(二〇〇七[二〇一五])が提唱するモビリティ(移動性)をめぐる議論である。

アーリによると、従来の社会科学は、社会関係のデフォルト形態を「近くにいること=現前」と考えてきたが、もはや人とのつながりや社会的な集まりの多くは、近くにいることに基づいたものではなくなってきている。社会生活のプロセスは、身体の移動、物の移動、マスメディア上のイメージを通して行われる想像上の移動、地理的、社会的距離を超えたバーチャルな移動、電話やメールなどの通信による移動という五つに分類され、これらの相互に依存しあった移動が距離を隔てた社会的なつながりをさまざまな形で作り出している(アーリ 二〇〇七[二〇一五])。

こうした視点から地域を捉え直すと、つながりは衰退していると言われることが多いものの、メディアやインターネットの普及によって想像上の移動やバーチャルな移動が日常生活に織り込まれるなど、実際にはつながり方に大きなダイナミズムが生じており、移動やコミュニケーションの多元的な交差が起こっている(田所 二〇一四)。情報通信技術の進化は、モビリティの高まりという社会変容の中に位置付けることができるだろう。

以上をまとめると、関係人口が生まれてきた社会学的背景には、ミクロレベルでのアイデンティティの揺らぎによる社会関係資本への希求と、マクロレベルでのモビリティの変化があると考えられる。

4　社会学的定義

続いて、関係人口の社会学的な概念定義を試みたい。

「関心」と「関与」

高橋は関係人口の定義を、交流人口と定住人口の間に眠るものであるという表現にとどめている。指出は、同様に交流人口と定住人口の間であり、定住人口と交流人口のどちらにも当てはまらない「地域に関わってくれる人口」(指出 二〇一六、二一九頁)であるとし、交流人口と違って積極的に地域の人たちと関わり、その社会的な足跡や効果を可視化しているとした。

田中は「地域に多様に関わる人々=仲間」(田中 二〇一七c、八頁)とし、総務省は「長期的な『定住人口』でも短期的な『交流人口』でもない、地域や地域の人々と多様に関わる者」(総務省 二〇一八、一九頁)と定義した。

小田切はさらに踏み込み、関係人口の「関係」とは「関心」という意識と「関与」という行動の両者に及ぶとした上で、「地方部に関心を持ち、関与する都市部に住む人々」(小田切 二〇一八、一四頁)とした。その後、総務省も報告書をバージョンアップした「『関係人口』ポータルサイト」で関係人口を地域への関心と関与を軸とした図解で説明している(図10)。

そのほか河井(二〇二〇)は、「地域に関わろうとする、ある一定以上の意欲を持ち、地域に生きる人々の持続的な幸せに資する存在」と定義付けている。

関係人口という用語は、前述のようにメディア関係者の二人から生まれ、ジャーナリストや省庁、農業経済学者が肉付けしながら中心的に論

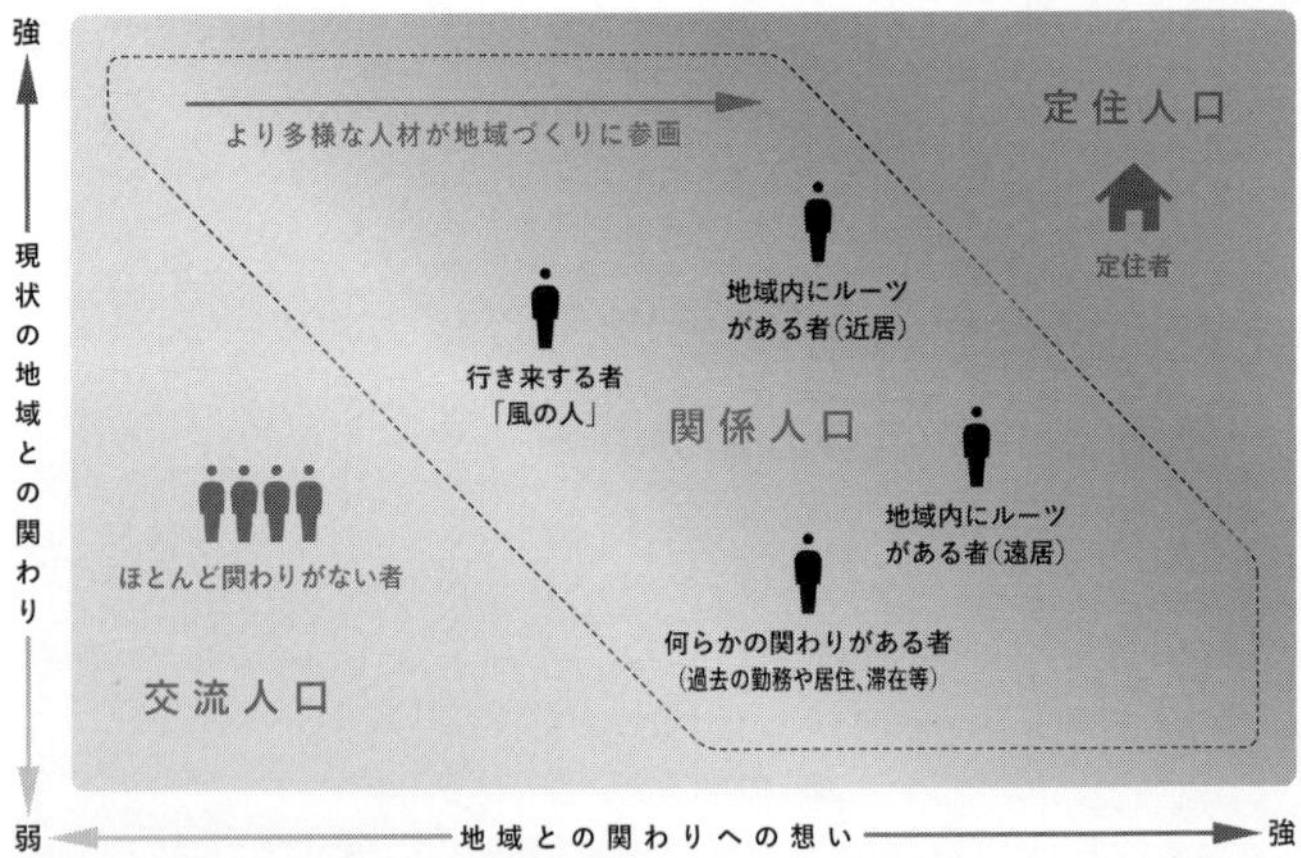

図10　総務省による関係人口の図解(出典：総務省 2019d)

じてきたのが大きな流れである（表3）。そのため学術的には都市――農村論の視点が強く、社会学的な視点が不足しがちであった。

しかしながら、都市――農村論のみに回収することには、注意が必要であろう。都市にも地域は存在しており、関係人口の存在は想定されうる。都市――農村論の文脈が強いことは確かであるが、都市――農村論の枠組みの中でのみ定義づけしてしまえば、例えば東京のような都市でも、関係人口が生まれる可能性を切り捨ててしまう恐れがある。

そこで、あらためて社会学的な定義を検討したい。

空間、時間、態度による定義

関係人口という概念を分解すると、「関係」と「人口」に分けられる。「関係」とは、関係することと、関わることであり、「人口」とは人々の総数の

表3　関係人口の定義の整理（筆者作成）

	定義
高橋	交流人口と定住人口の間に眠るもの
指出	地域に関わってくれる人口
田中	地域に多様に関わる人々
総務省	地域や地域の人々と多様に関わる者
小田切	地方部に関心を持ち、関与する都市部に住む人々
河井	地域に関わろうとする、ある一定以上の意欲を持ち、地域に生きる人々の持続的な幸せに資する存在

ことである。厳密に言えば、「人口」とは数を意味してはいるが、関係人口に込められている含意としては、数というより「関わる人」そのものを指していると考えられるであろう[71]。

そこで、定義の出発点は「地域に関わる人」となる。その上で、さらにどのように関わる人のことを指すのか、①空間、②時間、③態度の三点から定義付けていきたい。

①空間的には、関係人口とは地域の外から関わる人のことが想定されていた。社会学的に位置付けるならば、よそ者である[72]。

よそ者であると仮定すると、これまでの地域外の主体である交流人口・観光客との異同を整理する必要がある。この章の前半でも、関係人口は、定住人口でもなく、交流人口でもない、ということが不可欠な要素でもあることを確認した。

まず、関係人口と交流人口・観光客との差異は、②時間である。高橋も指出も観光客のことを一過性であるとし、総務省も短期的な交流人口という表現をしている。関係人口には、交流人口と異なり「一過性や短期的ではない」という意味が込められているのである。

しかしながら、長期的や永続的であれば、定住人口と同じになる。そこで、交流人口や観光客と定住人口の間、すなわち、短期と長期の間であることが定義の一つになるであろう。短期と長期の間を指す言葉には「中期的」があるが、中期計画のようにビジネス用語の色合いが強いため、短期でも長期でもないニュアンスを含んだ「継続的」を採用したい。

では、継続的に関わるよそ者であれば、すべて関係人口になるのだろうか。

小田切は「ふるさと納税」の寄付者に、返礼品目当ての意識が生じている可能性に触れている[73]。ここで重要になるのが、関係人口として関わるときの③態度である。自分が得をするという利己的な欲ではなく、対象となる特定の地域に関心を持っていることを想定しているのである。小田切が関係人口を定義する際に「関与」だけでなく「関心」も含めた二軸が必要としているのは、この点をカバーするためであろう。確かに、地域に「関心」を持っているという態度は、関係人口に求められる。

特定の地域に「関心」を持っているという態度を定義に採用すれば、過去に地域再生の主体として登場してきた企業やボランティアとの異同も明らかになる。企業とは経済主体であり[74]、地域に「関心」があるという態度は求められていない。そして、ボランティアも詳しくは後述するが、「自発性」に意義が置かれており、ここに対象への「関心」のあるなしという態度は含まれていない。

以上を踏まえ、関係人口とは「特定の地域に継続的に関心を持ち、関わるよそ者」であると定義付けたい。定住人口でも交流人口・観光客でもなく、そして、企業でもボランティアでもない、新たな地域外の主体の概念である。

空間と移動による四つの類型

続いて、関係人口にはどのような類型が考えられるであろうか（表4）。

首都圏から東北地方に通ってくる大量の人たちを見た高橋は、関係人口の類型を、都市住民が地方を定期的に訪ねる「逆参勤交代」（高橋二〇一六、一〇七頁）が基本であると考えた上で、食材付きの情報誌『東北食べる通信』の創刊を通し、特定の地域の食材を定期購入することでその地域の生産者を支える類型も自らつくり出した。

一方、指出は、必ずしも頻繁に通わなくても何らかの形で地域を応援しているというあり方も含め、①地域のシェアハウスに住んで行政と協働でまちづくりのイベントを企画・運営するディレクタータイプ、②東京でその地域のＰＲをするときに活躍してくれる都市と地方を結ぶハブ的存在、③都会暮らしをしながら、地方にも拠点を持つ「ダブルローカル」を実践する人、④圧倒的にその地域が好きというシンプルな関わり方、の四類型を示している。

田中（二〇一九ｂ）は、明確な類型化はしていないものの、①特定の地域の商品を継続的に買う、②定期的に通ってイベントやお祭りを手伝う、③新しいアイデアやデザインといった自分のスキルを使って地域の特産品開発を助ける、という三つのあり方を示している。これは、①買う、②行く、③働くという関係人口の行動に焦点を当てた類型である。

表４　関係人口の類型の整理（筆者作成）

	類型
高橋	①逆参勤交代　②食材を定期購入する
指出	①ディレクター　②ハブ的　③ダブルローカル　④圧倒的に好き
田中	①商品を継続的に買う　②イベントや祭りを手伝う ③特産品開発を助ける
総務省	①近居の者　②遠居の者 ③何らかの関わりがある者　④風の人
小田切	①特産品購入　②寄付（ふるさと納税） ③頻繁な訪問　④二地域居住
作野	①地域支援志向型　②スローライフ志向型 ③地域貢献志向型　④非居住地域維持型

一方、総務省は、前掲の図10にも見られるように、地域との関わりと想いを軸に、①地域にルーツがあり、近隣に住む「近居の者」、②遠隔の「遠居の者」、③ルーツがなくても過去に勤務や居住、滞在の経験を持つ「何らかの関わりがある者」、④ビジネスや余暇活動、地域ボランティアをきっかけにその地域と行き来するいわば「風の人」の四類型に分類した。

小田切は、前述した関係人口の「関係」とは「関心」という意識と「関与」という行動の両者に及ぶという前提で、「関心」と「関与」を縦軸と横軸にとった上で、①特産品購入②寄付(ふるさと納税)③頻繁な訪問④二地域居住という四類型を階段状にして図式化している(小田切 二〇一八、一五頁)。

そのほか、地理学者の作野広和(二〇一九)は、都市・農村双方の視点と、守り・改めの視点という二軸をとり、①地域支援志向型②スローライ

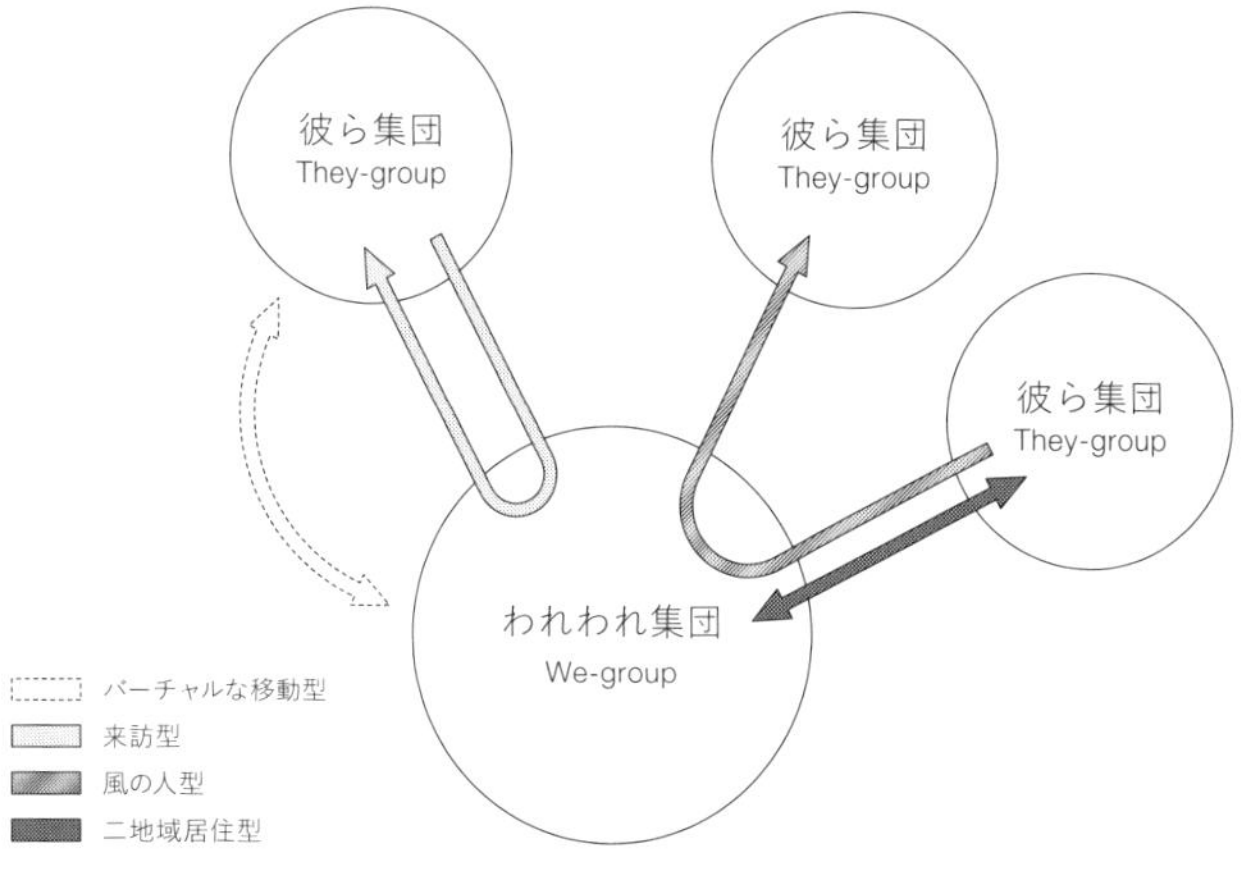

図11　空間と移動から見た関係人口の類型(赤坂 1992、20頁を参考に筆者作成)

フ志向型③地域貢献志向型④非居住地域維持型の四類型を示した。

定義だけでなく類型についても、社会学的に重要な視点である空間や移動に着目した分類はなされていないとまとめることができる。そこで、空間と移動から見た類型を検討する。

アメリカの社会学者であるウィリアム・G・サムナー（一九〇六［一九五九］）によると、最もシンプルな社会集団は、われわれ集団（We-group）と彼ら集団（They-group）に分類される。両者の間を行き来するのがよそ者である。

サムナーに加え、地域社会とよそ者との空間的な関係について幅広く分析した民俗学者の赤坂憲雄（一九九二）も参考に、よそ者を図式化すると、①バーチャルな移動型、②来訪型、③風の人型、④二地域居住型、の四類型になると考えられる（図II）。
①バーチャルな移動型とは、前述のアーリ（二

表5　論じられてきた関係人口と類型の整理（筆者作成）

類型	これまで論じられてきた関係人口	
① バーチャルな移動型	圧倒的に好き／特産品購入／寄付（ふるさと納税）	近居の者／遠居の者／何らかの関わりがある者
② 来訪型	逆参勤交代／ディレクター／ハブ的／頻繁な訪問	
③ 風の人型	風の人	
④ 二地域居住型	ダブルローカル／二地域居住	

〇〇七〔二〇一五〕)の言葉で、身体を伴わない移動を総称する形で用いる。②来訪型は「他集団から訪れ、やがて戻っていく」という形であり、④二地域居住型は「他集団にも拠点を持ち、二つの集団を行き来する」という形である。なお、③風の人型については、より厳密に定義付けている田中(二〇一七a)の「他集団から訪れて一時的に居住し、別の他集団へ移動する」に従う[75]。

最後に、これまで論じられてきた関係人口との関係を整理する(表5)。

「ふるさと納税」や寄付に代表されるお金や物を媒介したつながり方は、実際に身体の移動は伴わないことから①バーチャルな移動型の類型に位置付けることができる。逆参勤交代や頻繁な訪問などは②来訪型、風の人はそのまま③風の人型、そしてダブルローカルや二地域居住は④二地域居住型となるであろう。

5　広がりと多様性

ここまでで関係人口の意義や背景、定義を整理した。視点を現場に移すと、関係人口を生み出している事例は、全国各地に存在している。そのうちこれまで筆者が取材した五つの例を紹介し、関係人口の広がりと多様性を確認したい。

『食べる通信』（東北はじめ全国各地）

二〇一一年三月、東北地方で発生した東日本大震災は、それまでにはなかった都市と地方の新しいつながりを生んだ。ＮＨＫのまとめでは、活動したボランティアはのべ五五〇万人に上っており、「ボランティア元年」と呼ばれた一九九五年の阪神・淡路大震災の一三八万人と比べて四倍に増えている[76]。

震災発生時に岩手県議で、現地で状況を見ていた前述の高橋は、都市の人たちが自分のスキルや力を生かして復興を助ける中で、被災者から「助かった。ありがとう」と喜ばれ、普段の生活では感じにくい「生きがい」を感じていることに気付いた。被災者は都市の人たちに支援されるばかりではなく、逆に助けてもいたのである。

高橋は震災といった緊急時だけではなく、日常でもこのつながりを続けることができないかと考え、日本初の食材付き情報誌『東北食べる

図12 『東北食べる通信』（筆者撮影）

通信』を着想した。

二〇一三年に創刊した『東北食べる通信』は、東北地方の生産者の人柄や苦労、喜びなど「誰がどうやってどんな思いで生産物をつくっているか」をオールカラーの一六ページにまとめ、その生産者の食材とセットで主に都市に住む一、五〇〇人に届けた。情報が主で食材が付録というのが特徴的だ。

さらに、届けるだけではなく、コミュニティ化することにこだわった。Facebookで生産者と読者のグループを作成し、やりとりを促すと、読者からは「おいしくて感動しました」「こんなにおいしいものをつくってくれてありがとうございます」といった感謝が寄せられ、生産者も「こんな料理方法でもおいしく食べられるよ」「次の季節はこんな食材もとれるよ」などと返すようになった。読者が生産者を訪ねて作業を手伝い、親戚づきあいのように親密になるケースもあるという。

これまで消費者から「ごちそうさま」や「ありがとう」を聞くことがなかった生産者は喜び、誇りを取り戻す。読者も食べ物や命が自然とつながっていることを知り、生産者から感謝されることで「生きる実感」や「人と関わる喜び」を知って変わっていく。『食べる通信』は東北以外に広がり、二〇二〇年四月現在、全国三六地域で発行されるようになった。

分断されがちだった地方の生産者と都市の消費者を「つなぎ直す」取り組みであり、食を通じて関係人口を生み出していると言えるであろう。

そのほか、二〇一八年には人手不足の地域と若者をつなぐ「おてつたび」というサービスもスタートした。これはお手伝いと旅を通して関係人口を生み出している。

城崎温泉「本と温泉」（兵庫県）

城崎温泉（兵庫県豊岡市）の地域限定で販売され、現地に足を運ばなければ手に入らないという珍しい小説のシリーズ「本と温泉」が大ヒットしている。

一三〇〇年の歴史を持つ城崎温泉は、明治から昭和にかけて活躍した小説家・志賀直哉が、けがの療養のために滞在して短編「城の崎にて」を書き上げたことでも知られている。そのほかにも多くの文人が足跡を残し、「文学の町」として知られたが、近年は冬場こそカニ料理目当ての宿泊客でにぎわうものの、全体的には減少傾向にあった。

二〇一三年の志賀直哉来湯一〇〇周年事業を前に、何か新しい仕掛けができないか——。地元温泉旅館の四〇代以下の若旦那でつくる「二世会」メンバーと、担当する豊岡市大交流課の職員らが毎晩のように議論していたが、妙案がなく行き詰まっていた。ちょうどそんな頃、東京からUターンし、城崎国際アートセンター館長を務めていた田口幹也さんを通じ、東京在住のブックディレクターである幅允孝さんとつながった。

「単発のイベントをして終わりでは自分たちのものにならない。地元の人が『文学の町』だと胸を張れるきっかけをつくりたい」。そんな想いをぶつけ、幅さんを城崎に呼ぶと「カニは確かにおいしいし、お風呂もいいが、文学のにおいがしない」と直言を受けた。

そこで、文学を生かしたアイデアを出し合う中で本の制作が浮上。かつてのように作家が滞在し作品を生んでもらったらいいのではないかという発想が生まれる。継続性を考え、「二世会」メンバーでNPO「本と温泉」を立ち上げて出版レーベルとなることに決めた。

第一弾として二〇一三年、城崎ゆかりの文豪・志賀直哉の「城の崎にて」に注釈を付けて刊行。続いて、人気小説家の万城目学さん、湊かなえさんに依頼し、短編『城崎裁判』、『城崎へかえる』も刊行した。『城の崎にて』は持ち運びやすいミニサイズ、『城崎裁判』は温泉で読めるようにタオル地のカバーに防水仕様の紙、『城崎へかえる』はカニをイメージした装丁など、いずれもアイデアと遊び心が満載である。

狙いは、本の制作にとどまらず、新しい形での情報発信や「文学の町」再興につなげること。あくまで地域外の人が城崎に足を運んでもらうきっかけにしたかったため、地域限定発売という戦略をとることにした。それが奏功して話題となり、本が売れにくいと言われる時代にあって、累計一万部を超えるヒット作となった。

「本と温泉」シリーズは、東京在住のブックディレクターとの関わりで生まれた。このブックディ

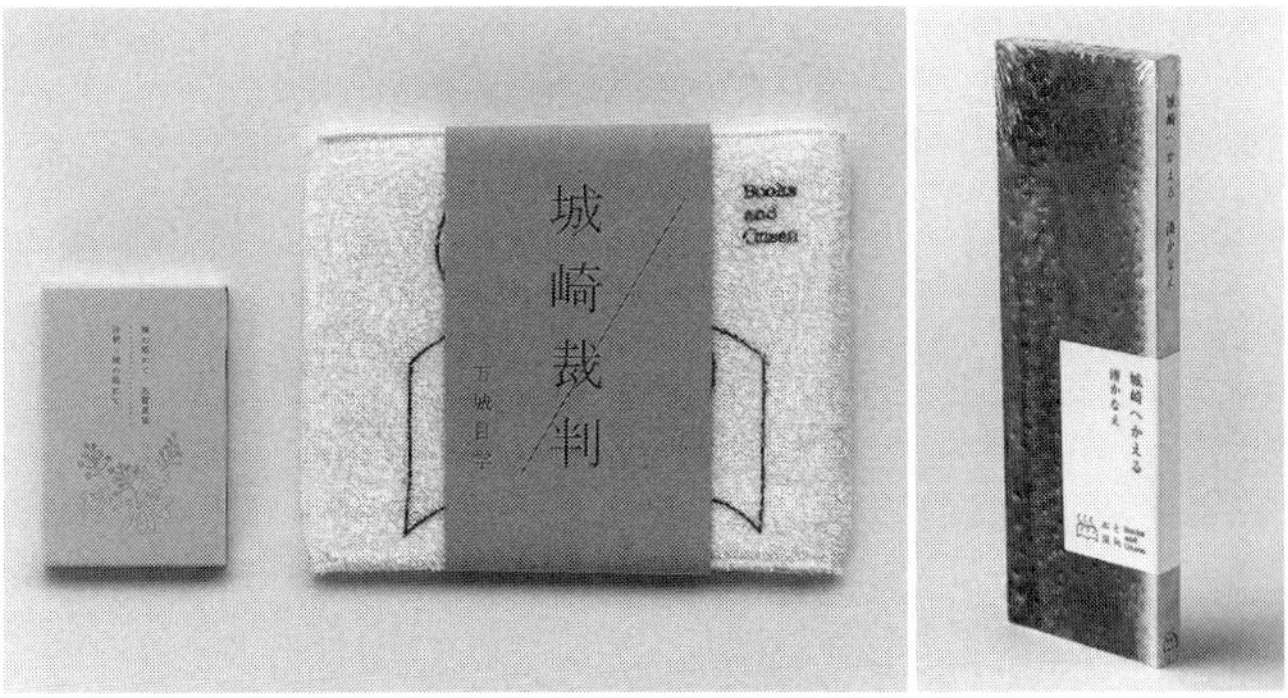

図 13　「城の崎にて」「城崎裁判」「城崎へかえる」（本と温泉提供）

レクターは、関係人口であると言えるだろう。その土地に定住していなくても、アイデアやスキルを生かして、関係人口として地域とつながることができるという例である。

もちがせ週末住人（鳥取県）

人口三、五〇〇人の鳥取市用瀬町で「週末住人」という新しいコンセプトを掲げている「体験と民泊 もちがせ週末住人の家」。週末だけその地域で暮らす「週末住民」は、まさに、関係人口のあり方の一つと言える。

立ち上げたのは、鳥取市内にある公立鳥取環境大学に通っていた岩田直樹さんと、松浦生さん。それぞれ岐阜県と東京都の出身で、大学進学を機に同市に移り住んできた。当初は大学の近くに住んでいたが、知人の紹介で人口減少や少子化、高齢化に直面する典型的な「過疎のまち」と言える用瀬町の住民に出会った。

図14　もちがせ週末住人を立ち上げた岩田直樹さんと松浦生さん（筆者撮影）

声の掛かるままイベントに参加したり、マップを手書きでつくったり、屋台を開いたりと、週末になると用瀬町を訪れて「週末住人」として活動するようになっていった。空き家の活用が課題になっていたことから、住民と一緒に団体をつくって空き家を借り、二〇一七年一月、民泊をスタート。都市の人が一定期間滞在して働きながら地域の人たちとも交流する総務省の「ふるさとワーキングホリデー」の受け入れを始めた。

そうしているうちに、二人とも用瀬町に移住し、民泊の施設に住みながら、大学に通うようになった。同年秋には二軒目となる空き家も借り、「体験と民泊 もちがせ暮らしの旅人」としてオープン。「ふるさとワーキングホリデー」だけでなく、大学のゼミ合宿や個人客も受け入れ、利用者はのべ八五〇人。陶芸の体験や一緒に食卓を囲むなど、必ず住民と交流する仕掛けを用意している。

こうして一度訪れた後、定期的に用瀬町に通ってくるようになった人たちを「週末住人s（ズ）」と呼んでおり、現在は県内外の九一人が登録。中には、「週末住人s」の活動がきっかけとなって就職先に鳥取市の企業を選び、県外からIターンしてきた人もいる。その一人、埼玉県久喜市出身の女性が運営に加わり、他のメンバーとともに運営を引き継いだ。

「週末住人s」と住民が一緒に食卓を囲む「週末なべ部」も定期的に行われ、好評である。そして、町内には新しく飲食店もオープンするなど活気が戻ってきた。二人は卒業したが継続できる仕組みが整っており、「週末住人」というコンセプトは同じ鳥取県内の大山町にも広がった。

岩田さん、松浦さんは「空き家があるといった環境はどこでもあると思うが、一緒にやろうという人たちがいてくれたことが何より大きい。『田舎には何もない』と言われることがあるが、それは違う。

用瀬は、ぼくたちを迎え入れてくれる人がたくさんいて、誰も使っていない資源が眠っているワクワクする場所。さらに、自分の『好き』や『得意』を磨いて活躍するチャンスがある。全国の学生にとって『なんでもできる田舎』になる」と口をそろえる。

にいがたイナカレッジ（新潟県）

二〇〇四年一〇月に発生した新潟県中越地方地震。一部の集落では、過疎化の流れが一五〜二〇年も加速したと言われ、担い手不足が深刻な課題として浮上した。そこで二〇一二年、公益社団法人「中越防災安全推進機構」が復興基金を使い「にいがたイナカレッジ」を始めた。

きっかけは、震災後に人やモノ、お金といったさまざまな「支援」が行われた中で、「支援」をしにきたはずの地域外の人たちが、モノを失ってもなお強く生きる地域に魅せられていく、と同機

図15　にいがたイナカレッジの様子（中越防災安全推進機構提供）

構のスタッフが気づいたことだった。

地域には、人を元気にする力があるのかもしれない。それが、地域の人たちが求めている新しい担い手と結びつくかもしれない――。地域の担い手の育成を目的に、都市部の若者を農村に受け入れるインターンシッププログラムが誕生した。

「にいがたイナカレッジ」は、中越地方の農山村で自分に合ったライフスタイルを見つけ、つくり上げていくインターンシッププログラムである。園芸農業や空き家活用、ムラの暮らしなどのさまざまなテーマがあり、農山村に入るきっかけづくりを目的とした数週間から一ヶ月の短期プログラムのほか、腰を据えて農業を本格的に学ぶ一年間の長期プログラムがある。特に短期プログラムでは丁寧なケアを心がけている。

インターンシップを終え、地域や地域で出会った人に魅せられて移住した人もいれば、東京と中越地方を行き来ながら畑を耕したり、東京で小学校の先生として農山村での経験を子どもたちに伝えたりしている人もいる。そのほかにも農作業や行事があれば手伝いに訪れるなど、自分でできる関わり方をしている人も少なくない。

仮に定住しなくても、関係人口として、地域の担い手の一人になっている。象徴的なのは、「実家に帰る感覚で集落に帰れる」と話す人もいるなど、「行く」場所ではなく、「帰る」場所となっていることである。

こうした若者の存在を知り、「あんな若者が来てくれるなら、うちでも受け入れたい」という声が挙がるようになった。五年以上がたち、インターンシップに参加した若者はのべ一〇〇人以上、受け入れた地域・団体は四〇以上に上っている。

二〇一九年度からは、滞在型だけでなく、同じ県内からの通い型のプログラムも提供を始めた。通いながら野菜の直売所を手伝い、一緒に食卓を囲むことで深い関係となっていく可能性を感じている。事務局の一人、東京から移住してプログラムを担当する井上有紀さんは「学生は地域に学びに行くというスタンスで、地域の人たちとお互いの『学び合い』が生まれると、いい関係につながるように感じる」と話す。

しまコトアカデミー（島根県）

最後に、島根県庁が八〇〇キロメートル離れた首都圏で開講する連続講座「しまコトアカデミー」を関係人口の窓口となる「関係案内所」の事例として紹介したい。

「しまコトアカデミー」はほぼ月一回のペースで開かれる、半年間の全七回シリーズの講座。ウェ

“移住”しなくても
地域を学びたい！
かかわりたい！

図16　しまコトアカデミーのウェブサイト

ブサイトには「〝移住〟しなくても、地域を学びたい！関わりたい！」とあり、移住・定住ではなく、関係人口の育成を目指している取り組みである。

全七回のうち、前半の三回は東京で開講し、島根からゲストを招いて基礎的な地域の情報や課題を学ぶ。四回目で二泊三日の短期インターンシップとして島根を訪問。その後、自分と島根との関わり方を「しまコトプラン」として各自が発表する。

二〇一二年度から東京講座がスタートし、二〇二〇年度で九期となった。二〇一五年度からは大阪、二〇一九年度からは島根、広島の各講座がスタートし、これまでの受講生はのべ二二五人。

二〇一六年度までの五期を終えた受講生へのアンケート結果（回収率八二・五％）では、島根に関わる活動をしているかという問いに対して「活動している」と答えたのは五八・八％。内訳は「首都圏で活動している」つまり関係人口が最多の三三・三％となり、次が「島根に移住し、活動している」二五・五％となった。関係人口という言葉が生まれる前から始まり、実際に関係人口という存在を見える化した講座であると言えるであろう。

受講生の中には修了後、東京と島根の二地域居住をしながら島根のプロジェクトのプロデュースを手掛けるプランナーのほか、東京で島根の食材やお酒を味わえるお店巡りを楽しみながらネットワークを広げているグループ、関係者が気軽にオンラインで集える場「しまコトのおうち」を毎週開催している人や島根のＮＰＯの正会員として参加している人もいる。さらに、島根県江津市の有福温泉のリノベーションや、同市が展開する地域住民が講師となってともに学び合う「ＧＯつくる大学」の運営といった地域課題に修了生が関わる動きも始まっている。

もともと受講生は、全員が地域の課題解決に強い関心があって「しまコトアカデミー」に飛び込んでいるわけではない。なんとなく地域に興味はあるが、どうしていいのかわからないと迷っているような人も少なくない。「しまコトアカデミー」への参加者が、「ふるさと難民」、「ゆくゆくは島根系」、「もやっとピープル」の3タイプに分類できることはこの章でも紹介した通りである。

そんな受講生たちは、「しまコトアカデミー」という「関係案内所」を入り口に、座学やインターンシップを通じて地域の課題を学び、地域の課題に気付く。そして、自分のできることと掛けあわせていきながら、実際にどうやって課題の解決に関わっていくのかを、自分と島根との関わり方を発表する「しまコトプラン」として最後にまとめるという設計になっているのである。

「関係案内所」というと、従来の「観光案内所」のイメージからか、ハードが必須だと連想されがちだが、「しまコトアカデミー」は、事務所を構えているわけではない。ハードは持っておらず、「コミュニティ」と表現した方がしっくりくる。「関係案内所」には必ずハードが必要なのか、ハードを持った場合にはどのような影響が生まれるのか、考えていく必要があるのかもしれない。

二〇二〇年度は新型コロナウイルスの影響があり、「しまコトＤＩＧＩＴＡＬ」へと全面的に衣替えした。現地を訪れるインターンシップの代わりに島根のキーパーソンのオンラインツアーを企画するなど全七回をオンラインで展開したのである。運営するシーズ総合政策研究所（島根県松江市）の藤原啓社長は「最初はとにかく手探りでしたが、やってみたら、これまで通り『しまコト』らしい受講生が集まってきて予想を越えた良い場になりました」と手応えを語る。二〇二一年度は状況を見ながら、オンラインとリアルのハイブリッドでの開催を検討しているという。

第３章　関係人口の分析視角

１　二つの問い

第2章で、関係人口とは「特定の地域に継続的に関心を持ち、関わるよそ者」であると定義付けた。では、これで関係人口をめぐる混乱と批判に応えたことになるのであろうか。残念ながらそうではないと考えている。さらに二つの問いを用意する必要がある。

あらためて確認しておきたいのは、関係人口とは、そのまま地域再生の主体と同義ではない、つまり、地域再生の担い手とイコールではない、ということである。「特定の地域に継続的に関心を持ち、関わるよそ者」は、地域再生に関わることを意味しているわけではないのである。

関係人口は、関わるという言葉が持つ多義性ゆえに、多様な展開と可能性がある。だからこそ広く共感を得ていると言え、第2章で紹介した国交省の調査でも見られたように、関係人口は予備軍も含めて全国各地に多数存在していると考えられる。

しかしながら、この関係人口の全員が地域再生につながる関わり方をするわけではなく、また、する必要もないであろう。地域再生に関心が強い方の中には、がっかりする方もおられるかもしれない。

それでも大切なのは、これからの地域再生を考えたときに、関係人口がどのように地域再生に関わるようになるのか、学術的に言い換えれば、関係人口が地域再生の主体としてどのように形成されていくのか、この点を明らかにしていく必要があるということである。

そして、もう一つ大切なことは、関係人口が地域再生の担い手になったとして、どのような役割を果たすのかということである。これまで地域では定住人口に重きを置く傾向が強かっただけに、定住しない人が地域再生にどのような役割が果たすのかわかりにくい、というのは理解できなくもない。しかし、この点が明らかになっていないために、前述したような地域を存続させる力があるといった過剰とも言える期待や議論を生んでしまっているという不幸につながっている。

そこで、第3章では、関係人口が地域再生主体としてどのように形成されていくのか、そして、地域再生にどのような役割を果たすのか、という二つの問いを立て、先行研究を整理しながら、本書における分析の枠組みを提示する。

まず、関係人口が地域再生の主体としてどのように形成されていくのかを検討していく上で、これまで語られてきた地域再生の主体について、支えてきた学術理論も参照しながら、その歴史的展開を確認する。

2　地域再生主体の歴史的展開

主役は地域外企業と行政

一九六〇年代からの地域開発のあり方を、外来の資本、技術や理論に依存する「外来型開発」(宮本一九八九、二八五頁)と名付けたのは、経済学者の宮本憲一(一九八九)である[7]。「外来型開発」の主体について、宮本憲一を受け継ぐ経済学者の保母武彦(一九九六)は、先行投資する地域の行政と、進出する地域外企業の二つがあるとした。その上で、行政が大規模な先行投資をしても、進出と撤退の意志決定は地域外企業が行うため、進出しなかったり採算が合わずに閉鎖や撤退してしまったりするとして、「外来型開発に地域の将来を託することができない」(保母 一九九六、一三四頁)と疑問視した。

続く一九八〇年代のリゾート開発でも、この流れは変わることがなかった。ホテル、ゴルフ場、スキー場(またはマリーナ)の三点セットと言われる地域外企業による大規模リゾート施設の誘致が地域再生の切り札として議論され、こうした典型的な「外来型開発」によるリゾート構想の多くが、企業の撤退や参入中止により頓挫した(小田切 二〇一四)。

地域外の主体に依存する構図は、過疎対策にも通底していた。前述の安達(一九七三)は、過疎対策の計画は中央の指導で地方自治体がつくったものが多く、住民の発想や提言を生かした例は非常に少ないとして、住民参加の欠落、さらには人間論的な視点の不在も指摘して「対策が〝過粗化〟(お粗末過ぎる)」(安達 一九七三、一四六頁)と痛烈に批判している。

「外来型開発」の批判から登場したのが、一九七〇年代からの内発的発展論である（若原 二〇〇七b）[78]。内発的発展論では、創始者である社会学者の鶴見和子（一九九六）が内発的発展の主体を「キー・パースンとしての地域の小さき民」として、あくまで地域内の個人を想定した一方、前述の宮本（二〇〇〇）は、地方自治体に加えて住民組織を主体に挙げた[79]。

しかしながら、過疎化に直面して行われた「村おこし」運動が行政主導であったように、住民の力は相対的に弱く、自治体が中心にならざるを得なかった（田代編 二〇〇四）。政策形成過程への住民参加という枠組みも用意されていないわけではなかったが、住民参加とは、行政側が設定しない限りは始まることすらなかった（今川 二〇一三）。

こうした地域社会のあり方は、行政＝官が住民を指導し、啓発して課題解決にあたる「官民型社会」（富野 二〇一三、二七頁）と呼ばれた。日本では明治維新後、国家の強い統制を伴う中央集権が官優位の社会をつくりだし、公共＝官主体という公共概念が成立したことで、高度成長に伴う住民ニーズの拡大に対し、大きな政府が公共的活動を独占して国民の福祉に責任を負う「福祉国家モデル」が展開されていった（富野 二〇一三）[80]。

ボランティア・NPOの登場

その後、「福祉国家モデル」は大きく変容することになった。右肩上がりの経済成長が望めなくなったことや少子高齢化、そして、グローバル化に伴って、多くの先進資本主義国で自由競争を重んじる新自由主義的な経済政策が導入されたことが背景に指摘されている[81]。日本国内でも、バブル崩壊後の積極的な公共投資が圧迫して地方自治体の財政状況は急激に悪化し、第I章でも触れたように市町村合併や地方交付税の削減というさらなる行政の縮小の流れが生まれていくことになった。

こうして地域再生を担うことが難しくなった自治体に対し、それ以外の地域内の主体に目を転じると、住民は、行政に依存する社会構造が定着する過程で課題の解決を行政に要求するようになり、自ら解決するという意識が薄れていった(富野二〇一三)。さらに町内会や自治会を中心とする地域コミュニティといった中間集団も、個人化に伴い弱体化し、かつてのような機能を果たせない状況や統合力の低下が指摘された(西澤二〇〇〇、辻・佐藤二〇一四)。加えて、誘致工場の撤退、建設業の不振などが重なって地域経済の空洞化が進み、農協も組織再編が進んで各地域にあった支所の閉鎖が相次いだ(中條二〇一七)。

急速に注目が高まったのはボランティアであった[82]。ボランティアとは、明確な定義は難しいとされているものの、原義は「自発性」「自ら進んで」(山下・菅二〇〇六、二三〇頁)であり、さらにボランティア論においても「自由意志」「自発性」(仁平二〇〇二、七〇頁)が強調され、その点に意義が置かれている。

日本社会においてボランティアが劇的に広がるきっかけとなったのが、一九九五年の阪神・淡路大震災である[83]。阪神・淡路大震災で一年間に活動したボランティア一三八万人の七割以上が三〇歳未満で、その七割弱は初めての参加とされ、復旧・復興に大きな役割を果たして「ボランティア元年」と呼ばれるようになった(清原二〇〇八)。

ボランティアはその後、災害だけではなく、教育、経済、福祉、そして地域再生も含めた多分野に広がりを見せていった。ボランティア活動を支援しようと一九九八年には特定非営利活動促進法(NPO

法）が成立し、ＮＰＯもボランティアと同じように地域再生の分野も担うようになっていった（林 二〇〇八）。こうしてボランティアやＮＰＯが、行政に代わる新たな地域再生の主体として捉えられるようになったのである。

ネットワーク論と社会関係資本の隆盛

行政の縮小とボランティア・ＮＰＯの増加に伴い、地域内の主体が「つながりのネットワーク」（玉村 二〇一六、一九一頁）を形成しながら公共を担うという考え方が主流化し、人口減少時代への備えをうたった一九九八年の「二一世紀国土のグランドデザイン」（第五次全国総合開発計画）でも、官と民の適切な役割分担を前提に、地域住民やボランティア団体・民間企業といった多様な主体による「参加と連携」（国土交通省 一九九八、二〇頁）が掲げられた。

こうした多様な主体を前提に、地域再生をめぐる学術理論でもネットワーク論が盛んになった[84]。ネットワーク論と地域活性化を検討した研究のほか[85]、商店街と地縁組織という組織間ネットワークに着目して中心市街地活性化につながるコミュニティ形成を論じた研究や、地域再生のネットワーク基盤としてのプラットフォーム設計を論じた研究が存在している[86]。都市農村交流も、地方と都市の住民のネットワーク形成という文脈に位置付けることができる。

さらに二一世紀に入り、注目が高まっているのが、ネットワーク論をさらに発展させたと言うこともできる社会関係資本論である[87]。

社会関係資本の定義については、このあと詳しく見ていくが、ここではいったん信頼や互酬性を伴ったネットワークと考えてもらうと良いだろう。この社会関係資本への注目の高まりは、単なる情報伝達のネットワークではなく、規範や価値観を共有する重要性が改めて認識されたことなどが背景に指摘されている(稲葉二〇〇七、矢野二〇一〇)。そして、前述したように、人と人とのつながりという社会関係資本は「個人にとっての財産」(宇野二〇一〇、Ⅴ頁)となり、二〇〇〇年代以降の人文社会科学において、最も幅広く引用され、議論された概念と言われるまでになった[88]。

実際に地域再生との直接的な関係も研究されており、例えば、地域再生に必要な社会関係資本の類型を検討した研究のほか、地域外の主体に目を向け、地域外の主体との社会関係資本の存在を明らかにした研究や、よそ者との協働が生まれる条件を社会関係資本の蓄積度合いから分析した研究もある[89]。これらは地域再生において、地域外の主体と社会関係資本を構築する重要性が認識されている表れと捉えて良いであろう。

以上をまとめると、地域再生の主体をめぐっては、初期の地域外企業が批判を受けたことから、地域内の主体が担うべきであるという内発的発展論が生まれた。地域内の主体では自治体の存在感が大きかったものの、縮小が迫られる中で、新たにボランティア・ＮＰＯが登場し、こうした多様な主体がネットワーク化することの重要性が語られた。その後、単なるネットワークにとどまらず、信頼や互酬性を伴った社会関係資本への注目が高まり、地域社会と地域外主体との社会関係資本の構築も重要視されていると言うことができる。

では、このように語られてきた地域再生の主体はどのように形成されるのであろうか。次の節で、これまで蓄積されてきた主体形成論を再検討しながら考えたい。

3　主体形成論の再検討

主体形成論の欠落

内発的発展論については、前節において、その主体を、「キー・パースン（以下、キーパーソン）としての地域の小さき民」とした鶴見和子（一九九六）に対し、宮本憲一（二〇〇〇）は地方自治体と住民組織と考えていたことを確認した。

しかし、内発的発展論を主体形成過程に着目して再検討した濵口恵子（二〇〇四）は、内発的発展論には主体形成過程の議論が欠落しており、キーパーソンがいかにして形成されるのかは十分論じられていないこと、事例の中にキーパーソンを見いだして指摘する研究が大半を占め、主体は所与に近い扱いがなされていると述べている。

一方、地域再生の主体としての形成過程を明らかにすることが重要であると、内発的発展論を社会教育学の立場から再定義を試みたのが、若原幸範である[90]。

若原（二〇〇七a）は、内発的発展事例としての北海道のグリーンツーリズムを題材に、住民が研究会での学習活動、講演会、視察旅行を通じて地域を対象・課題として認識していく過程を記述し、主体形成には協同の学習活動（研究会）が必要であると訴えた。

こうした若原の主張に対し、蜂屋大八（二〇一七）は「社会教育学における成人の学習は、行政その他の機関が設定する学習の場への参加と捉えられ、そこへ参加する自発的意志が必要条件であるとみなされてきた」（蜂屋 二〇一七、二六頁）ことを踏まえ、自発的意志がなくても意図しない学習が生活の中にいかに存在しているかを考えなければならないと、若原の分析が旧来の学習活動にのみ注意を向けていることに批判的検討を加えている[91]。

さらに蜂屋は、若原が集団的な地域づくりの担い手像を事例的に明らかにしたと一定の評価をしつつも、本書の序章でも述べたように「集団としての主体形成の先に個人の意識変容を捉えなければ、本当の意味での主体形成の実態把握と言えない」（蜂屋 二〇一七、二五頁）と、主体形成の実態把握をする上では個人の意識変容を捉えることが重要であると強調した。

このように内発的発展論では、主体形成が主題化され、検討が加えられたと言えるであろう。これに対し、地域再生を考える上でも重要理論として位置付けられたネットワーク論や社会関係資本論においては、主体形成はほぼ主題化されなかったと言っても過言ではない。

ネットワーク論では、どのような主体が存在しているのかを見出す視点のほか、ネットワークのあり方やネットワークの形成過程が中心的に論じられることが多く、主体については所与のものとされたり、形成の重要性の指摘にとどまっていたりしているのが主な傾向であった[92]。

社会関係資本論についても、例えば島根県内の高校教育を社会関係資本論から分析した研究があるが、これは後述する高校魅力化という取り組みによる社会関係資本の形成の分析であり、主体形成に社会関係資本がどう作用したかを分析したものではない（樋田・樋田 二〇一八）。そのほか、地域再生の主体形成との関連を主題として分析したものはほとんど見つけることができなかった[93]。

一方で近年、主体形成過程についての分析は進んできており、次はそれを確認したい。

主体形成サイクル

古くは、内発的な農業の発展を研究した長谷山俊郎(一九九六)が、活動で得られる「効力感(=手応え)」(長谷山 一九九六、一〇七頁)や相互の信頼関係などが、地域住民の主体性の獲得につながっているとまとめたものがある[94]。

近年になって、災害時における主体形成の過程を「主体形成サイクル」(上村 二〇一七、五頁)として示したのが、第Ⅰ章でも触れた上村(二〇一七、二〇一八)である(図17)。

上村は地域における本質的な課題は人口減少ではなく、住民の主体性の欠如であると指摘している。それは、唯一の正解がなく、かつ主体が住民である課題は、他人事でなく自分事であるという認識がない限り前には進まないからであると説明する。

そして、震災を経験したことで「自分ごとスイッチ」(上村 二〇一七、五頁)がONになったとい

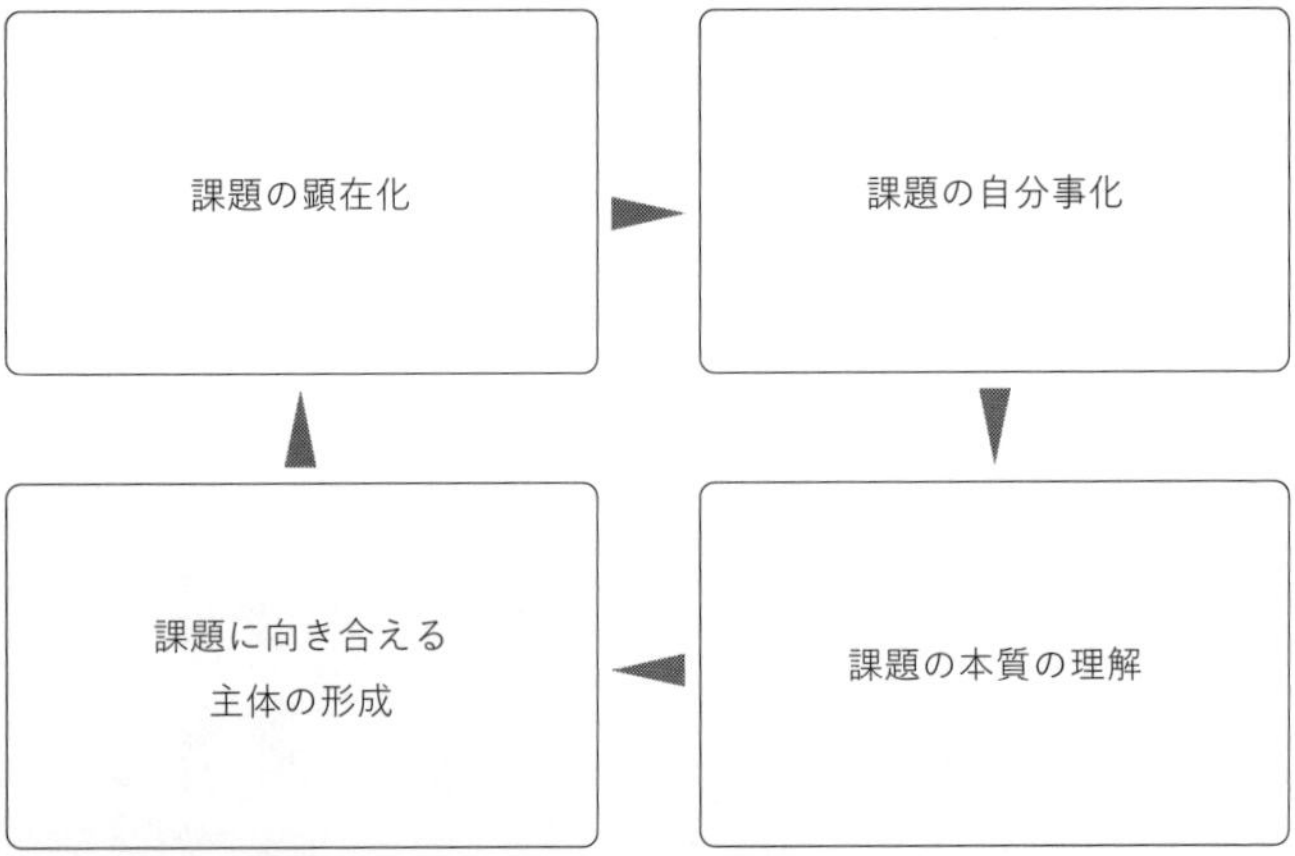

図 17　上村が提示した主体形成サイクル(上村 2018、176 頁を一部修正)

う人も多いとして、課題の顕在化→課題の自分事化→他人事であったという課題の本質の理解→課題に向き合える主体の形成、という四段階の「主体形成サイクル」を提示し、「次なる主体」（上村二〇一七、六頁）を育てていく仕組みこそが、災害に強いまちづくりであるとした[95]。

前提として、地域ではこれまで、課題を設定し、解決策を探して実行、良い解決策はお手本となって周囲に波及してモデル化される「課題解決サイクル」が重要視されがちであったとした上で、課題解決よりも人、つまり、主体形成を中心に置く必要性を強調している。これは、災害における主体形成のサイクルを意識しているものであるが、地域再生にも応用できると考えられる。

地域外主体の影響

さらに地域外の主体との関係に着目して、地域再生の主体形成過程を分析した一人が、前述の新潟県中越地震を経験した稲垣（二〇一四）である[96]。

稲垣は、地域再生の本質は、同地震が顕在化させた「課題に主体的に向き合ってこなかった地域社会の姿勢」（稲垣ほか二〇一四、九頁）を変えていくことであるとし、実際に新潟県旧山古志村（現・長岡市）の事例を踏まえて、「すべての人が自分事として考えることができた」（稲垣ほか二〇一四、九四頁）ことが地域再生につながったとしている。

そして、自分事として考えることができた要因の一つに、地域外の支援者の存在を挙げた。地域外の支援者が、地道なサポートによって地域住民と「顔の見える関係」（稲垣ほか二〇一四、九五頁）を結び、信頼を得ていきながら、住民だけではなしえない地域を離れた人との関係や集落の連携をつくりだしていったことを指摘し、こうした外部者の関わりが住民の主体的な意欲の醸成に効果的であったと述べている（稲垣ほか 二〇一四）。

その上で、①住民の主体的意識を醸成するサポート（足し算のサポート）と②住民の主体性が生まれた後の、将来のビジョンづくりと実践に対するサポート（掛け算のサポート）という二種類が必要という「地域づくりの足し算と掛け算」（稲垣ほか 二〇一四、二二三頁）という考え方を示した。外部コンサルタント主導で、足し算型を丁寧に行わずに、掛け算型のみを行ってもマイナスを大きくするだけであると警鐘を鳴らしている。

加えてもう一つ、社会学者の平井太郎（二〇一九）の論を参照したい。平井は、自身が青森県庁から依頼され、ワークショップの運営講師として計一四回通った同県の旧脇ノ沢村（現・むつ市）の事例を基に主体形成過程と要因を分析した。

地域住民から出てきたアイデアは当初、「誰かがやればいいね」というものであった。しかし、平井が「みなさんがこれまで出してくださったアイデアは主語がないですね。本当に自分がやりたい、自分だったらできるというアイデアに絞っていきませんか」（平井 二〇一九、一四頁）と呼びかけたことや、県庁職員とともに何度も通いながら地域住民の不満や意見に耳を傾けたこと、そして平井の提案で学生のインターンシップを受け入れたことなどが積み重なり、地域住民に主体性が生まれていった。

平井は、その突破口となったのは、地域住民に対して行政や高等教育機関、若者らが関心を寄せ、敬意を払ったことであったとして、この関心と敬意をまとめて「尊重」（平井 二〇一九、一九頁）と呼んだ。地域再生の主体形成には、課題に直面する地域住民に対して「尊重」が払われることが重要であり、そこから「尊重」の連鎖が生まれ、地域住民をはじめとした関わりあう主体性が生み出されるとまとめている[97]。

4　社会関係資本論と主体形成

社会関係資本と地域社会

あらためて地域再生の主体形成をめぐっては、その過程は共有されつつあること、中でも地域外の主体による効果やキーワードが浮かんできているものの、理論化は未だ十分ではないとまとめることができるであろう。

そこで、本書では、地域再生の主体がどのように形成されるのかを検討する上で、社会関係資本論を導入したい。先行研究から浮かび上がった、信頼関係（長谷山 一九九六）や、地域外主体との間の「顔の見える関係」（稲垣ほか 二〇一四、九五頁）、「尊重」（平井 二〇一九、一九頁）は、社会関係資本と捉えられると考えるからである。

社会関係資本という概念について、詳しく説明していきたい。

資本とは通常、経済資本に対して用いられる言葉であるが、経済的な資本とは異なる文脈で最初に社会関係資本を用いたのは一九一六年のL・J・ハニファンであるとされる。その後、ピエール・ブルデューとJ・S・コールマンが、人々の社会的地位上昇の手段として社会関係資本が経済資本に劣らない役割を果たすことに着目し、理論上の重要な位置付けを行った。さらに、社会関係資本と地域社会の関係を強調して現代の社会資本論の盛況を用意したのは、アメリカの政治学者であるロバート・パットナムであった（櫻井 二〇一一）。

それを受け、地域社会における経済活動、社会福祉や市民活動、政治参加、社会問題への取り組みなどへの意欲やパフォーマンス、効果を上げるために社会関係資本の形成や活性化が重要として、日本でも実証研究が経済、教育、市民社会、医療、福祉、環境といった多くの領域で進められ、地域再生の特効薬として期待が高まっている（櫻井・川又 二〇一六）。

内閣府の調査などでも社会関係資本が豊かな地域では生活への安心が高まることがわかっているほか、社会関係資本が蓄積されることで、起業の促進や雇用の創出につながると考えられ、また、犯罪の発生の抑制や出生率を高めたり平均寿命を伸ばしたりといった社会的に好ましい結果をもたらすことが報告されている（山内 二〇〇六）。

社会関係資本への批判

しかしながら、社会関係資本という概念をめぐっては、どう理解するかは完全に一致しているわけではない。定義や付加価値、測定、因果関係、政策手段としてのあいまいさが指摘されている[98]。

また、社会関係資本論への批判も少なくない。単なるネットワークのみでは資本と言えず、互酬性や信頼の媒体にされてこそ資本としての資格を得るという特性があるにもかかわらず、ネットワーク特性と社会関係資本を区別しないことが原因で混乱していると指摘されている（リン 二〇〇一［二〇〇八］）。さらに、単なる言葉の言い換えに終始しているだけであったり、分析結果を社会関係資本に帰着させることで何かを説明した気になっているだけだったりというケースも少なくないという批評や、幻想としての期待だけが社会関係資本論を取り巻いているといった見方もある[99]。

こうした中、社会学者の三隅一人（二〇一三）は、社会関係資本を多義的だが、それゆえに便利であるとした上で、実態のない社会構造の諸要素を測定して、経済開発プロジェクトの成功や民主主義の成熟などと関連づけることが意味を持つような議論枠組みを提供したことに意義があるとした。その上で、実態のない比喩概念であり多義性があることを積極的に受け止め、研究目的に応じて焦点を定める必要性に言及している[100]。

社会関係資本とは、魅力と意義を持ちながらも、慎重かつ厳密に扱うべき概念であることに異論はないであろう。

以上を踏まえた上で、本書における社会関係資本の定義と留意点を述べたい。

整理するための3つの視点

本書では、社会関係資本論の中でも、社会関係資本と地域社会の関係を強調した前述のパットナム（二〇〇〇［二〇〇六］）を基に議論を進めることとし[101]、島根県内の高校教育と社会関係資本を研究した樋田・樋田（二〇一八）も参考に、社会関係資本を①要素、②つながりの形状、③蓄積の場という三つの視点から整理する。

①要素

パットナム(二〇〇〇[二〇〇六])は社会関係資本について「物的資本は物理的対象を、人的資本は個人の特性を指すものだが、社会関係資本が指し示しているのは個人間のつながり、すなわち、社会的ネットワーク、およびそこから生じる互酬性と信頼性の規範である」(パットナム二〇〇〇[二〇〇六]、一四頁)として、ネットワークと、互酬性、信頼性という三つの要素を規定している[102]。

その上で、これらの要素の間の因果関係は「ごちゃ混ぜのスパゲッティのように絡み合っている」(パットナム二〇〇〇[二〇〇六]、一六〇頁)として区別や整理することの難しさを述べている。

ネットワークについては「垂直的ネットワークは、関係者にはそれがいかに緊密かつ重要であっても、社会的信頼と協力を維持するものではない」(パットナム 一九九三[二〇〇一]、二一七頁)として水平的であることを重視している。これは、「共にする」(パットナム 二〇〇〇[二〇〇六]、一三四頁)ことが重要であるという主張ともつながっている。他者の「ために」善行を行うことは、どれほど感心なことであっても、社会関係資本の定義の一部ではないと強調しているのである。

また、互酬性については「あなたがそれをやってくれたら、私もこれをしてあげる」(パットナム二〇〇〇[二〇〇六]、一七頁)という特定的互酬性に対し、「見返りの期待なしで他人を助けるという習慣」(パットナム二〇〇〇[二〇〇六]、五五四頁)である一般的互酬性を重視している。

同様に信頼についても、親しく知っている人々の中での単なる厚い信頼でもなく、また、政府・その他の社会制度に対する信頼でもなく、匿名の他者に対する薄い信頼(パットナム 二〇〇〇[二〇〇六]、一六〇頁)が、社会関係資本の重要な診断基準となっていると述べている。

パットナムが要素について、ネットワークの水平性と、特定の個人に対する互酬性や信頼を超えた匿名の他者に対する互酬性や信頼を意識しているのは重要な点である。

これに加え、互酬性の規範について樋田・樋田は、直接的に相手に恩を返す「恩返し」だけではなく、別の人に恩を回していく「恩回し」（樋田・樋田 二〇一八、一六六頁）も含まれると述べている。これは一般的に「恩送り」と言われるものであろう。

②つながりの形状

パットナムは、社会関係資本を「橋渡し型（bridging）」と「結束型（bonding）」の二種類に分類した（パットナム二〇〇〇［二〇〇六］、一九頁、図18）。「橋渡し型」は外向きで、さまざまな社会的亀裂をまたいで人々を包含するネットワークであり、「結束型」は内向きの指向を持ち、排他的なアイデンティティと等質な集団を強化していく。その上で、どちらか一方にきれいに分けられるのではなく、よりその傾向が大きい、小さいという次元であると申し添えている。

ただ、パットナムに限らず一般的な社会関係資本論について、例えば「結束型」については結束の力のような常識的概念に訴えて、そのメカニズムに関する議論がおろそかになりがちといった指摘（三隅二〇一五）もあり、慎重に見ていく必要がある。

③蓄積の場

パットナムは、社会関係資本は個人が獲得するものであると同時に外部性を有しているとして、私財であり公共財でもありうるとした[103]。

その上で「つながりに富む個人であってもつながりに乏しい社会にいる場合は、つながりに富んだ社会にいるつながりに富む個人ほどには生産的たり得ない。そしてつながりに乏しい個人であっても、つながりに富む社会に住んでいる場合はそこからあふれ出た利益を得ることができる場合もある」（パットナム 二〇〇〇［二〇〇六］、一六頁）と公共財の側面を重視している。

これに関連し樋田・樋田は、私財や公共財が分離された形でそれぞれの財として蓄積されるというよりも重層的に、いわば「三方良し」「四方良し」の状態で蓄積されていたと分析している。社会関係資本は流出しにくい資本であり、例えば生徒が地元を離れても、それは物理的な他出でネットワークや信頼関係は維持されることから、すべてが流出するわけではないとした。

その上で、人的資本は個人が地域から流出す

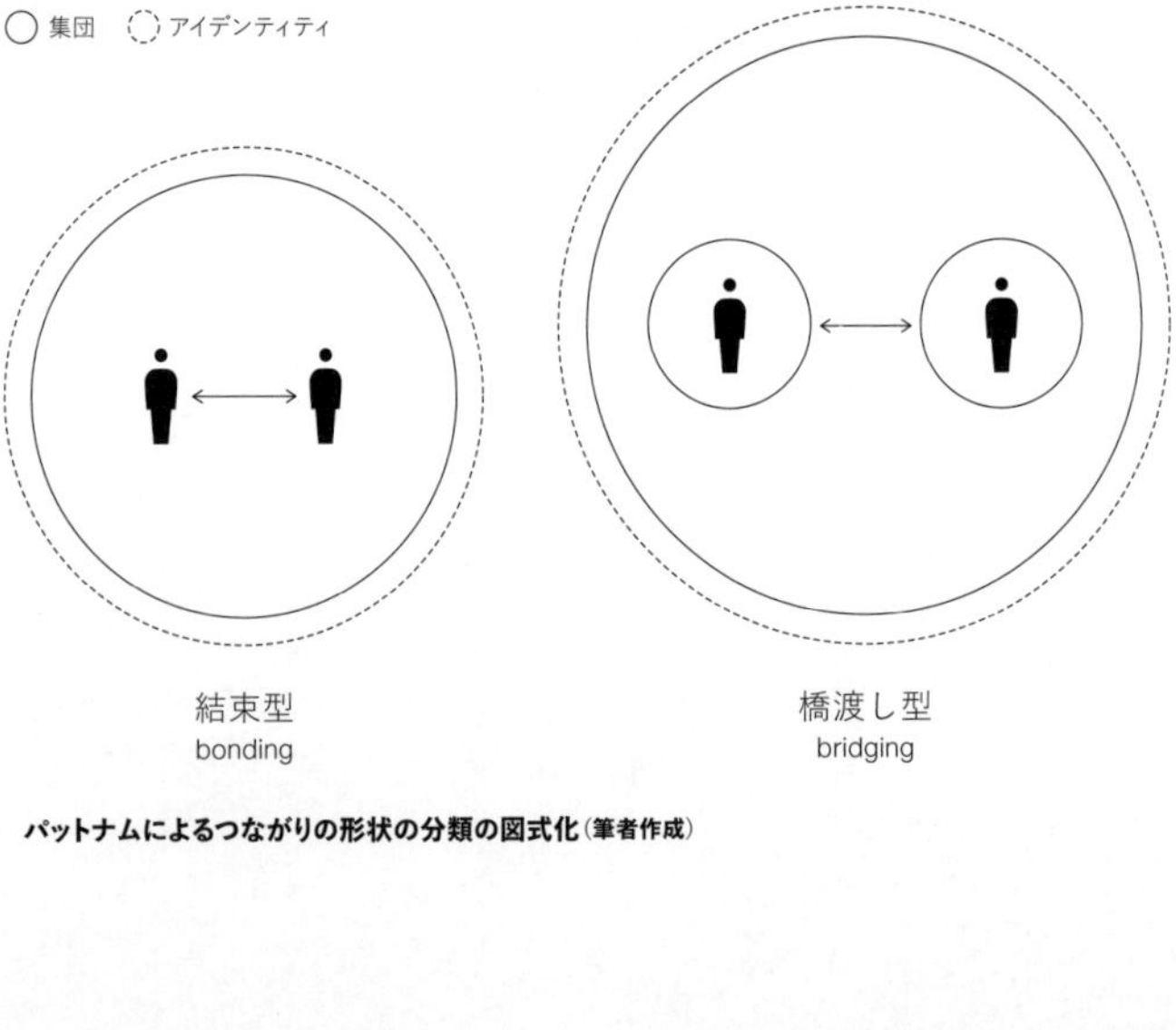

図 18　パットナムによるつながりの形状の分類の図式化（筆者作成）

るのと連動して流出するものの、社会関係資本は個人内とコミュニティ内に蓄積されるため、個人が地理的に流出してもその個人と地域とのネットワークが切れてしまわない限り、コミュニティの公共財であり続けるとまとめている。

一方、パットナムは「植物と同様に人間にとっても、頻繁な植え替えは根をダメにしてしまう。移動する人々にとって、新たな根を張るのには時間がかかる」(パットナム 二〇〇〇[二〇〇六]、二四七頁)と、移動性がコミュニティを基盤とした社会関係資本を蝕むと否定的な見解を示している。

これに対し、前述のアーリ(二〇〇七[二〇一五])は、パットナムが、社会関係資本が近しいコミュニティの中で生まれるとしている点に言及し、「パットナムの社会関係資本の概念は小規模のコミュニティだけが対面的な近接と信頼関係を生み出すとしている点で不十分である」(アーリ 二〇〇七[二〇一五]、二四八頁)と批判している。

以上を踏まえ、本書では、社会関係資本が持つ要素として、ネットワーク、互酬性、信頼性の三つを重要な要素として規定し、ネットワークについては水平的であること、互酬性と信頼性については特定の個人を超えた他者に対するものであることを重視する。

また、つながりの形状は橋渡し型と結束型の二種類があり、私財であり公共財でもあるとした上で、社会関係資本が構築される過程を慎重に見ていくこととする。加えて、パットナムの論に従えば、モビリティを内在する関係人口は、社会関係資本が蓄積されないことになってしまい、本書の仮説との間に矛盾が生じる。アーリの批判も踏まえ、社会関係資本とモビリティとの関係に留意しながら検討を進めることとする。

5　地域再生におけるよそ者の役割

「他者」と「他人」

次に、もう一つの本書の主題である、地域再生において関係人口がどのような役割を果たすのかを検討する上で、よそ者概念を用いることを説明する。

本書で関係人口を「特定の地域に継続的に関心を持ち、関わるよそ者」であると定義付けており、よそ者については、社会学的な蓄積が数多く存在しているからである。

他者の存在を重要視する社会学では、よそ者という概念は古くから論じられてきた。よそ者を社会学的に研究している徳田剛（二〇二〇）を参照したい。

徳田によると、よそ者、海外で言うところのstranger論には、大きく第一期と第二期がある。

第一期では、キリスト教世界での周辺的存在としてのユダヤ人に着想を得たドイツのゲオルグ・ジンメルのstrangerを嚆矢として、アメリカのR・E・パークが移民の増加という社会背景から二つの文化の狭間に位置するマージナル・マンに着目した。続くアルフレッド・シュッツも含め、これらの一九五〇年代までの議論は、基本的にホスト社会を想定し、それとの関係でよそ者を規定する考え方であった。

近代化に伴い多くの人が出身地や帰属集団を離れて空間を移動するようになり、さらにグローバル化で国境を越えた移動が加わると、大都市に代表されるような単純なホスト社会のようなものがない社会空間ができる。こうした時代におけるstrangerは、むしろ見知らぬ者や匿名的他者として立ち現れてくる。第二期のアーヴィング・ゴッフマンは、知らない人にあえて関わろうとしないといった市民的無関心という態度がstranger worldの社会秩序を支えていると考え、L・D・ハーマンへと受け継がれていった。

この議論は、「他者」と「他人」との違いにつながる。社会学者の宮原浩二郎（一九九八）は「『他者』は、『他人』ではなく、むしろ『他人』の対極に位置している。『他者』は『友』でありうる。むしろ、『他者』こそが『友』でありうる」（宮原 一九九八、四九頁）と述べた。つまり、「他者」とは関わるから「他者」であり、関わらない「他者」は「他人」なのである。徳田が分類した第一期のstrangerは「他者」、第二期が「他人」ということになるであろう。これを踏まえると、本書で関係人口として用いるよそ者とは「他者」である。

一方、日本におけるよそ者は、文化人類学の山口昌男（一九七五）『道化の民俗学』や、民俗学の赤坂憲雄（一九九二）『異人論序説』、経営学の中西晶（二〇〇二）「知のトリックスター」など、幅広い分野で論じられてきた。さらに社会学では、地域での環境運動におけるよそ者に焦点を当て、よそ者が環境運動に果たす役割について考察を加えた鬼頭秀一（一九九八）をはじめ、松村和則（一九九九）や帯谷博明（二〇〇二）など社会運動論を中心に蓄積されてきた。

関係概念としてのよそ者

一方、第I章で述べたようによそ者への期待は高まりながらも、地域再生とよそ者を直接的に分析した研究は、ほとんど存在してこなかった。

批判的意味を込めて使用されることが多かったよそ者が、なぜ地域再生の現場で積極的に評価されるようになったのか。地域再生によそ者が寄与できる理由は何なのか。こうした地域再生におけるよそ者効果やそのメカニズムを明らかにしようと、従来の一般的なよそ者論ではない地域再生におけるよそ者の特性を考察したのが、観光学者の敷田麻実(二〇〇九)である。

敷田は、観光分野を例に、よそ者の効果と、その効果を発現するための相互作用形式の二点を分析した。これらについては後述するが、関係人口が地域再生にどのような役割を果たすのかを検討する上で最重要の研究と位置付けることができ、本書でも敷田の論を中心的に参照する。

よそ者とは、同じ地域にいる「関係者ではない異質な存在」(敷田 二〇〇九、八三頁)である。

敷田は、この異質さは、同質か異質かという二者択一ではなく、よそ者性の変化による段階があるとした。

よそ者のよそ者性が変化することは想像に難くない。よそ者性は、違伝形質のようによそ者に備わった特性ではなく、よそ者が他者との関係の中で持つ(持たされる)特性に近い。つまり、よそ者性は、よそ者とそれを受け入れる地域との関係で決まる。そして、よそ者が同一の組織や地域に所属し続けることでよそ者性は変化する。またその関係は相互関係であり、よそ者と地域双方によって「操作する」ことも可能だと考えることもできる[104]。

よそ者は、よそ者の存在だけでよそ者となるのではなく、よそ者と地域住民との関係で決まるということ、よそ者をよそ者たりえる存在にしているのは両者の関係であることを強調しているのである[105]。よそ者は実体概念ではなく、関係概念である。本書においても、よそ者である関係人口は関係概念であるという前提を採用する。

関係概念であるという前提に立てば、時間や関与度合いによってよそ者性も変化することになる。敷田は、地域外から来るよそ者が想定されがちであるが、実は地域内外を問わず異質な他者の視点を持っていればそれはよそ者であり、住民も「地域内よそ者」(敷田 二〇〇九、九三頁)となる可能性があることにも言及している[106]。

近さと遠さのダイナミクス

さらに、よそ者の重要な特性として、前述の徳田(二〇〇七b)による「近さと遠さのダイナミクス」(徳田 二〇〇七b、七五頁)がある。

徳田によると、これはジンメルの表現「近さと遠さの総合」(徳田 二〇〇七b、一六頁)に着想を得たものである。ジンメルは、よそ者とホスト社会やそのメンバーとの間に距離の二重性を見た。遠くのものに対して親密であるとともに、近くのものに対しては疎遠であるという親密さと疎遠さ、遠くのものを近づけるとともに近くのものを遠ざけるという近接化と距離化、あるいは集団内において一定の距離とともに集団内のすべての要素と関係を持ちうるような関与と無関与といった二重の距離感でよそ者の特性を説明したのである。これを踏まえ、徳田は実際の事例においては、よそ者が有する「近さ」と「遠さ」がそれぞれどの程度のものであるかが問われるとしている。

以上をまとめると、よそ者とは「異質な存在」であり、地域住民との関係によってその異質性が左右される関係概念である。そして、「近さ」と「遠さ」というアンビバレントな性質を持っていることが特性の一つである。

五つのよそ者効果

続いて敷田による、よそ者効果を詳しく見ていきたい。

敷田は、意図的に起こる効果と意図せずとも起こる効果の両方を含め、よそ者の地域づくりへの関わりが起こす変化をよそ者効果とした。ただ、地域再生の現場では、このような効果が複合的に同時に起きており、分離して論ずることはあまり意味がなく、むしろこうした効果がどのように発現するかに考察のポイントを置くべきであると注意を促している。

その上で挙げているのは、①地域の再発見効果、②誇りの涵養効果、③知識移転効果、④地域の変容を促進、⑤しがらみのない立場からの問題解決、の五つである[107]。

①地域の再発見効果

地域住民は、日常の中で生活しており、地域資源の価値や地域のすばらしさに慣れきっていて気づかないことが多いが、しかしよそ者は地域に不慣れなことが幸いして、逆にそれを見出すことができる。日常性に埋没した「当たり前」のことを再考し、再発見する機会をつくりだす。これはよそ者の「まなざし」として語られることが多い。

②誇りの涵養効果

よそ者の持つ外部の視点は、自意識を高めるための媒体である。自意識はある意味で誇りにもなるが、形成には異なる価値を認識できる他者による評価や褒めが必要である。地域再生の中でその役割を果たすのがよそ者であり、地域住民は地域外の視点を持つよそ者を意識することで自らの地域のすばらしさを認識する。

③知識移転効果

よそ者は地域にない知識や技能を持ち込む。地域再生を進める際に、地域側に知識が不足することは多く、そこで、よそ者と接することでその不足を補う効果が期待できる[108]。本来、地域は必要な知識を自ら調達していたが、最近はそれが十分にできなくなっている。地域を擬人化すればこれを「学習」ということができる。それは地域社会の人びとが何らかの知識を得て、その行動を変化させるプロセスである。

④地域の変容を促進

よそ者の持つ異質性は、地域側に「驚き」や「気づき」をもたらし、そこから地域が変容する。それはもともと地域が持っている資源や知識を、よそ者の刺激を利用して変化させることでもある。

⑤しがらみのない立場からの問題解決

地域のしがらみにとらわれない立場だからこそ、優れた解決策を提案できる。行政や地域政治と距離を置く(置かざるをえない)よそ者が地域を変容させる効果である。

敷田は、この五つをよそ者効果として整理した。ただ、効果の指摘にとどまっており、これらのよそ者効果がどのように地域再生につながっていくのかという過程は不明である。その結果、よそ者が地域再生においてどのような役割を果たしているのかという役割が明らかになっていないことは課題の一つであると言える。

三つの相互作用形式

コミュニティの仲介者となるよそ者を研究した堀内史朗(二〇一二)は、丁寧であるといった人間性ではなく、「ただ単に移動したという性質」(堀内 二〇一二、六二頁)が仲介者として役立っているとまとめた。これは、よそ者自身の能力や資質にかかわらず、移動自体によってよそ者性を獲得しており、効果を発現する可能性を内在していると考えて良いであろう。

敷田もよそ者の持つ効果を積極的に評価したが、「よそ者が単純に地域に利益をもたらすという素朴な期待は誤りである」(敷田 二〇〇九、九〇頁)とも述べている。重要なのは、よそ者と地域がどのような関係を持ち、こうした効果を発現させるのかという相互作用の形式であり、敷田は、三つの形式があると整理した。

それが①地域の自給自足主義、②よそ者依存、③よそ者活用である。

①は地域のことは地域で解決し、よそ者の介入は不必要とする形式である。

②は、地域の主体性がないままによそ者に依存する形式である。地域外から専門家を呼ぶことは一般的であり、有用であることも多い。一方で、弊害もある理由は、来訪したよそ者は自らリスクを負うことが少なく、第三者的なアドバイスに陥ったり、よそ者が持つ知識の押し売りになったりしがちで、地域の実情を認識した適切な内容であるか保証はできないこと、さらに専門家であれば権威を伴うことも多く、盲目的に追従することも起きやすいからであるとしている。そして地域再生の現場では、この形式が起きているとした。

これに対し③は、地域がよそ者を活用する形式である。敷田は、そのポイントを「地域の主体性と多数のよそ者から適切なよそ者を見出す戦略である」(敷田 二〇〇九、九一頁)とし、地域がよそ者を選んで進める地域再生が本来の姿であるとしている。

この視点の延長線上には、「よそ者資源論」(敷田 二〇〇九、八九頁)がある。よそ者も地域にとっては活用可能な資源であり、「有効に使うもの」(敷田 二〇〇九、八九頁)という現実的な意味が込められている。敷田は、よそ者は地域住民が働きかけて資源化される対象であるという見方も紹介し、働きかけの度合いによっては資源として使われないよそ者も存在しており、同じよそ者でも、ある場合には資源となったり、ならなかったりするとしている。

実際、よそ者の活用を唱える研究も存在しているほか[109]、前述の樋田・樋田（二〇一八）も、優秀な「地域内よそ者」が、優秀な「地域外よそ者使い」（樋田・樋田 二〇一八、一四四頁）となる支援を行う重要性に触れている。

しかしながら、地域再生の現場では「よそ者、若者、ばか者」を、うまく使おうといったご都合主義が見え隠れするという指摘もなされている（松下 二〇一六）。「よそ者資源論」や活用といった言葉の背後に潜むのは、よそ者という一人の人間を客体化する姿勢であるとも言え、ご都合主義に陥りかねない危険性と通底していると考えられる。

この三つの形式を、第I章で概観した地域再生政策に当てはめ、さらに本書の主題である地域再生の主体であるかどうかという視点から整理する（表6）。その際、地域の自給自足主義という形式は、自立と言い換えた。

「外来型開発」は、地域外の企業に頼った②よそ者依存形式の典型である。主体が地域外企業というよそ者であり、地域は客体化していると言える。都市農村交流も、地域住民と都市住民の対等な関係という初期の理念が薄らぐうちに、観光客が地域を消費する一過性の関係となり、地域を客体化していった。

これらの批判から活用形式が登場してきたと考えられ、あらゆる政策にも適用できる形式であると考えられるものの、前述したようによそ者を客体化する姿勢が潜在している。

まとめると、地域とよそ者の両者が主体となる相互作用の形式は存在していないことになる。これは大きな課題である。社会関係資本論の文脈に位置付ければ、社会関係資本は主体同士の間で構築されるのが前提であり、この三つのいずれの形式も社会関係資本が構築される相互作用形式にはなり得ないという意味にもなるからである。

以上を踏まえ、次の第4～6章において、島根県海士町、同県江津市、香川県まんのう町をフィールドに、地域再生に関わった関係人口の具体的な記述を進めることとする。その際、これまで述べてきたように、主体形成の実態を把握する上では個人の意識変容を捉える必要性があるとの指摘を踏まえ、個人の意識変容に力点を置いた記述とする。また、フィールドワーク以外にも、可能な限り文献や資料に基づく調査なども組み合わせて近況も追っている。

表6　相互作用形式と地域再生主体、地域再生政策の整理（筆者作成）

形式	特徴	地域再生主体	地域再生政策
自立	地域で解決し、 よそ者の介入は不必要	地域のみが主体	
依存	地域の主体性がないまま よそ者に依存	よそ者が主体、地域は客体	外来型開発 都市農村交流／観光
活用	地域が主体性に基づき 適切なよそ者を活用	地域が主体、よそ者は客体	

第2部

関係人口の群像

第４章　廃校寸前から魅力ある高校へ——島根県海士町《あま》

１　調査対象と方法

島根県海士町は、日本海に浮かぶ小さな離島である。安倍前首相が「故郷を、消滅させてはならない」と訴えた所信表明演説で、「地方創生」の代表例の一つとして取り上げられたこともあり、「地方創生」のトップランナーとして知られるようになった。そのほか、人口減少社会の課題を解決し、新たな可能性を創造する挑戦を奨励する第一回の「プラチナ大賞」で大賞を受賞している[110]。

評価されている最大の取り組みが、生徒数の減少により廃校寸前だった地域唯一の高校・島根県立隠岐島前《どうぜん》高校（以下、島前高校）を復活させた高校魅力化プロジェクトである。二〇〇八年に立ち上がり、生徒数がＶ字回復して高校の存続が実現した。その後もプロジェクトは継続し、若い世代のＵターンや関係人口を再生産している。

プロジェクトの中心人物の一人が、東京都から二〇〇六年にＩターンしてきた岩本悠氏である。岩本氏は二〇一五年に海士町を離れて松江市に移り、島根県庁で島根県や全国の教育魅力化に取り組んでいる。典型的な風の人型の関係人口と言うことができる。そこで、関係人口が高校の存続という教育課題に関わり、地域が再生した事例として本書で取り上げることとする。

海士町については、前述したように二〇一二年から継続的にフィールドワークを行い、二冊（山内・岩本・田中二〇一五、田中・藤代二〇一五）と修士論文（田中二〇一七ａ）を執筆したほか、二〇一九年八月一七日にもフィールドワークを行った。本書はこれらの一連のフィールドワークを中心に文献や資料に基づく調査を組み合わせている。

第４章の記述は、特に断りがない場合、山内・岩本・田中（二〇一五）からの引用であり、さらに、関係人口である岩本氏の語りについては田中・藤代（二〇一五）からも引用している。

本書における調査対象者を登場順に表でまとめ、引用元となる資料を一覧で整理した上で、相関図を作成する（表７、図19）。岩本氏のほか、

表７　海士町の調査対象者（筆者作成）

氏名	属性		引用元
吉元操氏	地域住民	海士町役場の職員。高校魅力化プロジェクトを担当	山内・岩本・田中 2015
岩本悠氏	関係人口（風の人型）	2006年に移住し、高校魅力化プロジェクトを担当	山内・岩本・田中 2015／田中・藤代 2015
浜板健一氏	地域住民	教員・社会教育主事。高校魅力化プロジェクトに加わる	山内・岩本・田中 2015
大野希氏	地域住民	島前高校の卒業生。大学卒業後、島前地域にUターンした	山内・岩本・田中 2015
青山達哉氏	地域住民	島前高校の卒業生。大学卒業後、島前地域にUターンした	山内・岩本・田中 2015／2019年8月17日のインタビュー

岩本氏を招いた海士町役場の職員である吉元操氏と、地域住民として高校魅力化プロジェクトに関わった浜板健一氏、そして高校魅力化プロジェクト初期に島前高校に入学し、卒業した大野希氏、青山達哉氏の五人である。

2 「海のサムライ」

遠流の島

我こそは新島守よ隠岐の海の荒き波風心して吹け――

後鳥羽上皇(一一八〇~一二三九、在位一一八三~一一九八)が承久の乱(一二二一年)で破れ、隠岐の国に配流される際に詠んだとされる歌である。後鳥羽上皇は、四一歳から亡くなる六〇歳までの約二〇年間、海士町の源福寺で過ごした。この歌は、島の自然、そして自身の半生を乗り越

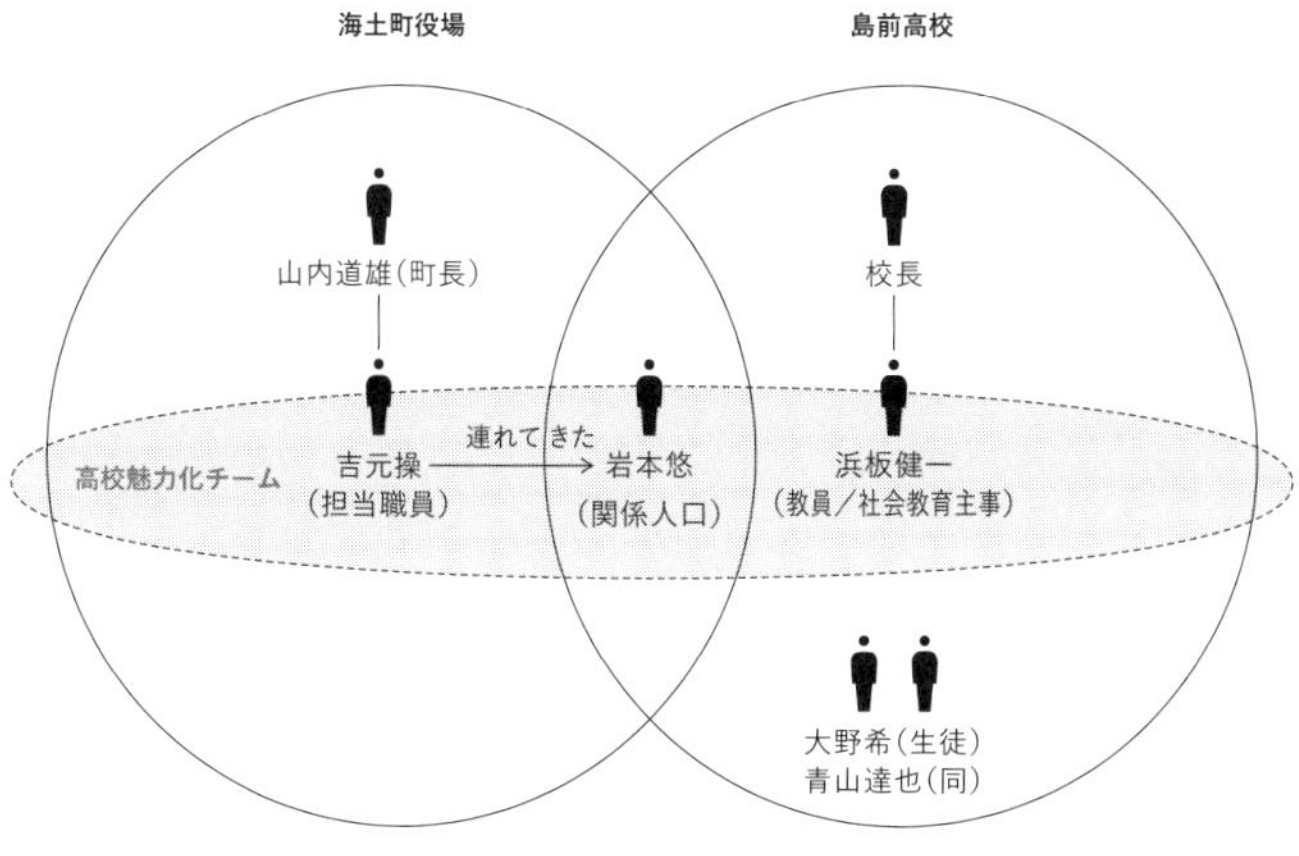

図19　登場する海士町の主要人物の相関図(敬称略、筆者作成)

え、自身の才能でこの地に文化の花を咲かせてみせるとの意気込みを込めたものと解されている。島でも『遠島百首』をはじめとして七〇〇首近い和歌を詠んだ。

奈良時代から遠流の島として知られる海士町は、日本海の島根半島沖合約六〇キロメートルに浮かぶ中ノ島である[11]（図20、21）。

隠岐諸島に属し、面積は三三・四六平方キロメートル、周囲は八九・一キロ。対馬暖流の影響を受けて盛んな漁業に加え、湧水にも恵まれ、稲作ができる半農半漁の島である。平城京跡から海士町の「干しアワビ」が献上されていたことを示す木簡が発掘されるなど、古くから海産物の産地としても知られていた。中国大陸との交易の要所であり、江戸時代には北前船の風待港として栄えていた。

隠岐諸島の中でも、隣接する西ノ島町（西ノ島）、知夫村（知夫里島）と合わせた三町村が島前地域

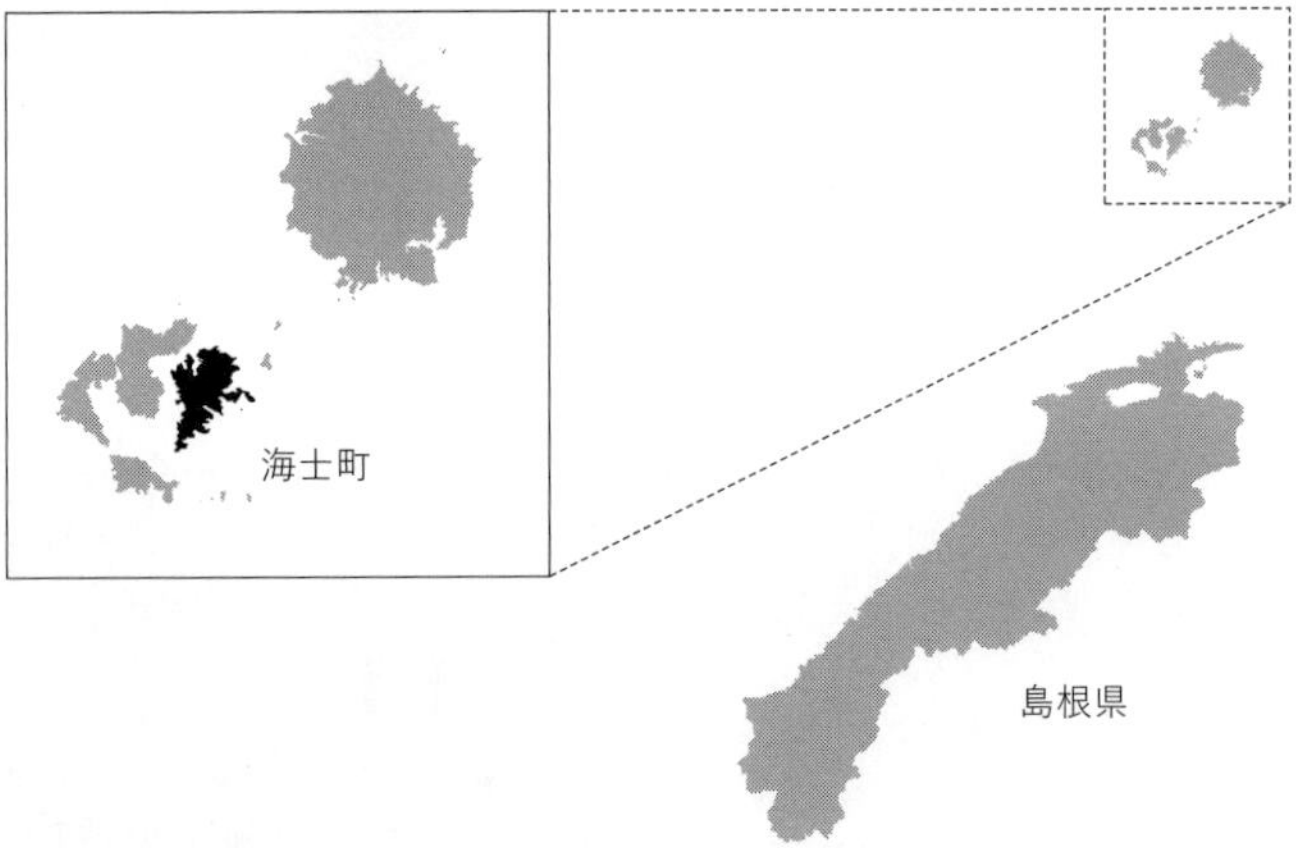

図20　島根県海士町の位置

と呼ばれている。島前地域の人口は現在合わせて約六、〇〇〇人であり、平成の大合併では三町村の合併も浮上したものの、それぞれ単独での自治体運営を選択した。

地方ではよくあることだが、地域の外から見れば島前三島の地域性はほとんど同じに見えるものの、三島それぞれの住民に言わせれば「まったく違う」のである。中でも海士は、「海のサムライ」という意味であるとして、合併議論時も、この誇り高い名前を失いたくないという理由で合併を拒む住民もいたほどである。

大正時代から五、〇〇〇人以上が暮らしていたが、人口は一九五〇年の六、九八六人をピークに毎年減り続け、一九九五年には二、八五七人と二千人台まで減った。ただ、近年の減少幅は小さくなっている。二〇一〇年は二、三四七人、二〇一五年は二、三五三人で、ほぼ維持と言って良いだろう。

図 21　海士町の玄関口・菱浦港を望む（筆者撮影）

減り続けた背景の一つに、離島の教育環境がある。島前地域では三町村それぞれに小中学校はあるものの、高校は島前高校一校しかなく、大学や専門学校は存在していない。そのため高校を卒業するとほとんどが地域外に就職または進学し、流出していったのである。ただ、海士町はいち早く移住・定住政策に力を入れており、二〇〇四年から二〇一四年度末までの一一年間で四八三人がＩターンしてきていることなどが、近年減少幅が小さくなったことに影響している（海士町二〇一五）。

本土から渡ろうと思えば、島根県の県庁所在地・松江市にある七類《しちるい》港から、隠岐汽船のフェリーで三時間あまりかかる。春から秋にかけては高速船レインボーも走り、本土から一時間程度と近くなる上に、便数も増える。しかし、高速船が運休する冬はフェリーしかなく、日帰りで行き帰りするということは困難である。

しかも、七類港までも松江市の中心部からすでにバスや自動車で一時間近くかかることから、同じ島根県内でも仮に西部から渡ろうと思えば、半日がかりにもなる。かつて一九七〇年代に訪れた「離島ブーム」の時代ならいざ知らず、海士町を含めた隠岐諸島に渡ったことがないという県民は実は少なくない。

しかし、そんな海士町にＩターンが押し寄せ、全国でも名が知られる島になった。海士町では、Ｉターンしてきた人のことを「『日本海フィルター』を渡ってきた」と表現することがある。日本海をわざわざ渡って本土から遠く隔てられている島にやってくるほどの、いい意味での「変人」やイノベーター人材であるという意味らしい。

「半分よそ者」の町長

同町を語る上で避けて通れないのが、二〇〇二年から町長を四期にわたって務めた山内道雄氏の存在である[12]。

山内氏は、自身のことを「半分よそ者」と称している。海士町生まれではあるが、両親が鳥取から移り住み、古くからあった家ではないというのが理由である。島前高校を卒業して旧電電公社（現NTT）に就職、五二歳で母親の介護のために同町に戻ってきた後、第三セクターの勤務を経て、一九九五年から町議を務めていた。

そんな山内氏に、二〇〇二年の町長選で突如、白羽の矢が立った。打診をしたのは、同町の建設会社の社長であった。山内氏は、いわば旧来のシステムを中心的に支えてきた建設業界は、公共事業で生きてきた同町では公共事業を持ってきてくれる人を支援したいと思っているはずであり、現にそうだったと振り返っている。実際、次々と行われる公共事業で、地方債の返済額も一九九九年には一〇億円と年間予算四〇億円の四分の一が借金の返済に充てられる状況に陥っていた。

社長は「町を変えなければだめだ」「あなたしかいない」「もう、公共事業に頼る時代は終わった」「あんたは民間企業での経験があるんだろう。これからは、行政も民間の感覚でやらないと、この島は生き残れない」と出馬を迫った。

当時の町では、公共事業から産業振興へと転換をはかり、人件費削減策を中心に年間二億円の経費削減目標を掲げた「やるぞ計画」が実行されていた。町も危機感を持っていなかったわけではないが、こうした一時的な施策が社長の目には生ぬるいと映っていたのだろうと山内氏は感じたという。

しかし、「私が当選する目はひじょうに薄い、勝てる勝負ではなかった」という状況でもあった。地縁・血縁関係が強い地方では、首長や議員の選挙が地縁・血縁で決まる傾向があり、親戚の数が多い方が有利である。「半分よそ者」の山内氏はほとんど親戚がおらず、しかも当選者が複数の町議ならまだしも、当選者が一人の町長選における親戚の少なさはほとんど致命的と考えるのが自然であった。第三セクター時代に議会とやりあっていたこともあり、町議の一人を除く全員が対立候補である前助役の応援に回った。

ところが、選挙の結果は対立候補に四四九票の差を付けて山内氏が当選したのである。人口二、五〇〇人の町で四四九票差は、大差と言ってよいであろう。この結果を山内氏はこう振り返っている。「町民は分かっていたのです。もはや地縁や血縁で町長を選ぶ時代ではない。いままでのやり方をしていたら島がなくなってしまうかもしれない。ここで町政の流れを変えなければならない」。

成功事例とされる海士町について、「山内町長が素晴らしかったから」という要因の分析を耳にすることは少なくない。確かにそれは間違ってはいないが、筆者自身は必ず「でも、その町長を選んだのは町民です」と付け加えるようにしている。

海士町の地域再生プロセスを記述する上で、出来事を年代別に四つの時期に分けて整理する。人口減少に伴う地域課題が顕在化し、さまざまな取り組みを模索するⅠ期、関係人口である岩本氏が移住し、高校魅力化プロジェクトが立ち上がるⅡ期、岩本氏と地域住民がプロジェクトの肝である「隠岐島前高等学校魅力化構想」を策定するⅢ期、構想が実行に移され、生徒数が回復していくⅣ期である（表8）。以下、各期を順番に記述していく。

表 8　海士町の地域再生における主な出来事（筆者作成）

区分	出来事	
I 期	1998 年	商品開発研修生制度始まる
	2000 年	「さざえカレー」発売
	2002 年	山内道雄氏が町長に当選
	2003 年	単独町政を選択
	2004 年	「海士町自立促進プラン」策定
	2006 年	吉元操氏が島前高校存続問題の担当に着任
II 期	2006 年	岩本悠氏が移住
	2008 年	高校魅力化プロジェクト始まる
III 期	2008 年	浜板健一氏が島前高校に着任 「隠岐島前高等学校魅力化構想」を策定
	2009 年	第 1 回観光甲子園でヒトツナギがグランプリ受賞
IV期	2010 年	隠岐國学習センター開所
	2011 年	島留学受け入れ開始 大野希氏、青山達哉氏が入学
	2014 年	全学年が 2 クラス化
	2015 年	岩本氏が海士町を離れ、島根県庁へ移籍
	2018 年	大野氏が U ターン
	2019 年	青山氏が U ターン 第 0 回「火のつどい」が行われる

3　このままでは無人島になる

「島の宝探しをしてみませんか？」

海士町では一九九八年ごろから地域資源を生かした商品開発に乗り出した（海士町 二〇一四）。そこで生きたのが、地域資源を商品化することを目的に、毎月一五万円の給与を支給して外から人を募る商品開発研修生制度である[113]。

前述の山内氏によると、インターネットの就職サイトに情報を載せただけであったが、面白そうだと感じた若者が応募してきた。採用を決める段階で「あなたはこの島で何をしたいのか」を問い、「この島で宝探しをしてください」とだけ要望して自由に活動してもらった。

この制度の特徴は、地域への定住より、特産品が少ない地域で特産品を開発するという地域課題の解決を目的にしている点である。よそ者の視点と力を発揮してもらうことに力点が置かれていた。山内氏は、この点を明確に意識していた。

山内：研修生が住民の家に行って、ご飯をご馳走になります。そして、この食材は何だ、この料理はどうやって作るのだ、どんなときに食べるのだ、と質問を浴びせかけます。住民にとっては当たり前のことばかりで、「どうしてこんなことに興味持つのだ。こんなもんのどこが面白いのだ」と思うでしょう。そういう視点が、実はいちばん大切なのではないかと、私は思います。外部の目によって、いままで当たり前だと思っていたことが当たり前ではなくなる。住民ひとりひとりが島の魅力について考えるようになる。そういった意識の変化が、島の財産になるのだと思います[14]。

研修生の第一号として移り住んだのが大分県出身の後藤隆志氏であった[15]。「面白い町を探していたら、インターネットの転職サイトに『島の宝探しをしてみませんか？商品開発研修生募集‼』というのがあり、気になってしょうがなかったのです」と振り返っている。

着任した後藤氏は、地域住民が自生するクロモジを「ふくぎ」と呼び、枝を細かく切って煎じてお茶として飲む文化に目を付けて「ふくぎ茶」として商品化した。

その後、後藤氏は大分県に戻ったが、町内の障害者作業施設が引き継いで生産を続けている。売上高は販売開始時の二〇〇六年の三〇万円程度から、二〇〇八年は二二〇万円に増えた（野

図 22　海士町のふくぎ茶（海士町役場提供）

村二〇一二)。その後も商品開発研修生制度は続けられ、二〇一二年度末時点で、二五人が採用された(海士町二〇一五)。

島じゃ常識「さざえカレー」

地域資源を生かした商品開発として知られているのが「さざえカレー」である[116]。

海士町では、離島という地理的条件から、以前は牛肉がなかなか手に入らず、家庭でカレーをつくる場合は、地域内で豊富にとれてダシにもなるさざえの身を入れるという風習があった。そのため、海士町でカレーといえば「さざえカレー」が当たり前で、地域住民は特に珍しいとも思っていなかったという。

それを観光客が珍しがって食べているのを見て、海士町商工会青年部が新たな土産物にできないかと考え出した。町では過去二〇年、新しい土産物が生まれていなかったのである。島根県の補助金を受け、当時リクルートの地域活性プロジェクトチームにいた玉沖仁美氏が担当となって一九九六年、本格的な商品開発がスタートした。

玉沖氏は東京から通いながら、島根県からの要望である、レシピをつくって製造工程を確立し、さらにパッケージをデザインして販路を確保するという一連の作業に取り組んだ。しかしながら、最初の試食会が失敗に終わり、町議会でも名指しで厳しい批判が噴出した。その後も試行錯誤を続けるものの、信頼がなかなか取り戻せないことを感じていた。成果を上げることができないまま、予算の見直しで一旦プロジェクトから離れることとなった。

玉沖氏は「将来、事業が再開になっても、リクルートには二度と声が掛からないだろうな。私は隠岐には事実上の立ち入り禁止だな」と感じたという。

ところが、一年をはさんで再開することになった。その後、工場長をはじめとした地域住民の協力や玉沖氏の粘り強い取り組みもあって二〇〇〇年にようやくレトルトパックの工場生産が始まると、発売直後から一気に売れ始めた。初年度見込んでいた四万二、〇〇〇食に対し、実際には五万食が売れた。

ヒットしたことで玉沖氏は地域の中で声をかけてもらえるようになったものの、プロジェクトが三年目に入るくらいまでは、一部の人に「玉沖には騙されるな」と言われていた。挨拶もしてもらえないことが多く、一緒に海士町へ行った社内の先輩からは「こんな雰囲気の中で、お前はよく耐えられるな」と言われたほどだったと玉沖

図 23　海士町のさざえカレー（海士町役場提供）

氏は振り返っている。

全学年が一クラスに

二〇〇三年、単独町政を選択したことを受け、町長の山内氏は生き残るための「海士町自立促進プラン」の策定を命じた。翌年完成したプランには、県立という町の管轄外でありながらも、島前高校の存続問題に取り組む重要性が盛り込まれていた。「高校を失うことは文化的・経済的に計り知れない損失であり、火急な対応を迫られている」――。

島前高校は一九五五年の創設以来、島前地域の生徒を受け入れてきた地域唯一の高校である。一〇〇人以上が入学してきた時代もあったものの、徐々に減少し、全学年一クラス、全校生徒が一〇〇人を下回る見通しとなった。「もうおしまいでは」と統廃合の噂がささやかれ始め、地域住民からは、高校がなくなれば地域を出ていくという声も寄せられ始めていた。あるIターン者は「高校があると聞いてIターンしてきたのに、子どもたちが高校生になる頃には高校がなくなるかもしれないなんて、詐欺じゃないですか」と言い、ある住民は「島前高校がなくなったら家族で松江に出て、向こうで仕事を見つけて、子どもたちを家から高校に通わせる」と口にした。

子どもたちは高校進学のために中学卒業と同時に出て行くことになる。地域から一五～一八歳が消える。さらに、子どもを心配したり、三年間で四〇〇万円と言われる仕送りが重荷になったりして、親も出ていくことが想定された。海士町は前述の特産品開発だけなく、産業振興や子育て支援にも力を入れ始めていたが、島前高校の存廃は、地域の未来に直結する致命的な問題であった。山内氏は胸の内をこう綴っている。

山内：私たちがこつこつ続けてきた人口対策が、隠岐島前高校の統廃合一発で吹き飛んでしまいかねないのです。何としてでも、隠岐島前高校は守り通さなければならない[17]

こうした中で、島前高校は生徒数の減少に伴い法律に基づく配置教員の数が減り、教員が専門ではない科目を担当したり、物理の教員もいなかったりと、大学進学に不利というイメージが定着した。部活動は三つ、三年間クラス替えもない中で、人間関係は固定化し、競争や刺激は生まれにくくなっていく。

島前地域の中学生が進学先を選ぶ際に、本土にある進学校や部活の選択肢が多い高校を選ぶという悪循環が強まっていった。

図24　島根県立隠岐島前高校の校舎（島前高校提供）

地球も生かす新しい教育

「海士町自立促進プラン」の策定を担当した町財政課長の吉元操氏は、小高い丘の上に立つ島前高校の白い建物を見上げては、胸をかきむしられるような焦りと危機感に襲われていた。「このままでは、島が無人島になってしまう」。

しかし、管轄が違う県立高校との接点はほとんどなく、道筋は見えなかった。吉元氏も島前高校の卒業生であり、徒歩一〇分のところに住んでいたが、卒業後は一度も校内に足を踏み入れたことはない。市町村側が県立高校の存続に危機感を持っても、管轄が異なる組織に働きかけることは難しかった。そもそも町役場に県立高校の担当はない。吉元氏は「ほかにやる人がいないなら、自分がやるしかない」と腹をくくった。

とはいえ、何から手を付けて良いのかもわからない中で、まずは交流事業で縁ができた一橋大学（東京）の大学院生・尾野寛明氏に、アイデアがないか相談した。すると尾野氏は二〇〇六年、東京の社会起業家らが大型ワゴンで約八〇〇キロを移動し、島で出前授業を行う「ＡＭＡワゴン」を主宰した[118]。自分は政策提言できなくても、それができる人を連れてくればいいと考えていた。

ここに呼ばれたのが、東京の企業で人材育成に携わっていた岩本悠氏だった。吉元氏は早速、島前高校を進学校にするのはどうかと聞いてみたのに対し、岩本氏は意外な答えを返してきたのである。

岩本：東大へ進学するためにわざわざこの島に来る生徒はいないと思うけど、学力だけじゃなくて、地域も生かして人間力もつける新しい教育を展開すれば、東京からも学びに来るだろうと。

これだけの人がいて、地域があって、文化がある。やっぱり地域全体を学びの場にして、学力だけでなく、人間力も身につく教育をやって魅力的にする。長い目でみれば、ただ目先の進学実績を追いかけるより、地域リーダーも育つし、地域のためにもいいんじゃないかと[119]。

この答えに感動した吉元氏は「それはええなー。悠さん、うちの島に来て、ぜひ、それをやらんか」と熱心に岩本氏に移住を働きかけた。

4　最先端でのチャレンジ

海士でモデルをつくる

二〇〇六年の年末、岩本氏は実際に海士町に移住してきた。受け入れる制度が三町村にも県立高校にもなく、海士町の商品開発研修生として着任する形にならざるを得なかった。ちなみに岩本氏はその後も、地域教育コーディネーター、人づくりプロデューサー、高校魅力化プロデューサーと肩書きは次々と変わり、所属も人間力推進プロジェクト、町教育員会、町役場と変転している。

会社員時代と比べて収入は半分以下、契約は三年、その後の保証は一切なかった。それでも縁もゆかりもない島に移住し、高校存続問題に関わることを決めた理由について、この島が日本の最前線であり、未来への最先端のように感じたと述べている。「この島の課題に挑戦し、小さくても成功モデルをつくることは、この島だけでなく、他の地域や、日本、世界にもつながっていく」。

人口減少の最先端の現場でチャレンジできるということが岩本氏を動かしたのである。さらに、自分自身の関心に付合していた。

岩本：僕には教育を通して社会をより良くしていきたいという気持ちがあり、島からの話は地域社会における教育の課題解決だったわけで、テーマ的にはつながる。地方の学校の存続というのはこれから全国的にさらに広がっていく問題だし、まずは海士でモデルをつくることで、日本全体にも波及できると考えると、自分のやりたいことと重なると思って[120]

田舎暮らしや島暮らしに関心があったわけではなかったが、直接依頼を受けた吉元氏の志に触れたことも大きかった。

岩本：もともと田舎暮らしとか島暮らしとかに興味はなかったし、地域の活性化に携わりたいとも思っていなかった。海外に行こうと思っていたから。この島に縁もゆかりもないし、この学校も自分の母校でもないわけで。でも、この人たちとなら何かやりたいと思えたんだよね[121]

よそ者への反発

移住直後の二〇〇七年元日、山内町長は岩本氏を迎えて人づくりを進めることを町内放送で宣言した。島前高校の存続問題にかける思いと岩本氏への期待の大きさゆえだったが、事前説明もなく突然大きく打ち上げたこともあり、予想以上の猛反発を招いた。

例えば、「イワモトユウって、何者だ」「よそからの若いもんに何ができっだ（できるのか）」「島をかき回して、すぐに帰るんだろ」と言った声。坊主頭で幼く見える上に、身なりにかまわない岩本氏の風貌も手伝い、こうした声はどんどん大きくなっていった。山内町長のもとに「なぜあんなやつを使っているのか」という手紙も届いた。

この頃、岩本氏も移住前のワクワク感は冷め、「これは大変だ」という暗い気持ちが膨らんでいった。「ヨソモノ」や「ソトノモン」などと呼ばれ、面と向かって「俺はＩターンの連中が嫌いだ」「おまえいつまで島にいるつもりだ」「ここに骨を埋める気持ちがないなら帰れ」などと言われる日々が続いた。

都会育ちの岩本氏は当然ながら島の文化を知らず、なじめない場面も少なくなかった。会議に参加しても、終わりの時間は決まっておらず、その会の目的や意味、終了時間を聞いても、返ってこない。脱線ばかりの堂々巡りで、夜になると飲み会が始まる。酒をついで回っては「あんたどっからきた」「なぜこげな（こんな）とこにきた」と同じ質問に何度も答えるしかなく、非生産的な時間に思えて静かにイライラを募らせていた。

岩本：もうここでやるのはほんとに不毛だなっていうかね、これ、あなたたちの問題で、あなたたちが当事者でしょうよ、って思うときも時々あって[122]。

さらに、岩本氏は高校の存続問題に取り組んでいながら、立場は町の商品開発研修生であり、高校に対しては何の権限も持っていなかった。もともと県立高校の管轄は県であり、町の管轄外である。そのため、席を高校の中に置くことも実現しておらず、教員から見れば、なぜ関係のない人が学校に来るのかという雰囲気にならざるを得なかった。

岩本：校長という立場で行ったら、まったく違う話だったかもしれないけど、まあそんな権限も役割もないからね、トップダウンはできないし、学校の中の人間でもないからボトムアップもできない。なんか斜め下あたりから、やっていかなきゃいけない。共通の認識をつくって、組織をつくって、協議して、計画を作って、そこから実行が始まる。これはすごく時間がかかるなと感じて、出たい。もう、出たいな、と何度も思った[123]。

それでも岩本氏は理由をつけて、入校の許可をもらう手続きを繰り返しながら高校に出入りし、関係者と協議を続けた。そして、当時の校長の助言を受け、二〇〇八年三月、島前高校の後援会を母体にした「隠岐島前高等学校の魅力化と永遠の発展の会」(以下、魅力化の会)の発足にこぎつけた。高校魅力化プロジェクトが立ち上がったのである。

「供出」構造に気付く

岩本氏が統計を調べて驚いたのは、島前高校の卒業生が帰ってこないことであった。島前高校の九五％以上の生徒は卒業と同時に進学や就職で出ていき、Ｕターンの割合は約三割程度。当時の三〇～四〇代の残人口率は約四〇％と県平均の半分以下となっていた。

島根県をはじめとした地方での「供出」構造がここにも現れていたのである。このまま放置すれば島前高校はなくなり、人口の減少は加速する。そこで、地域のＵターン率を上げることが地域を持続可能にしていくための重要課題であると位置付けた。

さらに地域全体が陥っている、若者流出↓継承者不足↓産業の衰退↓地域活力低下↓若者流出という悪循環を、若者定住↓継承者育成↓産業雇用創出↓地域活力向上↓若者定住という好循環に変えていくために、地域における教育の役割は、地域のつくり手を育成していくことだと再定義したのである（図25）。

とはいえ、高校卒業時に島へ残るよう無理に

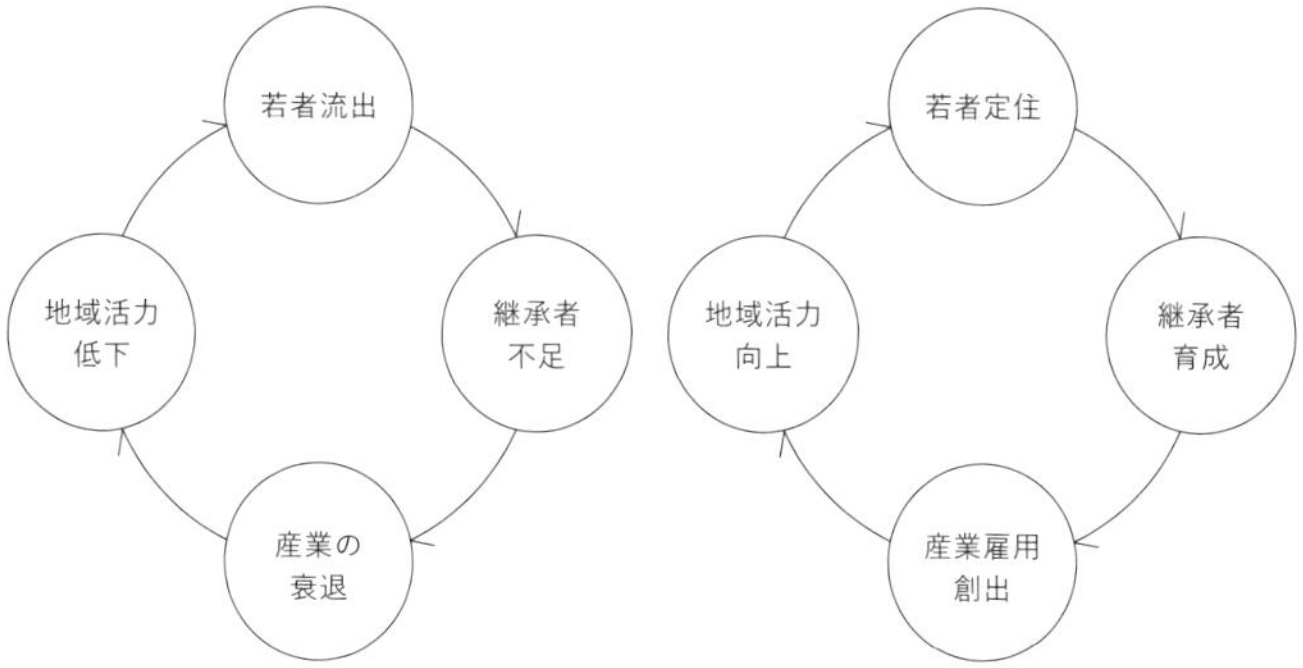

図25　悪循環と好循環のイメージ図（岩本氏の論を参考に、筆者作成）

押しとどめることや、遠くへ行ってほしくないと近場に押さえようとすることは、生徒たちの可能性の開花を阻害することになるため、すべきではないとも感じていた。海外も含めて最前線へと思い切って送り出す。ブーメランと同じで、思い切り遠くへ飛ばして力強く元の場所に帰ってくる人材をイメージしていた。

岩本：高校卒業までに島への愛着や誇り、感謝の心が養われていれば、将来地域に帰らなくても、島前の観光大使として隠岐をＰＲする、自分の店を持ったらそこで地元のものを使う、事業で成功したらふるさと納税をする、外から知恵や技術や人脈を提供するなど、どこからでもいくらでも地域に恩返しはできる[124]。

Ｕターンだけではなく、当時はまだ存在していなかった関係人口とほぼ同じ姿を描いており、そのためには地域への愛着や誇り、感謝が重要と考えていた。

「自分から変わる」

一方、岩本氏を呼び寄せた吉元氏の心配は尽きなかった。「ファシリテーション」「リノベーション」といった横文字を使い、効率性を重視しがちな都会育ちの岩本氏が島の文化になじむことができるのか不安で、もうやめるといつ言い出されるか恐れていた。

そこで、横文字を使わないことや、効率性では測れないものを大切にすることなど、岩本氏を丁寧に諭した。「カタカナ語は、この島では通じんけん」「年配には、説明や説得ではなく、相談やお願いという姿勢で臨まんといけん」「非の打ち所がない話をするより、課題や困っていることを伝え、同情や応援をもらった方が得」「効率性や生産性では測れないものがあるから、一見ムダと思うことを大事にすべき」。

これらはいずれも、この地域で物事を進めていくために必要な心構えであった。こうした助言を聞くうちに岩本氏は横文字を使わなくなり、地域で伝統芸能を習ったり、宴席にもきちんと出席したりするようになっていった。

あるとき岩本氏は、地域住民は面と向かっては人の良くない点や改善点を指摘しないことに気付いた。裏で思っていても、表には直接出さない。そのため余計に何をあらためれば良いのかわからず、もがいていた。そこで通っていた大学院での宿題という名目で、十数人から匿名で指摘してもらうようにお願いすると、次々と回答が寄せられた。

〈寄せられた岩本氏の課題・改善点〉

個人プレー。自分のスタイルを曲げない。自分にできることは、他の人にもできると思ってしまう。自分が早くできても、ほかの人はもっと時間がかかるよ。泥臭さがない。酒飲んでくだをまく事がない。人間味が足りない。仕事が多い。もっと地域に出て、人と出逢った方が良い。ヒントは地域の中に転がってるよ。字が汚い。人を指で指さない。いつまで島にいるの。

岩本氏はグサグサ心を痛めたり、深々と頷いたりしながら、島や学校を変えようという意識ではダメであり、「外から変える」のではなく「自分から変わる」必要があることに思いが至った。もらった指摘をすべて公開し、それに対する岩本氏の考えや自分が変わっていく決意を、指摘してくれた人たち全員へ返していった。

岩本：自分から変わるっていうのは意識したね。地域の中でも学校でも、それで自分の周りの空気が変わり、島の人や教員の理解とかも大きく変わっていった[125]。

また、東京時代には吸うことはなかったタバコを買うようになった。高校の職員室に岩本氏が入ると緊張感が走り、ピリピリした空気が漂うため、まずは喫煙する教員と職員室の外で関係をつくろうという思いだった。「いくら意味のある提案をしても、信頼関係がなければ聞く耳さえ持ってもらえない」と、信頼関係の重要性を吉元氏の助言や島の生活で感じ取っていたからである。

とりあえずニコチン〇・一ミリグラムの軽いものを選び、休み時間に来る教員をつかまえては、生徒や授業のことを聞いた。飲み会にもできる限り参加し、話に耳を傾けた。

こうした積み重ねもあって高校内の空気も少しずつ変化が見え、島に来て三年目、二〇〇九年度からようやく岩本氏の席が高校内に置かれることが決まった。

5　「魅力化」という本質的なビジョン

「プロだな」

海士町は島根県からの派遣制度を活用し、地域と学校をつなぐ役割の社会教育主事を全国で初めて島前高校に配置してもらうとともに、高校魅力化プロジェクトのメンバーに加えた。選ばれたのが浜板健一氏だった。

浜板氏は海士町の隣にある西ノ島町出身であり、当時も西ノ島町で小学校教員をしていた。小学校教員の仕事にやりがいを感じていたにもかかわらず、突然降って湧いた異動による島前高校の勤務に最初はなじめず、三日目で辞めたくなった。

また、同じ島前地域といっても、西ノ島と海士町は島が違うことから、交流は活発ではなく、しかもライバル関係にもあった。三町村で集まっても前向きな提案や発言はあまりなく、いい構想を皆でつくろうという雰囲気からはかけ離れていた。さらに「あれはうまくいかない」と冷ややかな会話が交わされているのも耳にしていたほか、浜板氏が海士町にある島前高校に赴任したことで、西ノ島町の関係者からは「お前は海士町のスパイか」とまで言われたこともあったのである。

浜板氏は、職員室にいるのにどうして授業ができないのかと空しさが募り、高校内に味方や居場所を感じることもできなかった。辞めることができる理由を常に探し、体調を崩そうと酒を飲む量が増えたこともあった。

そんな浜板氏が変わるきっかけは、他でもない岩本氏だった。

他の教員と同様、もともと岩本氏に対して警戒心を抱いていたが、教員よりもカリキュラムについて詳しく調べて勉強を重ね、複雑なカリキュラムを何度も作り直しながら構築していく岩本氏の努力をじっと見ていた。さらに、好きではない酒宴や喫煙、雑談にも付き合う姿を見るうちに、次第に見方が変わっていったのである。

浜板：プロだな。身を削ってでも、目的のためには徹底的に努力する。俺にはできない[126]

浜板氏は、岩本氏が高校に来やすいタイミングを連絡したり、話を進めやすくする環境をサポートしたりしながら、島前地域全体をつないだり、地域と高校をつないだりする役割をこなしていくようになっていった。それは、地域住民であり教員であり、さらに社会教育主事でもある自分だからこそできることであった。

三人の信頼関係

高校魅力化プロジェクトを進めていく上で、まず島前高校魅力化構想の策定に向けて内容を検討する必要があった。高校魅力化プロジェクトチームは、三町村の議会や生徒、保護者、地域住民、卒業生らの声を聞いて回り、案をまとめていった。

この原動力となったのが、岩本氏、吉元氏、浜板氏の三人のチームワークである。それぞれの仕事を終えて深夜に集まっては協議し、学校や三町村で起こった問題を共有しながら「できない言い訳ではなく、できる方法を考えよう」を合い言葉に議論を続けた。

大切にしていたのは、浜板氏の学校の視点、吉元氏の地域の視点、岩本氏の島外の視点を踏まえた、三方それぞれにとって良い「三方良し」の視点。対立や勝ち負けの構造ではなく、敵や敗者をつくらないあり方を模索し、行き詰まったときは一服や雑談もはさみながら、粘り強く話し合った。こうして対話を重ねるうちに三人の信頼感は深まり、一つのチームとなっていった。

また、吉元氏は海外の大学で勉強していた岩本氏から海外の理論を教わり、自分自身の考えをうまく言い表したモデルであったことから、よく活用した。例えば、ジョン・コッターの「変革の八ステップ」、ダニエル・キムの「成功循環」などである。特に、もともと直会《なおらい》と呼ばれる地域での酒宴を大事にしていたが、それは「いい結果を生み出すには、効果的な行動が必要で、そのためには多様で深い思考が重要であり、その前提にはまずチームの関係性や人間関係の良さが不可欠」という「成功循環」のモデルのことであると気に入って、この理論を説明に使うようになった。

地域とともに歩む高校

島前高校魅力化構想は、二〇〇八年一二月、魅力化の会総会で承認された。「島前地域とともに歩む高校」を目指して大きく九つの柱を立て、地域課題解決型学習の導入などを通した地域の未来を担う人材の輩出や、全国からの意欲の高い生徒の受け入れ、学力向上とキャリア教育の充実などが盛り込まれていた。

市町村と管轄が異なることから、地域の人づくりや地域づくりの盲点とも言えた県立高校を、人づくりや地域づくりの拠点と捉え直した構想であった。

中でも大きな柱の一つが、全国から積極的に入学生を募る島留学制度である。刺激や競争が少ないという課題を解決し、高校の魅力向上につなげることが主眼であった。

前述した島前高校の悪循環が強まる中で、島前地域では、学力やチャレンジ精神が高い中学生ほど地域外の本土の高校進学を希望する傾向があった。固定化された狭い人間関係に閉塞感を感じ、刺激や多様な価値観、新しい人間関係を求めて外へ出て行くというのは、多くの地方の若者が都市へ流出していった理由と共通しているという認識であった。

その上で重要なのは、高校の存続のための「数あわせ」ではない点である。地域内からの入学者だけでは生徒数の維持が難しいという背景はあったものの、その埋め合わせのために来てもらい、地域が利用する形になるようでは、あるべき姿ではない上に、実際に外から生徒は入学してこないであろう。ここには「三方良し」の視点が生きている。

島外から来る生徒は、不便な離島での少人数教育を通して都会ではできない経験や力を付けることができ、島内の生徒も、異文化の流入により地域になかった刺激や競争が生まれるという、双方にとって課題が解決できる姿を目指していた。

もう一つの大きな柱が、学力向上とキャリア教育の充実に向けた公営塾の設置である。島前地域には民間の予備校が存在しなかったこともあり、公営塾である隠岐國学習センター（以下、学習センター）を設立することになった。地域外から呼び込んだ教育の専門家が学習センターに着任し、島前高校と連携して教科指導やキャリア教育を行いながら、生徒が目指す進路を実現しやすい環境を整える狙いがあった。

当初掲げていたのは島前高校の存続であったが、プロジェクトや構想には、存続ではなく魅力化という造語を使っている。これは、魅力的な存在になれば生徒は自然に集まり、存続は結果としてついてくるという考えに基づき、小手先の高校の存続ではなく、魅力ある高校づくりを目指そうという、本質を捉えたビジョンであった。

まなざしが変わるきっかけ

高校魅力化プロジェクトに対し、島前高校の教員や県教育委員会からの反発は根強かった。特に島留学については、県立高校でありながら他県の生徒を受けいれることへの疑問が寄せられたが、実際には誰も実現できるとは思っていなかった。

「地元の子の半分が外の高校に出ているのに、逆に外から呼ぶなんて、絶対に無理」「一〇人でも来たら、港から学校まで赤い絨毯を敷いて、歓迎する」「こんなところに、好んでくる子なんていない。外から流されてくるのは〝わけあり〟の生徒だけだ」といった声が聞こえていたのである。

これに対し、教員の認識が変わる最初のきっかけになったのが、二〇〇九年、観光プランを競う第一回観光甲子園で、島前高校生がつくった「ヒトツナギ」がグランプリを受賞したことである。「ヒトツナギ」は、よくある観光地ではなく地域住民とのつながりを紹介するという観光プランで、岩本氏も支援した。ここには地域外から入学してきた生徒の視点が生きている[127]。

その生徒は、出会った大人たちが熱くておもしろかったことから、この島の高校に入ろうと思ったと語った。自然が少ない都会では自然体験ツアーが人気で、さらに、自然だけでなく人のつながりも薄いことから「人間体験ツアー」が喜ばれるのではないか、と提案したのである。

これを聞いた島前地域出身の生徒は、登下校で近所の人と「ただいま」「おかえり」と当たり前のようにあいさつを交わすことが都会ではないかもしれないこと、そして、ここが人とのつながりという魅力にあふれた地域であるということに気付いたのである。失恋して落ち込んでいたときに、近くの商店のおばちゃんが「まあ人生いろいろあるからね」とパンを何個もかごに入れてくれ、元気をもらったことも思い出した。

グランプリ受賞が教員に与えたインパクトは大きかった。こうしたコンテストなどで優勝するのは、生徒会に活発に参加するような意欲が高い生徒や成績の良い子たちというパターンが多いが、今回は必ずしもそうではなかった。優勝旗を抱えて島に帰ってきた生徒たちは、港で出迎えた大人たちの前で堂々とあいさつし、感謝を述べた。生徒の変容を目の当たりにし、「えっ」というような驚きが、教員の中で広がっていた。「子どもたちがこんなに変わるんだ」。

「ヒトツナギ」はさらに翌年、「ヒトツナギツアー」として地域住民を巻き込む形で実現させ、高校魅力化プロジェクトに対する地域住民のまなざしも変えていった。

6　志を果たしに、帰らん

島留学と学習センターの実現

島根県外での説明会などを経て、島留学生の受け入れは二〇一一年に始まった。西ノ島町から入学した大野希氏は、クラスに入って驚いた。これまで同級生といえば顔見知りばかりであったが、大阪や東京など生まれも育ちも違う島留学生がクラスの三分の一にあたる一三人もいたのである。

最初はお互い壁をつくり、昼休みも放課後も島内生と島外生の輪が別々にできた。事件ともいえる大きな出来事が、三学期に起こった。卒業式の予餞会で出し物を決める際、声が大きく目立つ島留学生を中心に準備が進んでいき、島内生からは「島外生たちはみんなの意見を聞こうとしない」といった不満の声が挙がって、学校を休む生徒も目立ち始めたのである。一方で、島外生からも「話し合いの場でまったく発言しないのに、裏でグチグチ言うのは、フェアじゃない」といった不満が聞こえた。

そこで、担任らが個別面談を行った上で緊急ホームルームを開き、否定せずに相手を理解しようとすることや、違いを認め合って強みを生かし合うことなどの大切さを伝えた上で、生徒同士で話し合う機会をつくった。

結果、生徒それぞれの個性が出る創作劇が完成し、全校生徒や教員から評価された。この過程を通して、島内生はより自分を出せるように、島外生は人の思いに耳を傾けられるように互いに変わっていき、クラスの一体感も醸成されていった。

大野氏も、島留学生たちに触発され、自分の殻を破ってもいいのだと解き放たれる思いがした。実際、島留学生たちが、自分は考えてもみなかった「野球部を俺たちでつくろうぜ」と話しているのを聞いて、マネージャーとして同好会としての実現を後押しした。

大野：島前高校に入学するかどうか迷ったこともある。卒業までの道のりは平坦ではなかった。でも、この十人十色のクラスのみんなや教員、地域に支えられ、最高の高校生活だった。だからこそ、感謝して、次は返していきたい[128]

一方、学習センターも、設立当初こそ学校の教員との距離があったものの、週一回のミーティングなどを通して生徒の状況を丁寧に共有し、「生徒のために」という視点で意思疎通を図ることで、距離を縮めて信頼関係を構築していった。

当初は岩本氏や浜板氏といった外部の人間がいることに驚き、「県立高校のはずだけど」と違和感があった西ノ島町出身のある教員も、浜板氏が懸命に汗をかいていたり、岩本氏がこれまでにない発想で取り組んでいたりする姿に心動かされ、意識が変わってきた。

感じたのは、島内出身の生徒も、島外出身の生徒も、地域のことを考えるようになってきていることであった。自分の考えを言葉にして発表する力もついてきた。これはまさに社会に出てから大切な能力だと気付いた。そして自分自身へも目が向いた。「地元の人間としてもっと考えないといけない。魅力化の取り組みがあってよかった。もっともっとできることはある。私も精一杯、やりたい」。

この教員が積極的に後押ししたこともあり、その後さらに高校と学習センターが連携して切れ目ない学習支援体制を整えたり、高校の進路検討会に学習センタースタッフが参加したりと、両者の協力は深まっていった。

生徒が増え、クラスが増えた

島留学や学習センターの開設に代表されるように、高校魅力化プロジェクトを着々と進めていった結果、島前高校の入学者数は増加に転じた。

二〇〇八年度のわずか二八人から、二〇一二年度は五九人に回復したのである。島留学といった島外からの志願者が増えただけでなく、課題の一つであった島前地域内からの入学志願率も二〇一三年度入試では初めて七〇%を越え、回復してきていたという島内外の変化が現れていた。

入学する生徒も、中学時代に生徒会長で地域活動に興味を持ったり、農林水産業の復興に関心があったり、ドバイなど海外で暮らしたことがあったりと多彩な生徒が集まり、同校の校長は「海外への研修に積極的に手を上げたり、自ら地域に出てイベントを仕掛けたりする生徒が増えてきた。学びを主体的に実践に生かしている」と手応えを述べている[129]。

岩本氏は成果が挙がってきた背景に、時間をかけて地域住民や学校関係者との間に信頼関係が構築されたことを語っている。振り返ってみれば、移住してきてから五年以上が経過していた。

岩本：ポイントの一つは時間だね。時間をかけて人間関係や信頼関係が培われていったし、成果も出始めていったというのがあったかな。時間をかけて土を耕して、種をまいて、芽が出てくるのを待つというか。最初は超低空で進んでいたものが少しずつ上がっていく二次関数のグラフみたいな感じだったかな[130]」。

入学者の増加を受け、島根県教育委員会は二〇一二年度から七年ぶりに二クラスへと増やすことを決定した。離島にある高校の定員増は異例として、地元紙の山陰中央新報の一面でも大きく報道された。この傾向は続き、二〇一四年度には、ついに三学年すべての二クラス化が実現した。

こうして島前高校の生徒数は、二〇一七年度には、もっとも少なかった二〇〇八年度の倍となった(図26)。二〇二〇年五月時点の生徒数は一五四人、そのうち島留学生は八〇人である[131]。

「岩本はもういらない」

岩本氏は八年間過ごした海士町を二〇一五

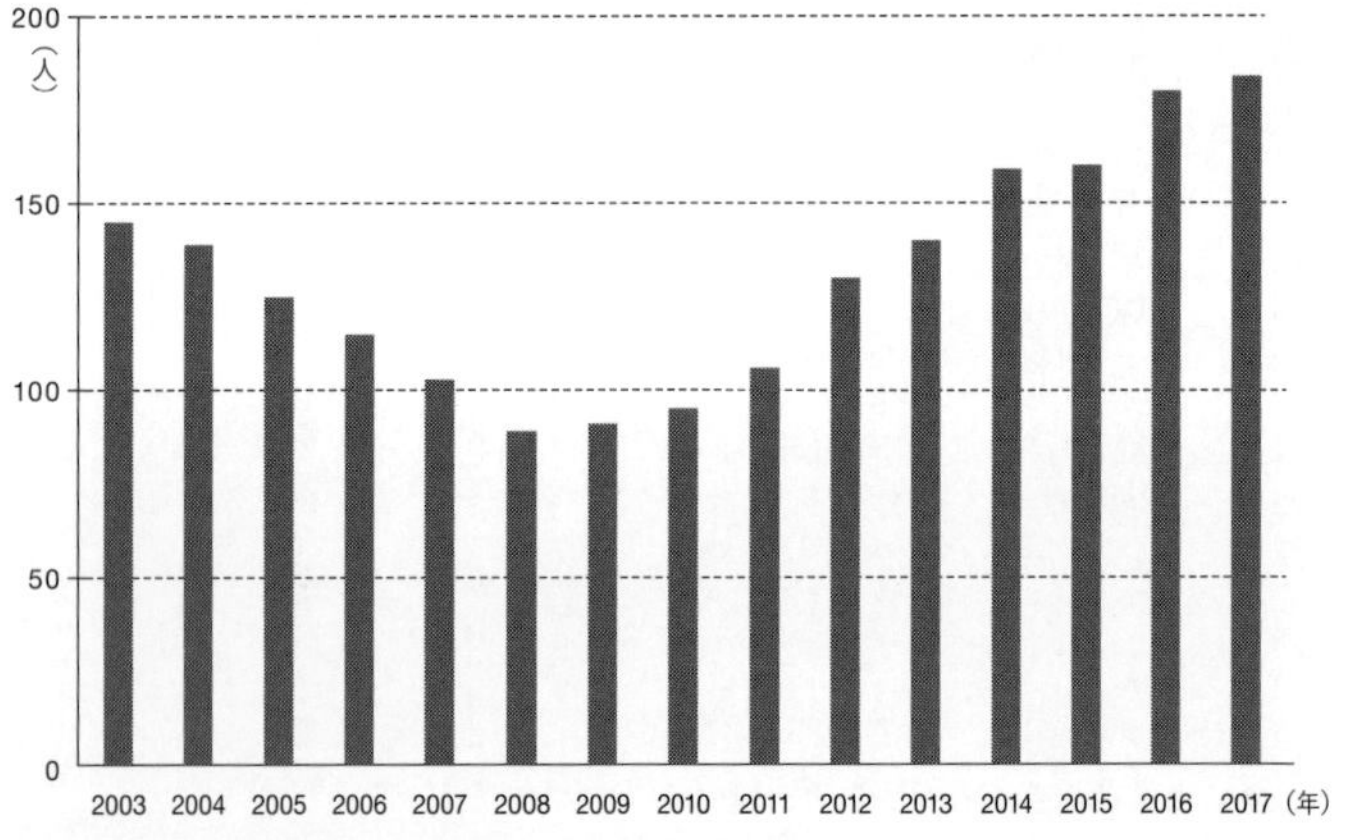

図 26　島前高校生徒数の推移(出典：島前ふるさと魅力化財団 2020)

年三月に離れ、島根県松江市に拠点を移した[132]。

岩本：もちろんできなかったことはたくさんあるけど、力を尽くした感はあるよね。島前高校自体の流れができて、進めていくメンバーや関係者ができている。今は僕がいないと進まないっていう状況じゃないからね。そういう意味では残ったものはあるかな[133]。

実際に高校魅力化プロジェクトに関わる教員やスタッフは厚みを増し、自信をつけて岩本氏に頼らなくてもいい状況が生まれていた。次のように口にする教員も出始めていたのである。「岩本はもういらない」。

島前高校には岩本氏の後任が着任し、学習センターもスタッフが入れ替わりながら通う生徒が一〇〇人を超えた。さらに三町村で「島前ふるさと魅力化財団」が発足し、島前高校だけでなく、島前地域の教育と地域自体の魅力化を目指していくことが確認された。

岩本氏は二〇一五年四月、島根県の嘱託職員である教育魅力化特命官に着任した。目標は島根県全体で教育の魅力化を広げることである。問題意識を持ち続けていた「供出」構造を変えるには、次のステージへと進むのは必然とも言えた。海士町の関係者も、寂しくないわけではないが、岩本氏を応援するため快く送り出した。

途中、「出たい」と何度も思った場面もありながら、続けた原動力は何であったのであろうか。岩本氏は自分の関心と重なっていたことが大きかったと振り返っている。

岩本：自分のやりたいことや興味と合っていないと粘り強さは出ないのかもしれない。このプロジェクトは、自分の人生のテーマと重なっていたから、苦手なことでも苦しい時期があっても続けられたのかな[134]。

しかし一方で、島前地域を含めた人口減少地域の現実は厳しく、「今後も勝算があるわけではない」と感じている。そして、今の人間が今の取り組みをずっと続けていけるわけではないとも感じている。それでも、ここで学んだ若者たちが志を継ぎ、そして挑戦を続けてくれることが夢であり、願いを託しているという。

こうした想いは、島前高校の歴史を学び、先人の志や願いに触れることで自然と湧いてきた。島前高校はかつて、国の法律を変え定時制分校から全日制本校へと全国で初めて移行したという経緯があった。「こうして受け継がれてきたものを、ここで終わらせずに、次へつないでいきたい」。

島前高校の成果を受け、島根県ではすでに高校魅力化の取り組みが広がっている。島根県教育委員会は、二〇一一年度から島前地域以外での魅力化の取り組みを後押しする「離島・中山間地域の高校魅力化・活性化事業」をスタートさせた[135]。現在は離島・中山間地域だけではなく、県全体で高校魅力化を推進している。

さらに岩本氏は、二〇一六年度、海士町の高校魅力化プロジェクトのスタッフたちとも一緒に、教育の魅力化を全国に広げるという新たなプロジェクト「学校魅力化プラットフォーム」を立ち上げ、日本財団のソーシャル・イノベーター支援制度に応募した。採択を受け、年間一億円を上限に三年間支援を受けた。
岩本氏は物理的には海士町からは離れ、居住はしていないものの、海士町も含めた島前地域の住民たちと志や課題を共有し、ともに取り組み続けている。

卒業生のUターンが相次ぐ

海士町で行われる飲み会では、最後に唱歌「ふるさと」を、参加者全員で合唱するのがならわしである。しかし、そのまま歌うのではない。
歌詞の三番にある、

「志を果たして いつの日にか かえらん」

という歌詞を

「志を果たしに いつの日にか かえらん」

と必ず変えて歌うのである。一度は地域を出た若者たちが、前述したブーメラン人材のイメージにのっとり、地域課題の解決のためにUターンしてくるという願いを込めている。そしてこれは、無自覚に若者を都市に送り出す「供出」構造へのアンチテーゼにもなっている。

ここまで見てきたように、海士町では廃校寸前であった島前高校を存続させるという当初設定した地域課題は解決できたと言っていいだろう。

では、岩本氏が途中で気付いて設定した「供出」構造を変える、つまり第I章で触れた吉川（二〇〇二）のUターン型のローカル・トラックを強くするという課題についてはどうであろうか。

高校魅力化プロジェクトが始まった後、「次は返していきたい」と口にした大野氏のような生徒は増えた。実際、卒業生が大学生を連れてきて出前授業をする企画が二〇一二年から二〇一四年にかけて行われている。この卒業生は、前述した第一回「AMAワゴン」で、岩本氏の授業を受けていた。そのとき、東京などから来た学生と出会って強く興奮したことを覚えており、地域への恩返しも兼ねて、出前授業を企画したのである。

さらに、これを引き継いだのが大野氏と同級生の青山達也氏である。青山氏は一度出前授業に参加したことがあり、意義は認めながらも高校生と大学生だけにとどまっていることが気になった。地域住民ともっと関わる企画にできないのか、だからこそ、次は自分たちが「もう一歩先へ」進めたいと考えたのである。

青山氏は卒業して別々の大学に通っていた同級生に声を掛けた。大野氏に加え、知夫村出身者と島留学生、合わせて四人。青山氏は海士町出身であり、四人合わせれば島前地域の三町村と地域外がそろう。この企画を報告した岩本氏は「いいじゃん、それ！これ、すごく苦労するだろうし、挫折も味わうんだろうなー、ワクワクするねー」とあふれんばかりの笑顔をみせた。

四人は二〇一四年、「SHIMA探求」として三町村の地域住民と交流する企画を行った。青山氏は、こうした活動を、さまざまな年代の卒業生が母校に集い、つながりを深め、次へ踏み出すきっかけにしたいと考えていた。

青山：この地域の未来を、そしてこの地域から未来をつくっていくのは、僕ら卒業生なのだから[136]。

島前高校の卒業生たちがどの程度、将来Uターンしてくるのかを判断するには、もう少し時間が必要であろう。ただ、すでに県外の大学に進学した後、島前地域にUターンしてきた卒業生が相次いでいる[137]。その意味では、Uターン型のローカル・トラックは強まりつつある、という表現はできるのかもしれない。例えば、大野氏と、青山氏、さらに「ＳＨＩＭＡ探求」を一緒に行った知夫村出身の同級生もすでにUターンしている。

二〇一九年春に海士町役場に就職した青山氏は、「ＳＨＩＭＡ探求」時代からの問題意識を行動に移すことにした。島前高校は、高校魅力化プロジェクトを始めた二〇〇八年度以降の卒業生が四〇〇人以上になった。しかし、青山氏の耳には「定期的に帰りたいのになかなか帰るきっかけがなく、島前地域との関係が薄れていっている気がする」という島留学生たちの声が聞こえていた。新たな課題が生まれていたのである。さらに一九五五年の島前高校の開校からさかのぼれば、膨大な数の卒業生を送り出しているものの、卒業生たちが帰るきっかけも、うまくつくれていなかった。

そこで、地域で働く同世代と実行委員会（一〇人）を立ち上げ、二〇一九年八月一七日、島前高校で第〇回島前高校卒業生フェス「火の集い」を開催した。これには筆者も出掛けた。

もともと「火の集い」は開校以来、学園祭で最後に行われてきた伝統イベントであり、共通体験でもあるため、誰でも参加しやすいものにするために再現することにした。

当初は海岸での開催を考えていたが、島前高校の教員がグラウンドや校舎の使用を快諾し、島前高校での開催が実現した。

そして迎えた当日。卒業したての一八歳から六〇歳代まで幅広い年代の二〇数人と、高校魅力化プロジェクトに関わるスタッフが顔をそろえた。このためにわざわざ帰ってきた卒業生もいた。

飛び交う「ただいま」と「おかえり」の声。日中は、島前高校の教室で参加者と島前地域のつながりを考えるワークショップが開かれ、夜は校庭に出て全員で大きな火を囲んで小さなトーチによる火のリレーが行われた。青山氏が「思い描いていた光景」がそこにあった。

図 27　第 0 回「火の集い」のワークショップの様子（筆者撮影）

第5章　シャッター通り商店街が蘇った――島根県江津《ごうつ》市

1　調査対象と方法

島根県江津市は、若者の起業が相次ぐまちである。起業人材を呼び込む江津市ビジネスプランコンテストGo-con（以下、コンテスト）は、総務省の過疎地域自立活性化優良事例表彰で二〇一三年度の総務大臣賞を受賞したほか、コンテストを運営するNPO法人てごねっと石見（以下、てごねっと石見）は二〇一五年、地方紙四五紙と共同通信社による第五回地域再生大賞に選ばれている[138]。二〇一〇年度からの計九回のコンテストを通じて事業を始めたのは一九人に上り[139]、その波及効果もあって、シャッター通り商店街だったJR江津駅前にある江津万葉の里商店会では、利用可能な三〇の空き店舗が飲食店などに生まれ変わった。

この過程には二〇一一年にIターンしてきた田中理恵氏、そして、江津市の隣の浜田市にUターンした三浦大紀氏が関わっている。田中氏は二〇一三年に江津市を離れており、風の人型の関係人口と言える。また、三浦氏は浜田市から江津市に通い続けており、来訪型の関係人口と言える。そこで、関係人口が、シャッター通り商店街の復活という経済課題に関わり、地域が再生した事例として本書で取り上げることとする。

海士町と同様、二〇一二年から江津市でも継続的にフィールドワークを行っており、二冊（田中二〇一七ｂ、田中・藤代二〇一五）と、修士論文（田中二〇一七ａ）を執筆した。本書はこれらの一連のフィールドワークを中心に、文献や資料に基づく調査を組み合わせている。

第５章の記述は、特に断りがない場合は田中（二〇一七ｂ）からの引用であり、さらに関係人口の田中氏、三浦氏の語りについては田中・藤代（二〇一五）から引用している。

本書における調査対象者を登場順に表でまとめ、引用元となる資料を一覧で整理した上で、主要人物の相関図を作成する（表９、図28）。田中氏、三浦氏のほか、コンテストを企画した江津市役所職員の中川哉氏と、当時てごねっと石見

表9　江津市の調査対象者（筆者作成）

氏名	属性		引用元
中川哉氏	地域住民	江津市役所の職員。コンテストの立ち上げに関わる	田中 2017b
横田学氏	地域住民	てごねっと石見の前理事長。島根県と江津市の産業人材育成コーディネーター	田中 2017b
田中理恵氏	関係人口（風の人型）	2011年江津市に移住し、てごねっと石見のスタッフとして働く	田中 2017b／田中・藤代 2015
藤田貴子氏	地域住民	江津万葉の里商店会会員。てごねっと石見の理事。のちに理事長となる	田中 2017b
三浦大紀氏	関係人口（来訪型）	2011年隣の浜田市に移住し、てごねっと石見のスタッフとして働く	田中 2017b／田中・藤代 2015

の理事長であった横田学氏、そして、江津万葉の里商店会会員でてごねっと石見の理事でもあった藤田貴子氏の五人である。

2　東京から一番遠いまち

「東京から一番遠いまち」。これが江津市のキャッチコピーである。

江津市は、島根県西部の石見《いわみ》地方のほぼ真ん中に位置している(図29、30)。市内の海沿いには、京都から下関までを結ぶJR山陰本線が走っており、車窓からの眺めは美しい。市の中心部にはJR江津駅が立地しているものの、二〇一八年春にJR江津駅を起点に、広島県三次市の三次駅との間を結んでいたJR三江《さんこう》線が廃止され、駅構内の売店などもなくなって寂しさを漂わせている。

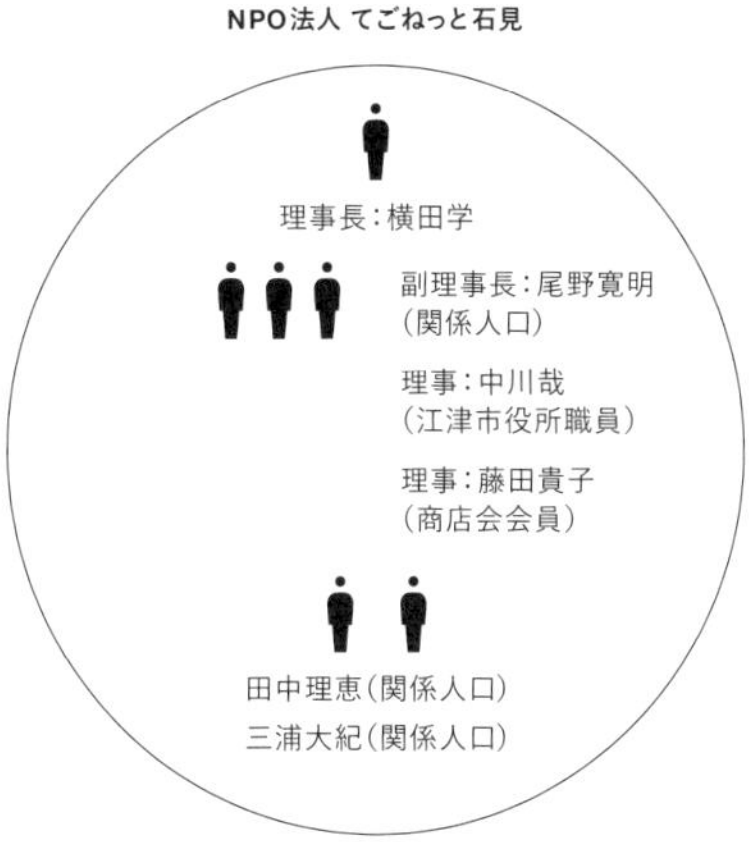

図28　登場する江津市の主要人物の相関図(敬称略、筆者作成)

そして、ＪＲ山陰本線には新幹線は走っていない。そこで東京を起点にしてＪＲで移動した場合に「東京から一番遠い（移動時間が長い）市」として高校教科書で紹介されたことがあるのだ。それが冒頭のキャッチコピーであり、江津市はむしろそれを売りにしている。

面積は二六八・二四平方キロメートル。市の中央を中国地方随一の大河である江《ごう》の川《かわ》が南北に流れ、日本海に注いでいる[140]。二〇〇四年に隣接する旧桜江町と合併して、市域が広がった。万葉歌人の柿本人麻呂ゆかりの地としても知られている。

第４章で県西部から隠岐諸島に渡る人があまり多くないことを紹介したが、この江津市を含めた石見地方にも、県内の東部や隠岐、そして県外から訪れる人は決して多くはない。県東部にあるような出雲大社などの大型観光スポットがないことも影響している。

図29　島根県江津市の位置

人口は石見地方全部を合わせても二〇万人で、県庁所在地の松江市と同じ規模である。過疎化が進んできた島根県内でも、石見地方が特に進んでおり、こうした「東西格差」を是正するという名目で、石見地方には、島根県立大学（浜田市）や、萩・石見空港（益田市）、海洋館アクアス（浜田市・江津市）などが立地している。

このうち江津市は、良質な粘土層に恵まれていることから、日本三大瓦の一つであり、石見地方の地場産業・石州《せきしゅう》瓦の産地となっている。そのほか、かつては江の川の水を生かした製糸工場やパルプ工場も立地しており、特産の石州瓦とともに山陰有数の「工都」と呼ばれた。

海沿いにある大きな煙突から白い煙が吐き出され、街にも工場のにおいが漂っている。それが江津市を訪れたことのある多くの人にとっての印象ではないかと思う。しかし、後述するように工場の撤退や縮小が相次いだこともあり、そ

図 30　JR江津駅前にある商店街・江津万葉の里商店会（筆者撮影）

の影は急速に薄らいでいく。空き店舗が増え、後に移住した男性は、初めて江津駅前に降り立ったときの印象を「まるで廃墟のような街」と綴った（渡辺二〇一六）。

島根県内でも、もっとも小さな市である。人口は一九四七年の四万七、〇五七人をピークに一九五五年以降急速に減少し、一九六五年に戦前を下回って一九七〇年には三万三、四七九人となった。その後、一九八七年以降は死亡数が出生数を上回る自然減少も始まり、二〇一五年の国勢調査では二万四、四六八人と減少している。市町村合併前には、江津市より人口の多い県内の町が存在していた。二〇一〇年の調査では県内八市最大の減少率であったが、二〇一五年には改善した。

多くの工場が立地し、「工都」と呼ばれたのには由来がある[4]。

江津市の中心部は江の川の河港として古くから河海交通の中継商業地であり、江戸時代は北前船の停泊地として、また、第一次世界大戦でも好景気でにぎわった。しかし、一九五五年に旧ＪＲ三江線となる三江北線が開通したことで河川中継の水運がすたれ、二〇〇人の失業者と一〇〇軒の空き家が生まれたことから、当時の市長が「工都江津」を標榜して工場誘致に乗り出し、当時さかんであった養蚕を生かした製糸工場や、製紙・パルプ工場といった大型工場が進出したという経緯があった。市は、海岸沿いの広範な用地を提供したという。

そのほかにも、江津市の背後にある中国山地の原木を使った製材業や、酒・醤油・酢の醸造業などが盛んであった。一九六五年には、市内に一六二の工場が立地し、従業員は二、八六二人を数えたほか、その後も工場誘致を積極的に行っていた。

これらの誘致工場を背景に、商業も発達した。一九五六年には市内に六四七の商店があり、そのうち多くの工場が集中する中心部の商店が四五%を占めた。一九六六年には六八八と商店数が増え、従業員は一、六九〇人、販売総額は三一・四億円に上昇した。代表的な形態として、①商店街、②百貨店、③スーパー、④農協、⑤出張販売、⑥職場購買部の六つが挙げられており、商店街については「地位は伝統的に高い。特に大型商店の実力と消費者との接触は強い」(山本 一九七一、一三三頁)と、商店街の存在感が大きかったことが記されている[142]。

しかし、その後、和瓦の需要低迷などによって石州瓦の出荷は長期にわたって減少傾向にあり、二〇〇七年には石州瓦の大手が倒産した。パルプ工場も縮小したほか、二〇一〇年には誘致した一つである大手電子部品工場が撤退し、両者を合わせて約四〇〇人もの雇用が失われた。これらが商業にも悪影響を及ぼし、江津市の中心部に位置する江津万葉の里商店会にも、多くの空き店舗が生まれている状況であった。

具体的には空き店舗は四六カ所あり、閉店した百貨店も含め老朽化したまま放置されているものも少なくなかった。それまでも江津駅前の再生や再開発も検討されていなかったわけではないが、一九八〇年代から何度も計画が持ち上がっては頓挫していた(渡辺 二〇一六)。

江津市についても、地域再生プロセスを記述する上で、海士町と同様に出来事を年代別に四つの時期に分けて整理する。人口減少に伴う地域課題が顕在化し、さまざまな取り組みを模索するⅠ期、関係人口である田中氏が移住し、てごねっと石見を立ち上げるⅡ期、田中氏と地域住民がプロジェクトを進めていくⅢ期、関係人口の三浦氏も加わり、空き店舗が埋まっていくⅣ期である(表10)。以下、各期を順番に記述していく。

3　企業誘致から起業家誘致へ

町を衰退させてはならない

江津市では、旧桜江町と合併した直後の二〇〇四年ごろから、定住・交流の促進に力を入れるようになった。

それまでも旧桜江町で一九九〇年代前半から定住促進住宅を建設していたほか、旧江津市でも一九九七年の第四次総合振興計画に定住促進が基本方針として掲げられるなど、取り組みがなかったわけではない。しかし、旧市町時代と異なっていたのが、空き家を資源として活用したことである[143]。

その元をたどると、都市農村交流の一環としての田舎暮らし体験ツアーに行き着く。田舎暮らしに関心を持つ都市の住民が一定期間、江津市を訪れ、農作業や石見神楽に代表される地域の伝統芸能といった暮らしを体験するツアーを

表 10　江津市の地域再生における主な出来事

区分	主な出来事	
I 期	2004 年	田舎暮らし体験事業始まる
	2006 年	空き家バンク制度始まる
	2007 年	第 3 回全国若手ものづくりシンポジウム
	2009 年	中川哉氏が江津市ビジネスプランコンテストを着想
II 期	2010 年	第 1 回江津市ビジネスプランコンテスト開催
	2011 年	てごねっと石見設立
		田中理恵氏が移住、てごねっと石見で働き始める
III 期	2011 年	第 1 回「手つなぎ市」を開催
		三浦大紀氏が移住、てごねっと石見で働き始める
IV 期	2012 年	「52 Bar」がオープン
	2013 年	田中氏が江津市を離れる
	2014 年	三浦氏が浜田市で起業する
	2015 年	江津万葉の里商店会の利用可能な空き店舗が埋まる

行うという内容であった。

当時、江津市でこの事業を担当していたのが、中川哉《かなえ》氏である。旧桜江町出身で、旧桜江町役場の職員として働いていた中川氏は、合併を機に江津市桜江支所で地域振興を担当することになり、強い使命感に燃えていたことを自身のキャリアを綴った二〇一七年の寄稿で振り返っている。旧桜江町と旧江津市では旧江津市の方が人口は多く、編入合併となっていた。

中川：編入合併された町を衰退させてはならない[144]

そこで中川氏は、旧桜江町のキーパーソンを集め、官民協働で地域振興に取り組むＮＰＯ法人結まーるプラスを立ち上げて理事となり、同ＮＰＯが田舎暮らし体験ツアーのプログラムの提供といった事業を行っていった[145]。

そうすると、中川氏には、ツアーの参加者から「古民家があれば住みたいが、古民家はないか」と相談が寄せられるようになった。確かにそう言われて地域を見渡すと、空き家になっている古民家が多く存在していた。

これまではどちらかと言えば、負の遺産として捉えられがちであった空き家は、考えようによっては地域資源になることに、都市住民と交流する中で気付いたのである。こうした声を政策に取り入れたいと考えた中川氏は、定住促進ビジョンの策定を江津市に提案すると同時に市農林商工課に異動し、定住促進ビジョンを担当することになった。

そして空き家の活用に向けて二〇〇六年から空き家の悉皆調査を行った。調査家屋数は四〇七九戸で、全体の空き家率は一九・〇%。空き家のうち、一一・二%は居住が不可能なくらい痛んでおり、一三・三%は柱や屋根などの建材が朽ちている状態であったものの、その一方で、そのまま居住が可能なものは三〇・五%、若干の修理で居住可能なものは二八・三%と、六割がそのままもしくは少し手を入れれば居住可能であることがわかったのである[146]。

さらに、地方への移住や空き家利用に関する都市住民のニーズも調査したところ、都市住民のニーズがあることがわかった。すでに調査を通じて空き家も多くある実態も確認できていたことから、江津市空き家利活用事業をスタートさせた。

地域再生の鍵は人材

この江津市空き家利活用事業は、市役所だけではなく、不動産業者、地域コミュニティ、結まーるプラスなど、多様な主体が連携して役割分担をする仕組みにしたことが特徴的であった。行政は社会的な信頼性が高い一方、地域コミュニティやＮＰＯは空き家情報を入手しやすく所有者と交渉もしやすい。不動産業者にとって、取引金額が高くはない地方の空き家はどうしても手数料が安く営利事業としては成り立ちにくいという点を、連携と役割分担でカバーしたのである。

この仕組みは結果的に、全国初の空き家バンク制度となった。空き家情報を登録し、売りたい人と買いたい人をつなげる仕組みである。その後、空き家バンク制度は広がって一般的になり、取り組む自治体も多くなった。

「なぜ、次々と新しい企画をつくることができるのですか」という質問を受けることがよくあるという中川氏は、前述の寄稿で「解決を必要とする課題が見えれば、必然的にやるべき事が見えてきて、事業を組み立てることができる」と課題に着目する重要性を明確に述べている。

江津市では平均して年間三〇～四〇件の空き家のマッチングがあり、二〇〇六年度から二〇一五年度までの一〇年間で二九二人がこの制度を使って移住してきた。その中で、後継者不足に悩む地元の林業に従事したり、桑の葉を使ってお茶を特産品化したりしたＩターン者がいた[147]。移住してきたよそ者が地元の産業を支え、新たな雇用を生んでいた。

その姿を見て、中川氏は人材の力は大きく、地域再生の鍵を握るのは、やはり人材であるとあらためて痛感したのである。

新たな地域課題

当時の江津市は、住むところ（空き家バンク）と働くところ（無料職業紹介）を一体的に対応できる相談窓口を開設していたが、二〇〇八年のリーマンショック以降、景気が低迷し、空き家は紹介できても、無料職業紹介で求人企業が紹介できないという新たな課題が発生した。

そこで中川氏は次の一手をこう考えた。

中川：仕事が無いなら、仕事を創ることができる人材を誘致する[148]

参考にしたのは、Ｉターンの増加で注目が高まっていた同じ島根県内の海士町であった。なぜＩターンが海士町に集まるのか、中川氏が詳しく研究する中で気付いたのは、「人が人を呼ぶ」という好循環が起こっているということであった。

江津市も同じような状況にできないかと悩む中で、地域課題を解決するビジネスプランを持った地方志向の人材を直接的に誘致すれば良いという考えに至り、その手法としてコンテストの開催を思い付いたのである。

中川：ビジネスプランコンテストを開催し、その受賞者に小さくても地域に根付いて新しい事業をおこしてもらって雇用をコツコツ増やしていけばいいのではないか[149]。

当時、都市ではビジネスプランコンテストを開催する自治体が少しずつ出始めていた状況ではあったが、地方での開催は前例がなかった[150]。

実際、江津市は近隣市町村を合わせても一〇万人程度の小さな市場しかなく、営利目的よりも課題を解決するソーシャルビジネスとの相性が良い上、財政悪化によって行政だけでは課題解決が難しくなっているという事情もあった。

中川氏が空き家のマッチングを通して、仕事をつくることができる人材の重要性に気付いていたこと、そして過去に誘致した企業の撤退を経験していたこともあり、これからは数を追い求める企業の誘致ではなく、質に着目した起業できる人材の誘致であるとの思いを強めた。企業誘致から起業家の誘致へ。明確に舵を切ったのである。

地域課題を武器に

この頃江津市には、中川氏だけではなく、地域の衰退に心を痛めている人物がいた。てごねっと石見の初代理事長を務めた横田学氏である。

横田氏は江津市の出身で、島根県外の大手企業で海外勤務などを経て早期退職した後、Ｕターンした。島根県と江津市の産業人材育成コーディネーターや、江津市定住推進協議会産業振興部会長などを経験しながら、地域のさまざまな取り組みに関わっていた。

その一つ、横田氏が誘致に尽力して実現したのが、二〇〇七年に三〇〇人が集まって江津市で開催された「第三回全国若手ものづくりシンポジウム・ｉｎ ごうつ」である[151]。

全国若手ものづくりシンポジウムは二〇〇五年から全国のものづくりに関わる若手が私的に集まり、地域に根ざしたものづくりのあり方や地域に貢献する企業のあり方を模索していたものである。

二〇〇六年の第二回シンポジウムは山形県長井市で行われた。長井市は最大の地域資源を地元の長井工業高校と見定め、官民一体となった取り組みで全国的に注目されていた。第二回に参加した横田氏は、長井工業高校を視察して大きな衝撃を受け、「工業高校を軸にこんなことができるのか。二〇〇七年の第三回をぜひ江津で開きたい」と誘致に名乗りを上げた。江津市にも養蚕講習所を前身とする島根県立江津工業高校が立地していた。

こうして実現した第三回シンポジウムでは、長井工業高校の教員と、卒業生であり同校を支援する中小企業の社長らがパネルディスカッションに登壇した。

もともと定員割れで廃校になるはずであったが、地域の支援で再建し、県内就職が九〇%を超える人気校になったという。社長は高校生が厚生労働省の技能検定を受けるための特訓を受け入れていることなど、地域の高校と中小企業が手を携えて人材育成を行っていることを報告した。

続いて横田氏が「最後尾から発信（問題・課題が武器に）」をテーマに発表に立った。少子高齢化や限界集落化、地場産業の低迷、そして負の連鎖も起こっているという地域課題がある一方、少子高齢化の最先端であり、空き家の存在や山、川、海といった自然が豊かである特徴を指摘した上で、産業振興や地域資源活用、そして人材育成の重要性を、時には声を詰まらせて涙ぐみながら訴えたのである。江津工業高校同窓会の活用も盛り込まれていた。

第三回シンポジウムの基調講演を担当し、また、このときの様子を著書で紹介している関光博（二〇〇九）は、これまでの日本社会では最後尾に位置付けられていた江津市が、縮小社会となったことで「最先端」となり、だからこそ、足下にある地域課題を武器にするという逆転の発想で地域を再生させていこうという新たな時代に向けた大きなきっかけになったと綴っている。

4　帰ってこれる島根をつくろう

よそ者の力を借りる

一方、中川氏はコンテストの開催を決めたものの、江津市でこれまで同様の取り組みをしたことはなく、ノウハウもなかった。そこで、よそ者の力を借りることにした。

その一人が、江津市の隣にある川本町で「過疎とたたかう古本屋」と掲げたエコカレッジを経営していた尾野寛明氏である。東京都の出身で一橋大学在学中に起業し、本屋が消えた川本町に二〇〇六年本社を移転した経緯から、この頃、東京と川本町に自宅を構えて二地域居住をしていた[152]。前述した関光博氏のゼミ生であり、第４章で紹介した海士町の「ＡＭＡワゴン」を企画、実行するなど、調査も兼ねて全国を飛び回っていた。

尾野氏自身の起業の足がかりになったのが、東京で行われた社会起業家を発掘するビジネスプランコンテストで入賞したことであった。四回開催されたそのビジネスプランコンテストは各地で活躍する人材を生み出していたことから、参考になると考えたのである。

尾野氏は東京ではなく地方でのコンテストに可能性を感じていた。東京でのコンテストでは賞金の持ち逃げのような問題も起こっていたが、地方での定住対策とセットで行えば、持ち逃げを防げると考えたのである。

さらに中川氏は、そのビジネスプランコンテストを主宰するなど創業支援に取り組んでいる東京都のＮＰＯ法人に押しかけ、代表理事にアドバイスを求めた。その相手から「起業家のモチベーションが下がるのは仲間がいないこと。継続のためには支える組織や仕組みがないとダメだ」と言われ、継続的に支援する中間支援団体としてＮＰＯ法人を立ち上げることにしたのである。また、自分自身が旧桜江町時代に結まーるプラスを立ち上げていたという経験も後押しした。

実際、行政が支援するといっても、数年で担当者が変わってノウハウが蓄積されにくく、必ずしも熱意のある人だけが担当者になるとは限らないといった限界があった。

地域住民とよそ者の混合

ＮＰＯ法人の設立に向けて具体的な作業が始まった。まず、スタッフを誰にするか。第一回のコンテストを翌年の二〇一〇年に開催するとともに、そのコンテストで大賞を受賞した二人を雇用する形でＮＰＯ法人を立ち上げることにし、併せてビジネスプランの実現に向けてもしっかりフォローしていく仕組みをつくることにした。

とはいえ、そのスタッフは、コンテストの性質を考えれば、地域外から来るよそ者であることが想定された。よそ者だけの組織にしてしまうのは心許ない。尾野氏は「便利に使われちゃう」恐れも感じていた。

そこで、中川氏、横田氏、尾野氏は、江津のひなびた居酒屋で飲みながら、スタッフを支える理事の態勢を工夫することにした。まず理事長には横田氏が、そして尾野氏は副理事長に就任した。尾野氏は、地域住民とよそ者が混ざり合った形が良かったと分析している。

そのほかにも、理事には中川氏のほか、元学校の校長といった地域住民が名を連ね、総勢一三人となって多すぎるほどであった。その中に、ＮＰＯ法人が事務所を構えるＪＲ江津駅前の江津万葉の里商店会会員である藤田貴子氏も加わることになった。

ＮＰＯ法人の名前はてごねっと石見に決まった。「てご」とは、石見地方の方言で手伝いを意味している。

育成するコンテスト

続いて第一回となるコンテストを具体化する作業も進められた。第一回については江津市が主催し、その後、ＮＰＯ法人が立ち上がれば運営を委託する考えだった。

第一回では賞金総額一〇〇万円が贈られる新規創業・経営各新部門と、活動資金として月額一五万円程度が一年間支給される課題解決プロデューサー部門の二部門が設けられた。起業家精神や、事業モデル、共感性、社会的インパクト、江津市とのマッチングなどを基準に審査会で選考し、書類審査を経て公開プレゼンテーションで受賞者を決めることとした。条件には受賞後一年間は江津市を拠点に活動することを盛り込んだ。

そして、応募に際してのテーマを「江津市の課題解決」とし、地域課題の解決への貢献を強く打ち出してプランの成熟度よりも応募者の本気や熱意を求めた。また、プランの実現や受賞者のスキルアップのための支援もうたっていた。

第一回の募集要項には次のように書かれている。

◇こんな人を求めています！

本ビジネスプランコンテストの選考は、江津市の課題を解決する可能性を持ったプランを持つ応募者にどれだけの熱意があるのかを確認します。個人又は団体の応募をお待ちしています。

◇支援内容

受賞者には、ビジネスプランの実現及び受賞者自身のスキルアップのための各種支援を行います。課題解決プロデューサー部門の大賞受賞者が江津市内のＮＰＯ法人等で受けいれ、実際にプロデューサーとしての力を身につけていただきます。

たとえプランが未熟であっても、地域の課題解決に本気で取り組むという熱意を持っていることを条件としたのは、完成された「スーパースター」的な人材を求めているのではなく、ある意味「不完全」なよそ者を受けいれて育てる、という意思の表れであると捉えることができる。起業人材の発掘であり、育成も含んだコンテストでもあった。

それを裏付けるように、第二回以降はてごねっと石見、市役所だけではなく、江津商工会議所、桜江町商工会、日本海信用金庫という地元の行政、経済界の五団体がネットワークを組み、コンテストの運営から受賞者の支援まで地域を挙げて応援する体制をつくった。

例えば、プランの相談窓口は五団体が受け付け、収支計画や資金計画の相談には商工会議所と商工会、信金が応じる。市が信用保証料、利子の補助、店舗改装費、創業資金の補助を行い、実際に信金が融資を行うなど、連携をとっている。

五団体によるネットワークの存在に加え、応募の開始から最終審査会における大賞の決定までの半年間を中心に、その前後にも支援を提供していることもコンテストの特徴の一つである。

こうした仕組みによる受け入れ側、応募者双方へのメリットは、いくつか指摘されている（渡辺 二〇一六、米山 二〇一八）。応募要項にあるように地域課題の解決につながることを考えなくてはならないため、田舎暮らしがしたいといった自分のみの利益を越えたプランが生まれる。そして審査もコンテストの運営に関わる地域住民らが行うため、自分たちで選び、責任を持って支援していくという覚悟が生まれやすい。

一方、応募者にとっても、前もって地域側に周知できるため、活動を始めやすくなる。挨拶に出向いても「コンテストの人ね」とすでに知られていることも多く、活動の障壁が下がる。コンテストに出場することで地域との関係が構築しやすくなるのである。

根底にある反骨心

二〇一〇年に行われた第一回のコンテストで、課題解決プロデューサー部門に応募してきた一人が、田中理恵氏である。島根県の東部にある安来《やすぎ》市出身で、徳島大学を卒業後、リクルート岡山支社などを経て、安来市に戻ってきていた。

田中氏の問題意識の根底には、自殺した兄の存在がある[153]。兄や自分自身が島根に帰ることについて、都会での就職と比べて「つまらないこと」のように周りから受け止められていることに、ずっと反骨心を持っていた。

田中：友達に言われましたよ。「島根に帰って何するの。つまんないし」。先生にも言われました。「島根に帰って何があるの」って。親も帰ってこいって言ってたんです。「何もないけど帰ってこい」って。腹立ちますよね、何もないって言われると[154]。

ソーシャルメディアのTwitterでたまたまコンテストを知った田中氏は、同じ島根県内の江津市には行ったこともなかったものの、「なんだか面白そうだな」と感じて応募を決めた。

そして、応募に際し考えたキャッチコピーが「帰ってこれる島根をつくろう」であった。

田中：「帰ってこれる島根をつくろう」ってコピーにして、しゃべりまくったんですよ。島根でやるぞって覚悟を決めたときに、自分がせんといけんのは、もっとワクワクして帰ってくる人を増やさないといけないって。「島根でこれするぞ」って帰る人を増やさないと兄も報われないなって[155]。

コンテストでは、大学生のインターンシップ事業を実施することで地域の発信力を強化し、地域で挑戦する若者を支援するというプランを提案した。そして大賞を受賞したのである。

5　地元の私たちも何かしたい

皆で一緒につくるワクワク感

田中氏はコンテストの応募要項にあった「ＮＰＯ法人等で受けいれ、実際にプロデューサーとしての力を身につけていただきます」という内容から、ＮＰＯ法人の経験を積ませてもらうという気持ちであったが、二〇一一年四月、江津市に移住してみると、あると思っていた事務所も物件がおさえられていただけで、電話線を引くところからのスタートであった。

大賞を受賞したとはいえ、その土地に来たばかりのよそ者にＮＰＯ法人の設立を任せるのかと驚いたものの、中川氏からの次のようなメールに奮起した。

中川：島根県は、今が正念場だと思っています。県西部は、県東部に比較し、過疎・高齢化が一〇年早く進行しています。つまり、全国一といっていいほど厳しい状況です。それだけに、ここで「やれたこと」は全国モデルになります。ぜひ、力を貸してください[156]。

こんな力強い言葉を口にする行政の職員に出会ったのは初めてであった。田中氏は知らない土地に移住してのＮＰＯ法人の立ち上げも、皆で一緒にこれからつくるというワクワク感の方が先に立ち、怖さはなかったと振り返っている。さらに、中川氏に「あなた色にＮＰＯをつくってください」と言われたほか、コンテストで掲げた大学生のインターンシップ事業もそのままやっていいと言われたことから、周りの人にも理解や応援してもらえる体制があることを感じていたという。

田中：何かワクワク感があったんですよ。みんなで一緒にこれからつくるんだーって、波に乗っかりたかったんです[157]。

てごねっと石見理事長の横田氏からも、電話で次のように励まされた。信頼し、そして信頼される人が地域にいることの意味は大きかった。

横田：待ってるからね。こんな楽しみな春は久しぶりだ[158]。

「たくさん失敗したらいい」

田中氏は「帰ってこれる島根」の実現に向け、大学生の地域実践型インターンシップなどを企画したほか、「島根の挑戦する若者ネットワークU-29」をつくり、島根に戻るか迷っている同世代に島根の魅力を伝えたり、想いを語ったりする場を設けた。同時に、県外にいたときにはわからなかった、島根の人のパワーに直接触れ、島根の魅力はまさしく「人」であるという確信を深めた。

一年目は地域住民に理解されにくいこともあったが、大学生を地域に呼び続けることで、江津に若者を呼んでくれる人、若者の意見を伝えてくれる人、という立ち位置になった。二年目には社会人向けにもインターンシップを開催するなど、広がっていった。

そのほか、新聞に「理恵の江津だより」を連載したり、中学・高校でキャリア教育の講演を行ったりした。中川氏は、田中氏の情報発信力が高く、発足したばかりのてごねっと石見にとってありがたかったことを語っている[159]。

そんな田中氏に対し、横田氏は、ずっと付き添って細かく指導するようなことはなかった。困ったときや相談を受けたときに少しアドバイスをする程度であった。

それは、全国若手ものづくりシンポジウムなどを通して人材育成の重要性を感じていたことが背景にある。そのためにも若者は「たくさん失敗したらいい」というスタンスをとっており、地元住民がよそ者を守り、育てるという意識であった。

横田：若者はフットワークがいいし、やることに対しごちゃごちゃ言わないと決めていた。ずっと横にいれば、「それはダメだ」と言ってしまう。そうすれば、どんどん標準タイプになってしまい、力が出せない。力を発揮させるようにした。クレームが来ても、俺のところで止める。失敗も含めて経験で、それによって力がついてくる[160]

例えば、田中氏から、進めたいと考えている事業について、学校の理解が得られそうにないと相談されたことがあった。その際は、誰に話をしたのかなどの状況を聞き、担当の教員だけではなく教頭にも話を通してアドバイスもらった方がいい、と助言した。

地域では、物事を進める上で、話を通すべき人の順番があったり、突破口となる人物がいたりするものの、来たばかりのよそ者にはどうしても把握が難しい。そうした点をフォローしていると言っていいだろう。

懸命さに心が揺さぶられる

田中氏が「江津のため」と一生懸命に動く姿を見て、てごねっと石見の理事だった藤田氏の心は揺さぶられた。

藤田：地元に住む私たちも何かしたい[61]

藤田氏は、江津駅前で酒屋「エスポアたびら」を夫とともに経営し、四四店が加盟する江津万葉の里商店会の会員でもあった。江津万葉の里商店会は、ＪＲ江津駅と日本製紙の工場をつなぐあけぼの通りに立地しており、かつてはにぎわっていたものの、人口減少やモータリゼーションの進展などに伴って空洞化が加速し、一九九八年には核店舗の一つであった大型小売店「モア」が閉店するなど空き店舗が増えていた。

実際に江津万葉の里商店会の状況を「昼間は歩いている人の数より猫のほうが多い」（村上二〇一六、一四五頁）と感じていた藤田氏は、ちょうどこの頃全国商店街支援センターの現地マネージャー育成事業の募集があったことから、思い切って手を挙げた。

そして、まず空き店舗調査に取りかかった。空き店舗があると言いながら、どこがどう空いているのか知らないことに気付いたからだった。市の商工会とともに一軒一軒訪ね、持ち主にもヒアリングした。それぞれの建物は古いながらも味があり、レトロな魅力も感じることができたが、使っていない期間が長いだけに、汚れが目立ったり、商品がほこりをかぶっていたりで、ここで商売をしたいと感じられる状況ではなかった。

どうすれば、人が使いたい、使わせたいという雰囲気が生まれるのか、悩んだ末に思いついたのが、内覧会も兼ねたイベントの開催であった。イベントに使うという名目で、とにかく閉まっていたシャッターを開けてもらい、一緒に店内を掃除して窓を磨いた。そうすると、大がかりに改装しなくても、十分にきれいになった。

夜でも見学を受け入れたり、準備を進めたりできるよう、商店会で月二〇〇〇円程度の電気代を負担した。田中氏をはじめとした外部の人も巻き込んだ実行委員会を立ち上げ、折り込みチラシといった他人任せの集客方法を避けて、知人、友人に丁寧に声をかけた。

二〇一一年一〇月に実現した第一回の「手つなぎ市」は、市内外から六〇〇〇人という予想を上回る人出でにぎわった。しかも、これまでほとんど見かけなかった若者やよそ者がたくさん訪れた。企画によっては江津にも人が来るのだと共有されたことが、地域の大きな力になった。

「ないなら、つくればいい」

第一回については市が運営したコンテストは、二〇一一年の二回目から、てごねっと石見が運営を受託し、田中氏が運営を切り盛りすることになった。

第二回の課題解決プロデューサー部門に応募してきたのが、隣の浜田市出身の三浦大紀氏である。元首相の故・橋本龍太郎氏の秘書や国際ＮＧＯスタッフなど多彩な経験を持ち、当時は東京在住であった。

海外での感染症や貧困の問題に関心があった三浦氏は、次第に自分のふるさとに目が向くようになり、一三年ぶりのＵターンを決意した。ただ、島根で暮らすには仕事を見つけなければならない。島根の企業を探してみたが、結局よくわからなかった。横浜で起業家育成のビジネススクールに通いながら、島根で何が仕事になるのか、島根をよく知る人にアドバイスを求めるとてごねっと石見の存在を教えてもらった。

飛び込みで電話をかけ、てごねっと石見で五日間のインターンを経験した。田中氏らと現場を見て歩きながら、仕事観に大きな変化があった。

三浦：あ、こんなことが仕事になるんだって思って。その地域で何か困っている人がいて、助けるための仕組みづくりをしてる[162]。

困っていることや助けるための仕組みには何があるか――。ふるさとに目が向くようになって感じていた問題意識は、地域をプロモーションする人がいないということであった。良いものがないわけではなく、むしろたくさんあるのに、知られていない、伝わっていないという課題であり、実際にこの問題に取り組んでいるような島根の企業も見つけることができなかった。確かに、広告代理店に代表されるような企画やモノに付加価値を付けるような仕事が地方には少ないように思えた。

三浦氏はこれまでプロモーションや企画といった職業に携わったことはなかったが、「ないなら、つくればいい」と考えた。そして田中氏から勧められたこともあり、第二回コンテストに島根をプロモーションするという構想を持って応募した。

実は、コンテストでは三浦氏の印象は薄かったと、審査委員を務めていた尾野氏は振り返っている。とはいえ、てごねっと石見を運営しながら江津市と浜田市をまたいで石見地方で活躍できる人材になると見込んで尾野氏が強力に推薦したこともあり、三浦氏は課題解決プロデューサー部門で大賞を受賞した。

そして二〇一一年の秋に浜田市にUターンし、田中氏とともにてごねっと石見のスタッフとして働き始めたのである。

6　「人が人を呼ぶ」好循環

地域の仲間を増やす

二〇一二年、無事に現地マネージャーに就任した藤田氏は、大きな地域課題であった駅前商店街の再生に向けて動き出そうとした。そこでまず、てごねっと石見のスタッフである三浦氏に相談すると、一緒に活動する仲間はいないのかと問われた。

考えてみると、仲間がいなかったのである。そこで三浦氏とともに仲間づくりから始めようと、江津万葉の里商店会の若いメンバーに声をかけて青年部を立ち上げ、試しに商店街の中にコミュニティバーをオープンすることにした。

店舗は三浦氏が発見した雰囲気の良い純喫茶を活用することに決めた。二〇年間使われずに空き店舗になっていたが、青年部メンバーが力を合わせてリノベーションし、市の名前をかけて「52《ごうつ》Bar」と名付けた。地域のコミュニケーションの助けにもなればいいとの狙いであった。

そのため、バーテンも青年部メンバーが交代で務めた。特徴的だったのは、営業時間を午後六時から九時までに限定していたことである。三浦氏は、地域にあるスナックなど他のお店と共存するため、そして続けていくための戦略であったことを説明する。

図 31　52 Bar（てごねっと石見提供）

三浦：最初の一、二杯だけ飲んで、「ハイ次の店行って」って。日中働いてるし、体力的にも大変じゃん。誰か一人に背負わせ過ぎちゃうと、絶対につぶれるから。自分さえよければいいって考えじゃ、地域では生きていけない[163]。

「52Bar」は人気となり、わざわざ「52Bar」に行くために県東部から江津へ出掛けるという若者も生まれたほどであった。何より、わかりやすい成功例が見えたことで、「自分もお店を出したい」「空き店舗はないか」と相談が増え、空き店舗の間取りや雰囲気を熟知する藤田氏が、相談者のニーズを聞きながら物件を紹介していく流れができた[164]。

「52Bar」のデザインを手掛けたのは、藤田氏の弟であった。アメリカのニューヨークで家具や空間デザインを手がけていたが、藤田氏がしつこいほど次のように声を掛けて、Uターンを促した。

藤田：江津が変わろうとしているから早く帰ってきて[165]

Uターン後、てごねっと石見と同じビルのオフィスに入居しながら起業の準備を進め、「デザインオフィス・スキモノ」を設立した。そして二〇一二年の第三回のコンテストで空き家をリノベーションして活用するプランを提案し、大賞を受賞した。

藤田氏の弟の手で、ボロボロで朽ち果てかけていた駅前の空き店舗が、漁師による居酒屋、バーなどお洒落な空間に次々と生まれ変わり、このまちで出店したいという雰囲気を加速させた。

弟自身も「生まれ育った愛着のある地域の歴史に手を加え、次世代に残す喜びがある。がむしゃらになれる。江津は何もないと言われる。でもないなら、自分たちが創ればいい」と語っている。「ないなら、つくればいい」という文化が広がっていった。

江津に住まなくても

田中氏は二〇一三年、てごねっと石見を卒業した。その理由を次のように語っている。

田中：江津の人たちは来るもの拒まず、去るもの追わず。ここでしっかり経験して、羽ばたいてほしいっていうのがあって、だから私も短期間集中で頑張るぞみたいな。一般的にＵＩターン支援って、定住しなさいってすごいプレッシャーがある。江津にずっと住めるかっていったら迷いがあった…[166]

次の舞台に選んだのは、島根県奥出雲町の県立高校であった。第４章でも紹介した教育魅力化のコーディネーターに転職したのである。キャリア教育プログラムの見直しを担当し、授業を受けた生徒は地域の課題を解決できる方法をもっと考えたいと話すようになった。高校時代から自分の手で地域をつくることを学んでもらう狙いである。

三浦氏も受賞プランをブラッシュアップし、二〇一四年、企画会社「シマネプロモーション」を浜田市で設立した。築八〇年の屋敷をリノベーションして事務所とし、事業では地域文化に根付いた工芸品と食品の引き出物セット「ＹＵＴＴＥ」が好評である[167]。

田中氏、三浦氏はスタッフではなくなったものの、てごねっと石見の理事に就任し、現在も関わり続けている。後任には新たなスタッフが着任した。横田氏はそれでいいという。

横田‥（移住者に対し）定住しろとか言ってない。ここは勉強するステージだ、無期雇用じゃなくて有期雇用だと言っている。無期雇用で毎年賃金出していく方法を考えていかないといけないような場では、固まってしまう[168]

こうして入れ替わる地域外出身のスタッフには、江津でできる限り成長してほしいという思いと、自分の出身地にも戻ってほしいという思いとの間で葛藤があるという[169]。

横田‥スタッフには県外出身者もいる。就職した当時は右も左もわからなかったが、今では視察のコーディネートができるまでに成長した。組織の中で成長し江津で夢を叶えて欲しいが、経験を活かし自身の故郷にも貢献してほしい[170]

中川氏も当初はずっと江津にいてくれたらいいと思っていたものの、途中からは「仕組みを残してくれさえすれば良い」と思うようになった。二人とはつながり続けている。

中川：江津に住まなくても、住んでいる人以上に力を貸してもらえてありがたい。彼らはネットワークを持っているし、トレンドや江津市に必要なことを教えてくれ、自分も価値観が変わってくる[71]

空き店舗が埋まった

コンテストは、その後も引き続きてごねっと石見が毎年開催している。二〇一四年の第四回コンテストには、第二回コンテストの受賞者を支援していた人が応募し、大賞を受賞した。このとき田中氏は手応えを感じたという。

田中：やりたかったのって、こういうことかなと思って。誰かが自分の思いを堂々と語って、それを見て「あ、自分もやろう」って言う人がたくさん出てきたら、地域は面白くなるって思わない？[72]

そして、地域の変化を自分のことのように喜んでいる。人が来ることのなかった江津という地域に、人がやってくるようになったのである。

田中：だって五年前は私自身も「江津に行って何があるの？」って言われていたのに、今だと「あの江津ね」「あの人に会いにいったの？」とか言われるようになった。江津にわざわざ行く人が増えたんですよ。視察も含めて、江津に飲みに行く、会いにいく…やった！私の思惑通り[173]。

中川氏が目指していた、「人が人を呼ぶ」好循環が生まれていた。さらに、江津駅前で生まれ育ち、実家が弁当屋を営んでいた住民が一念発起して飲食店を始め、土産物を売る商店も開店させた。寂れていくまちに心が痛み、活気を取り戻したいと思っていたという。並行するように、ミニシアターや夜市、朝市、写真展など、地域でのイベントも増えてきた。

これらの波及効果や立ち退きに伴う移転などもあり、使える可能性があった三〇店舗が埋まり、シャッター通り商店街が蘇ったのである。

中川氏は前述の寄稿で「中心市街地の空き店舗を活用して開業する若者が出現し始めます。NPO法人のスタッフやビジネスプランコンテストでUIターンした若者に感化され、一時的ですが、市内の若者が我も我もと仕事を興すという現象が発生しました」と綴っている。

そして、当時の江津市長が「このような空き店舗再生の動きがあるいまが最後の機会」と動き、一九八〇年代から何度も頓挫していた江津駅前の再開発事業が三〇年越しで承認されて駅前複合施設や民間のビジネスホテルが完成した（渡辺二〇一六）。

こうした地域の変化の根底に、横田氏は、地域再生の主体である住民の変化を指摘する。関係人口というよそ者がやってきたからこそ、住民が変わり、そしてまちが変わっていったのだという。

横田：（店舗を）貸さなかったところが、貸してくれるようになった。地域の住民が変わったからできた。よそ者が地域という水たまりに石を投げて、変化のきっかけになり、その変化が動きとして結び付いている。地域の人がやらない限り、継続と成長はない[174]

前述の「52Bar」がオープンした当初はクレームもたくさん寄せられたものの、動きが見えてくるうちに協力する空気が広がり、ついに「52Bar」の店舗も譲ってもらうことになった。「52Bar」は空き店舗が埋まるという目的を達成したこともあって営業を終えていたが、次の新しい担い手に使ってもらおうとリニューアル工事に取りかかった。

自分たちが変わった

リニューアルした「52Bar」の跡地に二〇一七年、コーヒースタンド「K Stand Talking」をオープンしたのが、江津市出身の徳田恵子氏、佐々木香織氏である。

二人は、第七回のコンテストに、「一杯のコーヒーでつなぐ『まち』と『ひと』〜帰ってきたい町、江津」というプランを応募していた(図32)。二〇一六年一二月に開かれた発表会には筆者も出掛けた。

いつか江津でカフェを開きたいと夢を語り合っていた二人は江津高校卒業後、コーヒーチェーンなどで働いていたが、「手つなぎ市」といった新しいイベントの開催や駅前の空き店舗が埋まるといった変化を感じて、自分たちも一緒に参加して盛り上げたいと二〇一六年にUターンしてきた。

Uターン後、江津市内のカフェで修行していると、「頑張って」という応援の声や、出店してみないかという呼び掛けが多く、「やっぱりここならできる」という確信が膨らんでいった。

コンテストでは「きっかけをもらって帰ってきた私たちが今度は若者と江津の人をつなげていきたい」と発表した。

審査員席に座っていた藤田氏の目からは涙があふれていた。藤田氏は田中氏、三浦氏という関係人口と関わる中で、地域再生の主体は自分たち地域住民であると気付いた。その主体がコンテストを通じて増えていっていることが何よりもうれしかったのである。

藤田：ヒーローがいた時代もあって、打ち上げ花火も大事だが、でもヒーローは居続けられるわけではないので、自分たちがやらなきゃいけない。ヒーローのおかげで、自分たちが変わった。やったらできると分かった[175]

横田氏の後を継ぎ、てごねっと石見の理事長

図32　第7回江津市ビジネスプランコンテストの様子（筆者撮影）

に就任した藤田氏のこの思いは、今も変わっていない[176]。二〇一九年一一月、京都市で開かれた地域再生大賞の一〇周年記念シンポジウムに招かれた藤田氏は「サービスを受ける側ではなく、自ら企画し、主体的に担う人をつくることが大事」と地域住民の主体性を強調した。

そして、てごねっと石見が力を入れる「人財」育成の一環で二〇一八年度から行われているのが、地域住民が講師となってともに学び合う「GOつくる大学」である。開講から一年が過ぎ、受講者は一〇〇〇人を超えた[177]。

変わらず続けてきたコンテストも二〇一九年度で一〇回となった。大賞を受賞した人はもちろん、仮に逃してもコンテストを通して地域で認知され、起業するケースが増えるなど新たな主体を発掘、育成し続けている[178](表11)。

表11　江津市ビジネスプランコンテストの受賞者と内容(コンテストのウェブサイトを参考に筆者作成)

年度	受賞者と内容
2010	田中理恵(安来市出身／安来市在住)｜地域実践型インターンシップ
	志村竜海(宮城県出身／東京都在住)｜廃材の竹を使った養鶏業
	松崎みゆき(奥出雲町出身／東京都在住)｜桑の実を使った商品開発
	古瀬幸広(奈良県出身／東京都在住)｜里山のブランド化
2011	三浦大紀(浜田市出身／東京都在住)｜シマネプロモーション
	多田十誠(江津市出身／江津市在住)｜古民家カフェ
2012	平下重親(江津市出身／江津市在住)｜古民家リノベーション
2013	和田智之(兵庫県出身／浜田市在住)｜菰沢公園活性化計画
2014	山口梓(神奈川県出身／浜田市在住)｜地ビールの製造
2015	江上尚(愛知県出身／東京都在住)｜古民家でのゲストハウス
2016	原田真宣(神奈川県出身／江津市在住)｜パクチーの特産品化
2017	石井祐介(岡山県出身／島根県川本町在住)｜羊牧場の開業
2018	森春奈(奈良県出身／江津市在住)｜産後ケアの充実
2019	三島淳寛(浜田市在住)・安達豊(江津市在住)｜体験型観光農園の開設

第6章　消滅する集落で安心して暮らす――香川県まんのう町

1　調査対象と方法

第6章の舞台は、香川県まんのう町、その中でも最奥に位置する旧琴南《ことなみ》町の川奥《かわおく》地区である。第4章と第5章の島根県海士町、同県江津市のように、地域再生事例として有名な地域というわけではない。川奥地区では人口減少と高齢化により、高齢者の一人暮らし世帯が増加している。しかしながら、転出子と呼ばれる地区から転出した子どもが頻繁に通って高齢者の生活を支えており、さらに転出子のネットワーク化を通じて、災害時の安否確認がシステム化されるなど安心して暮らし続けられる環境が整いつつある。

これを後押ししたのが、徳島大学総合科学部地域計画学研究室の田口太郎氏である。田口氏はまんのう町琴南支所から依頼を受け、住民参加型のことなみ未来会議のまとめ役を務めている。二〇一六年度、川奥地区で悉皆調査や転出子へのアンケート調査を行った上で、転出子のネットワーク化に向けた転出子懇談会をほぼ毎月開催しながら、川奥地区に暮らす高齢者の生活支援の可能性やその方策を検討してきた。隣接する徳島県からまんのう町に通う田口氏は、来訪型の関係人口であると言える。そこで、関係人口が過疎地域の高齢者の生活支援という福祉課題に関わり、地域が再生した事例として本書で取り上げることとする。

第6章の記述については、二〇一九年八月八〜九日、九月二〇日、一一月七〜八日の計三回のフィールドワークと関係者へのインタビューに基づいている。そのほか調査した文献や資料の中でも、同研究室による『旧琴南町川奥、西谷地区集落調査報告書』(二〇一七年)、『転出子によるネットワーク型住民自治の検討』(二〇一九年)の二つを中心的に参照した。

本書における調査対象者を登場順に表でまとめ、引用元となるインタビューを一覧で整理した上で、主要人物の相関図を作成する(表12、図33)。田口氏のほか、田口氏を招いた当時のまんのう

表12　まんのう町の調査対象者(筆者作成)

氏名	属性		引用元
横井ヒサ子氏	地域住民	川奥地区に嫁いで以来60年、同地区で暮らす。横井英生氏の母	2019年8月9日のインタビュー
横井英生氏	地域住民(転出子)	川奥地区で生まれ育ち、現在は町内から通って母親を支える	2019年8月8日のインタビュー/同11月7日のフィールドワーク
雨霧弘氏	地域住民	まんのう町の元役場職員。ことなみ未来会議を構想する	2019年9月20日のインタビュー
田口太郎氏	関係人口(来訪)	徳島大学准教授。ことなみ未来会議のまとめ役を務める	2019年11月8日のインタビュー
高尾洋規氏	地域住民(転出子)	川奥地区で生まれ育ち、現在は町内から通って父親を支える	2019年8月8日のインタビュー

町役場琴南支所長の雨霧弘氏と、転出子の横井英生氏、高尾洋規氏、そして、横井氏の母親で、川奥地区で現在も暮らしている横井ヒサ子氏の五人である。

転出子という存在はよそ者なのか、地域住民なのか、どのように位置付けるかについてはさまざまな考え方があるが[179]、実子は関係人口の定義に照らしてよそ者とは捉えにくいことに加え、今回の調査対象である二人の転出子は実家と同じまんのう町内に住居を構えていることもあり、地域住民という位置付けとした。

2　平家の落人伝説

香川県まんのう町の名前は、日本一の灌漑用ため池・満濃《まんのう》池があることに由来している。満濃池は、平安初期の僧侶、空海（七七四〜八三五

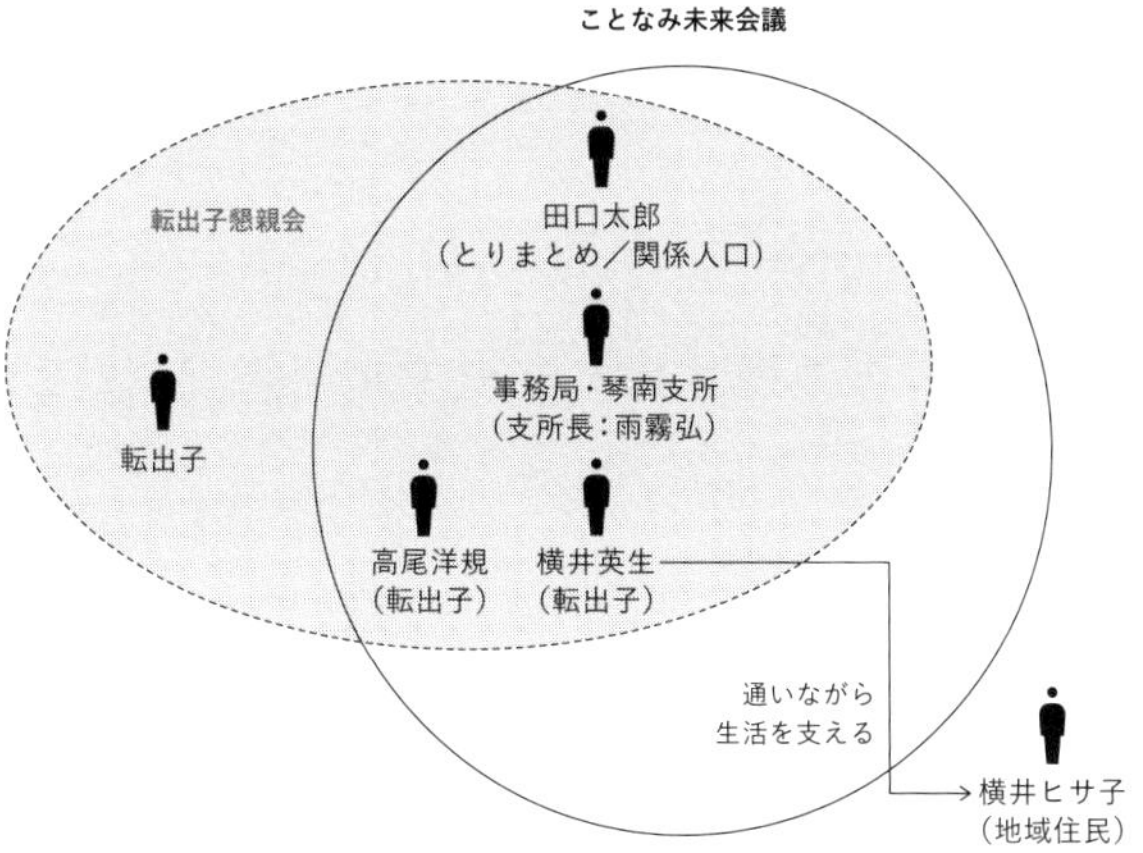

図 33　登場するまんのう町の主要人物の相関図（敬称略、筆者作成）

年）が改修したことでも知られ、周囲約二〇キロメートル、貯水量一、五四〇万トンである。そのほか約九〇〇〇ものため池が点在する。

二〇〇六年、仲多度郡の旧満濃町、旧琴南町、旧仲南町が合併して誕生した[180]。香川県南西部に位置し、面積は一九四・四五平方キロメートル。市町村合併が行われ、香川県内の多くの市町が瀬戸内海に面するようになったが、まんのう町は数少ない「海なし」自治体である。

このうち旧満濃町は、讃岐平野の端に位置する。隣接する善通寺市や丸亀市から車を走らせると平野に田んぼの風景が広がり、ほとんど市町の境を意識することはない。県庁所在地の高松市も含めた讃岐平野一体がほぼボーダレスにつながっており、まとめて「大香川市」と呼ぶこともあるのだと住民から聞いた。こうした環境から、隣の市町へ通勤・通学で通うことには抵抗がないのだという。

一方、旧琴南町は讃岐平野から奥へと進み、香川・徳島の県境をなす阿讃山脈の奥深く、山間部にある地域である。

八六％を山林が占め、耕地面積は七％と少ない。人口は一九五六年の七、〇〇七人から次第に減少し、人口流出の激化で合併前の二〇〇五年には三、一四五人となった。さらに合併後の二〇一四年には二、二一八人となり、一九八五年との比較でまんのう町全体は二〇％減少したのに対し、旧琴南町は四五％減で、合併前の旧三町の中でも最も減少している。

さらにこの中でも、本書の調査対象である川奥地区は旧琴南町の最奥に位置し、徳島県境と接している。三角・川奥中・川奥上・株切・沖野・横畑の六集落を総称しており、地形上も自然的に一地域を形成していた。いずれも中心部からは遠く離れているものの、古くから開けており、生活圏や経済圏としても隣接する徳島県との結びつきが強かった（図34、35）。

中でも例えば横畑集落は、地形上、外部からの侵入に対して守りやすく、見張りやすい地であることから、源平合戦で屋島の戦いに敗れた平家一門のうち一部が開拓した、つまり、赤旗を横にしたとの表現で横旗→横畑という地名の起こりとなったとされる。

尾根の寒風峠には物見やぐらがあり、見張り役が居住していたという跡には、現在も十数基の墓が現存している。墓碑のひとつに平寿盛の孫と刻されていることから、寿盛の一族が残ったと言い伝えられている。

こうした伝説の真偽を確かめる術は残されていないが、それほど急峻で山深く、人が住むのに最適であるとは言いにくい土地であるということは伝わるのではないだろうか。

比較的なだらかな中国山地に慣れていた筆者

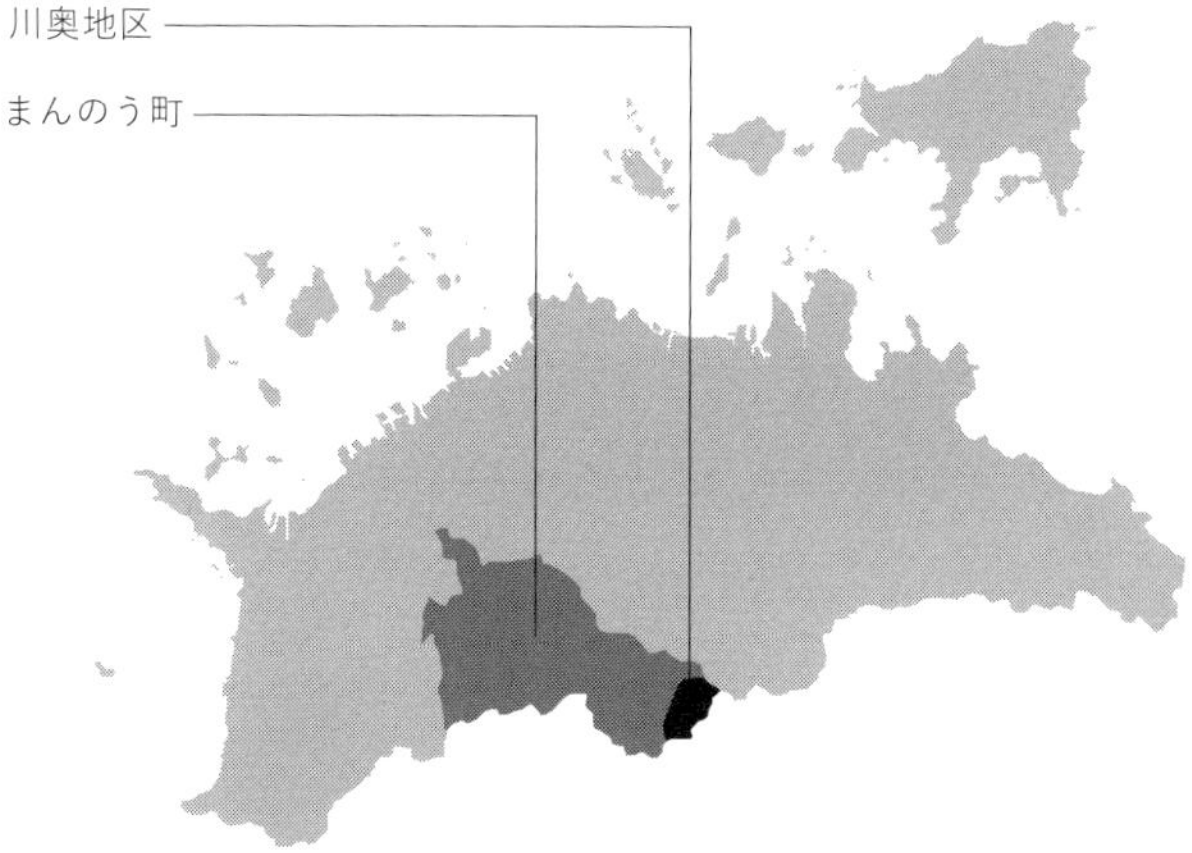

図34　香川県まんのう町川奥地区の位置

にとって川奥地区は衝撃で、率直に畏敬の念すら覚えた。細い一本道を抜けた先にある集落は家が横ではなく縦に並んで、急坂にへばりついている。そして山の尾根があまりに近く、山頂に近いのだとも気付かされた。

産業の特色は、畑作中心の農業経営が多いことである。標高四〇〇〜七〇〇メートルという山腹地の比較的平坦で開けたところに集落が形成されており、水利の便が悪く、水田は極めて少なかった。かつては麦や粟、きびといった雑穀がつくられ、たばこが主作物となった明治頃からは、農業の傍ら炭焼きも行われていた。

その後、木炭が斜陽化した一九五五年頃からは、たばこも採算性が低くなったこともあって兼業農家が増え、畑の主作物は採算性の高い高冷地キャベツへと転換されて川奥地区全体がキャベツの中心産地となった。

まんのう町についても、海士町、江津市と同様

図 35　まんのう町川奥地区の集落（筆者撮影）

に、地域が再生していくプロセスを明らかにする上で、出来事を年代別に四つの時期に分けて整理する。

人口減少に伴う地域課題が顕在化するⅠ期、関係人口である田口氏が関わり始め、転出子懇談会が立ち上がっていくⅡ期、転出子懇談会が一二回にわたって開かれ、転出子がネットワーク化されていくⅢ期、災害時の見守り体制ができるⅣ期である(表13)。以下、各期を順番に記述していく。

3　役場じゃどうにもならない

進む過疎化

前述したように、旧琴南町は合併前の旧三町の中でももっとも人口減少と高齢化が進んでおり、高齢化率は四〇%、全六〇集落のうち二一

表 13　まんのう町川奥地区の地域再生における主な出来事

区分	主な出来事	
Ⅰ期	2013 年	横井英生氏が毎週通い始める
	2014 年	雨霧弘氏がことなみ未来会議を着想
Ⅱ期	2015 年	ことなみ未来会議設置
		田口太郎氏がまとめ役に就任
	2016 年	同研究室が川奥地区悉皆調査を実施
		同研究室が川奥地区転出子へのアンケート調査を実施
		同研究室が調査報告会と住民ワークショップを開催
	2017 年	第 1 回川奥地区転出子懇談会が開かれる
Ⅲ期	2017 年	第 3 回川奥地区転出子懇談会に横井氏が初参加
		第 4 回川奥地区転出子懇談会に高尾洋規氏が初参加
Ⅳ期	2018 年	集落カルテが作成
		最終回となる第 12 回転出子懇談会が開かれる

集落が限界集落となっている[8]。

旧琴南町の中でも特に今回の調査対象である川奥地区の人口減少は著しい。一九八五年から二〇一九年までの三四年間に、人口が旧琴南町全体で四九％減っているのに対し、川奥地区と隣の勝川地区を合わせた川奥・勝川地区では六二％の減少となった。

これは、地域の産業が農業中心であったことに加え、自家用車で通勤するにも道路が未整備で地域外への通勤が難しく、都市で職を得るには転出しか選択肢がなかったという背景がある。

特に川奥地区に通じる県道は川沿いの悪路であり、年に何回かは転落事故も起こっていたほどであった。戦後少しずつ改良や舗装が行われていき、一九八二年、国道四三八号に昇格した。道路改良に伴い、川奥地区の過疎化の特徴は、家を挙げて離村するという中国山地で見られたような挙家離村は少なく、高齢者が家に残って若者が転出する形となった。

このことは、川奥地区に暮らしている横井ヒサ子氏の証言でも裏付けられる。

ヒサ子氏は一九三七年、山を越えた反対側に位置する徳島県旧三野町（現・徳島県三好市）で生まれた。親戚の縁で、川奥地区の川奥中集落に家を構えていた四歳年上の夫・憲一氏（故人）と二二歳で縁談がまとまった。国道四三八号から細い町道を一キロメートルあまり進んだ先にある一軒家である。

横井ヒサ子：ここはもうほんまの山の中。（自分の実家も）山ん中じゃけど、でも車は通りよったけど、ここは車も入らなんだし。この下の道路から歩いてここまで上がりよった。

子どもは、二男二女の四人。四人とも中学校までは自宅から通ったが、近隣にある高校に進学すると同時に下宿生活となり、家を出て行った。

横井ヒサ子：中学校までじゃなあ、ここの家におったのは。もう下宿せなんだ、通うゆうたってなあ、バスやなんじゃゆうたって、冬はもう雪ががいに降りよったけんなあ。いまは雪は少ないけんど、昔はなあ、ほんま一尺も。

ただ、ヒサ子氏が子どもを通わせた小中学校は、相次いで消えていった。川奥地区では、一九〇七年に川奥尋常小学校が開校し、一九四一年の川奥国民学校を経て、戦後に川奥小学校と美合中学校川奥分校が設置されていた。特に教育熱心で、幼少中学校を通じた教育を重視し、教員を迎え入れるために教員宿舎も設置するなど、全住民が会員となった川奥学園ＰＴＡを結成して支えていた。しかし、児童・生徒数が減少したことで、一九七一年に小中学校が廃止、一九七三年には幼稚園を継承した保育所も廃止となったのである[182]。

ここで暮らし続けたい

ヒサ子氏は農業の傍ら、丸亀市の造船所に働きに出ていたが、会社の車や夫に乗せてもらっていたことから自動車の免許をとることもなかった。引退後は義母と夫の憲一氏と生活を送っていた。義母に続いて憲一氏が体調を崩して家で暮らせなくなり、まんのう町内の介護施設や病院を移り変わって、六年前に六五歳で亡くなった。

一人暮らしとなったこの頃から、まんのぅ町内で別に住居を構える三人の子どもが通ってくるようになった。四人の子どものうち、長男、長女、次女の三人がまんのぅ町内に暮らしており、次男は奈良県にいる。

特にヒサ子氏が心臓を悪くした二年ほど前からは、三人は毎週のように通ってきている。食事など身の回りのことは自分でできるものの、自宅周辺の畑の草取りや花の手入れ、買い物といった一人では難しいことを代わりに担ってくれるようになった。

ヒサ子氏自身は、週一回デイサービスに出掛け、そのほかにも週一回程度、電動車いすで隣の三角集落にいる友人を訪ねる。週二回はリハビリの担当者が来ること、三人の子どもが代わる代わる通ってくることから、誰にも会わない日はほとんどない。孫が拾ってきた猫を預かり、夫の名前をとって「けん」と名付けてかわいがっている。

今後も身体が動く限り、川奥地区で暮らし続けたいと話す。住み慣れた地域であり家であることはもちろんだが、近所の人とのつながりが大きいという。毎月一回ある常会が楽しみであり、ヒサ子氏が出席しているため、子どもたちは常会に顔を出すことはない。

横井ヒサ子：やっぱしな、なんとか動ける間はここでおりたいな。子どものとこ行ったたって子どもが仕事に行ったらなあ、一人じゃきに、もうまたそれこそしめこもってしまう。ここじゃったらやっぱしなあ、近所に知った人もおったら。ほんで月に一回は、常会いうて家回りでな。それには行けたら必ず行くように（している）。なんて用がのうても、みんなの顔も見たり話もしたり。

先日は常会の日を間違えて顔を出さなかった。そうしたところ、近所の人が心配して電話をかけてくれたのだと笑いながら話していた。

横井ヒサ子：常会にもひょっと日が間違ごうて、この前も行かなんだ。「あんた元気なん」言うて、「常会に来とらなんだな」って。「明日常会じゃろ」っちゅったら「今日じゃったがな」言うて（笑）

奥の家を見るのは当たり前

ヒサ子氏の生活を支えている一人が、長男の横井英生氏である。中学時代はソフトテニス部で、高校は隣接する善通寺市の体育コースがあった私立高校に進学したが、通うバスがなく寮に入った。高校卒業後、一旦実家に戻って職場に車で通った後、二六歳で結婚を機に実家を出た。アパート暮らしを経て、旧琴南町の分譲住宅を購入した。そもそも旧琴南町から出るということは考えていなかったという。

横井英生：もともとは奥（川奥）で家を建て替えをしようかと思いよったけどね、そのときにもう親が「子どもがかわいそうなきに」って、「下へ家建てえ」っていう風になって。最初は別に俺ここから通ったけん（大丈夫じゃないか）と思ったんやけどね、まあそうかなと思ってね。琴南からあまり出たいとも思わんかったよね。

実家に帰るのは盆と正月の年二回程度だったが、ヒサ子氏の高齢化もあって六年前から毎週末、帰っては実家の修繕や周りの草刈りをするようになった。現在暮らしている分譲住宅に呼び寄せる考えはないのだという。

横井英生：昔はね、おやじもおかんもそんなにまだ弱ってなかったんでね、そこまで面倒みるというか、こっちから手をかけんといかんことなかったんで。（親が）こっちへ来てもね、知っとる人いない。奥でおったら、電動カーで知り合いのところに行ったりとか好き勝手にできるでしょ。不自由せんようにこっちで草刈りやったり水見に行ったりね。買い物とかは姉の方がやってくれたりするんやけど、あとの生活する面ではそんなに不自由せんようにとは思っとるね。

現在住んでいる自宅からは車で二〇分の距離。自宅も川奥地区にある実家も、ともに横井家のものであるという認識であり、負担感は特にないという。

横井英生：例えば僕は横井だけど、同じ横井家の家、奥も下も家って感じなんで、奥の家を見るのは当たり前っていう。

川奥地区の消防団（八人）にも加入している。人口減少に伴い消防団のなり手も減っていた。そこで集落の人から声がかかった際、母親がいることもあり承諾した。主な活動は月一回の機材点検、台風といった災害が発生しそうになると川奥地区に待機しての巡回、そして年末の防火活動である。

もう一つ重要な地域活動が祭りである。実家のある川奥中と川奥上、中野の三集落で毎年一一月、獅子舞を披露する。この日ばかりは地域住民はもちろん、遠方に住む転出子も多くが帰ってきて、総出で祭りの準備と片付けを行う。子どもの頃から祭りを通して、地域住民やほかの転出子たちとつながりが育まれてきたのである。

横井英生：例えば俺ら二十歳くらいの時は結婚もしてない頃やったので、獅子の練習とかでこっちに来て、終わったらまた高松まで遊びに行ったりね。昔から知っとった人らが祭りのときに集まるのが面白いですね。付き合いが濃い人の子どもが今また獅子に来たりとかね、そういうのでこの辺みんな、年が離れとる子でも知っとる。

住民主体の会議へ

旧琴南町の出身で、二〇一一年に琴南支所長になった雨霧弘氏は、人口減少に伴う地域課題が山積する中、支所職員は減るという事態を前に、危機感を募らせていた。

旧町時代には四五人程度いた職員は、合併直後に一四人となった後、段階的に減らされて八人しかいなくなっていた。しかし、管轄内の施設の維持管理、福祉関係業務、地域振興の企画調整、イベントの企画運営のほか、届出、登録、証明、収納業務といった窓口業務を引き続き担当していた。

こうした中で、琴南中学校の閉校に伴う跡地や、利用率が下がっている施設をどう利活用するかといった地域課題を検討しなくてはならない。それにもかかわらず、地域住民の間には役場任せの雰囲気が強いことが気に掛かっていたのである。

雨霧：もう今まではほぼ行政主導ですから。行政がこうしますよと言ったら住民がそこに乗っかってくるという。何か行政がやり始めて、うまくいかなくても行政が悪い。行政がするから、お前らがこんなことするけん、いかんかったやろって。

旧琴南町の中でも特に心配していたのが、人口減少がもっとも進む川奥地区であった。六集落のうち五集落で六五歳以上の人口が五〇％以上であった。

雨霧：やってみるしかない、やっていかんかったら終わりやと。とにかく最初はやっていかんかったら、極論的だけど琴南の山間部は終わりかなと思いよったですよ。

雨霧氏は、他地域の先進事例を見ても、地域住民が主体的に行動することが大切だと感じており、地域住民自らが地域の方向性を決める機会をつくる必要があると考えるようになった。そこで、計画段階から住民参加型となることなみ未来会議を着想した。

未来会議という名前には、未来のことは住民が自分たちで考えてほしいという願いを込めた。

雨霧：実情を知っていただきたい。今まで通り、「役場、役場」言いよったんじゃ、どうにもなりませんよと。自分たちで考えてくださいと。ゴールはもう一切ないです。それ決めたらまた行政主導になる。ゴールが決まってるのは行政主導。

この構想を本庁に提案し、了承された。最大の目的である役場主導から住民主導へと転換するために、よくある地域内の団体の長が名を連ねるのではなく幅広い一般住民が参加すること、さらにそれを役場がまとめるのではなく第三者のファシリテーターを置いてまとめていくという形式とし、二〇一五年四月、ことなみ未来会議が設置された。

設置にあたっては、雨霧氏らが旧琴南町内に八つある連合自治会を一つ一つ回って説明し、賛同を得た。なぜここまでしたのかを聞くと、一住民としての危機感があったとした。

雨霧：それは危機感、一住民としてね。行政の職員でありながらこの地域の一住民として。

ファシリテーターを探す中で、雨霧氏の部下となる琴南支所の担当職員が見つけてきたのが、徳島大学総合科学部地域計画学研究室の田口氏であった。

担当職員が高松市内で開催された田口氏の講演会を聞き、まちづくりの専門家でもあり適任だと感じたのである。雨霧氏も考えが近いと当時感じていたという。同年六月、雨霧氏と担当職員が徳島大学に出掛け、ことなみ未来会議のまとめ役への就任を依頼した。

4 「俺たちはのたれ死ぬだけだ」

"普通"の地域におけるまちづくり

田口氏は、「過疎化が深刻であり、助言をしてほしい」という二人の依頼をその場で引き受けた。それまで実は、まんのう町や旧琴南町という地域の存在もたいして認識していなかったにもかかわらず引き受けたのは、複数の背景が絡み合っている。

基本的には、大学の充て職などではなく直接依頼される案件にはできる限り応えたいと考えていたことに加え、徳島大学に赴任して二年目であり、現場に出掛けてのフィールドワークをしっかり行ってみたいと思っていたタイミングであったことも影響した。徳島大学から旧琴南町へは、県は異なっているものの、県境の道路整備が進んだことで、自動車を使えば約一時間であり、「全然何でもない距離」だと感じたという。

もともと早稲田大学の建築学科でまちづくりを学んでいた田口氏は、学生時代、地域に生きるかっこいい大人に感化され、この世界に足を踏み入れた。ほかの研究者と触れ合う中で、地域に対して自身の理屈や手法を押しつける研究者が多いことに違和感を持ち、現地に足を運んで地域住民と膝詰めで議論することを大切にしていた。依頼された時点で具体的なプランや解決策を持っていたわけではなかったが、地域住民との膝詰めの議論から見出せれば良いと考え、それができそうだとも感じたのである。

何より、いわゆる〝普通〟の地域におけるまちづくりや地域再生に関心があった。それは自分自身が茅ヶ崎市というまさに〝普通〟の地域で生まれ育ったことが原点にあり、さらに全国各地の事例を見て歩く中で感じたことでもあった。

田口：心折れるような地域が再生すると、世の中変わると思ってるのかもしれないです。ずっと昔から、何のとりえもない町でどうするかってすごい気にしてるのは、僕の地元がそういう地域だからです。それまでの地域づくりって、「スーパースター」のまちづくりっていうのがあって。僕はやっぱり「スーパースター」のまちづくりじゃダメだと思ってて。ショボいまちのまちづくりをどうするか。普通のまちっていうことに対する問題意識がすごい強いんですよ。

そうした意味で、旧琴南町はまさに〝普通〟の地域であった。こうして田口氏をまとめ役に、ことなみ未来会議はスタートした。

転出子が支える生活

ことなみ未来会議のテーマは、①三つに分かれた地区ごとの活性化策の検討、②廃校後の琴南中学校の利活用も含めた施設の整備計画案であった。

①について、雨霧氏ら琴南支所と田口氏が相談して二〇一六年度、最初に行ったのが、地域住民の生活状況の調査であった。まず現状を把握することが重要であり、その際、三地区の中でももっとも人口減少が深刻化している川奥地区から調査を始めること、そして徳島大学の学生の協力も得て川奥地区全六集落の全世帯を調べることにしたのである。

調査は学生が行うものの、自動車がなくては川奥地区に行くことができないため、琴南支所の職員の協力が必要であった。そこで雨霧氏は、職員を集めて協力を依頼し、川奥地区の自治会長にも話を通した上で、学生と職員を三班に分けて職員が運転して案内しながら学生が一軒一軒訪ね歩く形とし、全三九世帯のうち三〇世帯を調査した[183]。

その結果、買い物や通院など日常生活に密着した課題を抱えている状況が明らかになった。例えば日常の買い物では四八%、通院では四二%の世帯がそれぞれ子どもに手伝ってもらっていた。店舗などの生活支援機能が縮小していること、もともと免許を持っていない地域住民も多いことが背景にあった。

加えて、川奥地区にはほとんど町の水道がなく、大半の世帯が自主水源で対応していた。水が止まったときなどは水源や断水場所まで様子を見に行く必要があるが、距離が遠いことや十分に整備されていない山道を歩かなくてはならないケースもあった。

関連する回答を挙げる。

・水源が家から二キロメートルある
・一〜二キロメートル先にあり二時間くらいかかる
・道が悪いためすべって怪我をした
・イノシシが出るので危険

水源管理が重労働で危険を伴っていること、そして、本人以外に隣人や転出子が点検していることもわかった。一方、定住意向については七九%が住み続けたいと回答していた。

想像していた以上の厳しい状況に加え、転出子が支えている実態を受け、田口氏は並行して転出子を対象にしたアンケート調査を実施することにした[184]。

その結果、転出子は大多数が香川県内に居住していた。帰省の目的は様子見や仕事の手伝いという人が過半数で、草刈り、共同の水源管理、お祭りといった集落活動も行うケースも少なくないことがわかった。頻度は月一回が最も多く、次いで週一、年一であった。

通う手段は自動車が中心で、一時間かかる人が最も多く、一時間以上の人はいなかった。親の高齢化や一人暮らしが通い始めたきっかけであったが、集落活動については「子どもの頃から参加している」「親が参加していたから自分も参加する」「長男として参加する」といった意見も見られた。

二つの調査を通して、あらためて転出子のサポートによって高齢者の地域での生活が維持されている状況が浮き彫りになったのである。

あきらめ感の広がり

田口氏は、これら二つの調査結果の報告会を開催することにした。ことなみ未来会議に与えられたテーマでもある今後の川奥地区の方向性を地域住民とともに考えるという意味も込め、ワークショップも同時に企画した。川奥地区では二〇一六年一二月六日、横畑、中野・株切、沖野の三集落と川奥中、川奥上の二集落に分けて二回行った。

しかしながら、結果は厳しいものであった。田口氏の振り返りが物語っている。

田口：まあ、ワークショップを、という体で始めたんですけど、ワークショップにはならなかったっていうのが現実で。相当厳しかったですね。僕も今までワークショップは死ぬほどやってきましたけど、その中でもワースト五に入るぐらいの。

役場に対する不満や批判が噴出し、前向きな意見は出てこなかった。さらには「のたれ死ぬ」という衝撃的な言葉も飛び出したのだという。

田口：今さら何やってんだっていう話は多かったっていうのと、二〇年前だったらやる意味あったけど、今さらやってもしょうがないっていう。「もう、俺たちはのたれ死ぬだけだ」っていう言い方をしてます。その言葉も僕なりに結構ショックだったんですね。とにかく、誰からも前向きな発言が出なかったみたいな感じですね。ワークショップ終わった後の印象としては、もうダメだなって思ったのが現実ですね。何かヒントもかきだせなかったっていう感じです。

目指していた役場主導から住民主導への転換は、簡単ではなかった。

田口氏はうちひしがれながら、報告書には、高齢化や人口減少に起因するあきらめ感の広がりから、住民自身による地域の持続化に向けた新たな検討を開始する意欲は低く、現状では住民自身による持続化に向けた取り組みは難しい状況にある、とまとめざるを得なかった。そして二〇一七年三月、まんのう町に対して報告書を提出した。

旧琴南町の残る別の地区についてはこれから調査を始めることになっていたが、川奥地区については琴南支所から依頼を受けた任務としては報告書を持って一区切りであり、通常ならこれで終了という流れであった。

転出子懇談会の立ち上げ

報告書の提出後、琴南支所の担当者から田口氏に連絡が入った。「これからどうしましょうか」というのである。

提出で終わったと思っていた田口氏は驚き、「何てのんきなんだろう」とすら感じたという。そして冗談半分で、転出子懇談会の提案を行った。このときは実現できるとは考えておらず、単なる思いつきに近かった。

田口：えって感じで。へえ、あの状況でまず前向くんだみたいな。ほとんどできると思ってなくて、川奥で転出子懇談会とかをやってみたらどうですかねって。集められるんなら集めてみてもらうぐらいの、僕もちょっとそれぐらいの姿勢だったと思うんです。やるんだったら、転出子が頑張ったら面白いんじゃないっていう。あまりネットワークみたいなの考えてなくて、あんなにあきらめてた人たちの、じゃあ、支えている人たちはどういう気持ちなんだろうって。

ちょうど担当者も新しく替わったところであった。その担当者が川奥地区に住んでいる若い世代を起点に声を掛け、二〇一七年四月二二日、第一回の転出子懇談会が実現した。参加した転出子は五人、そのほか田口氏と雨霧氏、担当者が顔をそろえた。

川奥地区にあるコミュニティセンターの畳の部屋で、参加者全員が車座になって座った。田口氏は、どこからどのくらいの頻度で帰ってきているのか、転出子同士にどんなつながりがあるのかなど実態を聞いた。意外だったのは、既に自分の実家はなく転出しているものの、昔世話になったから通っているという転出子がいたことであった。

田口：そのあたりからこれはちょっと何かあるぞと。じゃあ、毎月転出子懇談会で。こんなことをやってる地域なんて世の中ないので、仮説もないし、とりあえず皆さんとくっちゃべってれば何かヒントがあるかもしれないぐらいの。僕もノーガードでその本音も全部しゃべって。現場はあきらめているので何かしなければいけないよねって話は結構言ったら、地元の人もそのとき半信半疑で、確かにそれもあるからまあ、やりましょうかぐらいの感じでした。

参加した転出子たちに本音も打ち明けながら、この一回で終わらせず、毎月一回のペースで転出子懇談会を続けていくことにしたのである。

一方、雨霧氏にも思いがあった。川奥地区から調査を始めたのも、単にもっとも人口が減少して困っているからというだけではなく、可能性を感じていたからでもあった。

雨霧：川奥地区、若い子はほとんどいないんだけど、お祭りになったらどっと増えるんですよ。それに、役場がお願いに行ったら「役場が言うんやったらしょうがないわのう」って感じだったんですよね。「協力するわ」いう感じで。昔は家々に車が入れる道がついてなかったですから、でも道つけるにあたって「どこでも好きなところにつけたらいい」と。「うちは無償で提供する」いう感じだったですね、自治会も。川奥地区は「昔の琴南」いう感じですかね。昔からの琴南の感じ。人が、人間性がね。

田口氏も「川奥は変わる可能性がある」と雨霧氏らが盛んに口にしていたことを記憶している。田口氏は当初、条件が厳しいだけではなく「打てば響くところをやれると他の地域にも波及効果が大きい」とも話していた。そこで選ばれたのが川奥地区であった。川奥地区で成功させ、そのモデルを別の地区にも波及させていくことを意識していたのである。

川奥地区の問題ではあるが、川奥地区だけの問題ではなかった。

5　進化する転出子懇談会

ネットワーク型自治

この頃田口氏は、ネットワーク型自治を提唱するようになっていた。川奥地区で明らかになってきた実態を踏まえ、地域住民だけでなく、近隣や遠方に住む関係者も含めた地域内外のさまざまな人々が参画する地域自治の概念として、ネットワーク型自治と名付けたのである。その可能性や構築手法について実践的研究を進めるという内容で科学研究費助成事業に応募し、二〇一六年度から三年間の採択を受けた。

実は二〇〇六年に早稲田大学に提出した田口氏の博士論文「市民を中心としたまちづくり体制の自律化プロセスに関する研究」は、前述の「交流疲れ」現象も踏まえ、地域を主語にしてどうやって内外連携をつくっていくかがテーマであった。

この博士論文からの自分の関心が、川奥地区、そしてネットワーク型自治につながっていることが明確に意識できたことは大きかった。そして新しい担当者も引き続き意欲的であることもあり、川奥地区での取り組みに本腰を入れようと心が固まっていった。

しかし一方で、第二回の転出子懇談会（二〇一七年六月二四日）の参加者は、一二人に減った。平日夜、仕事終わりに集まってもらうのが難しいという面もあったが、初期の転出子懇談会について続けていくことができるのか自体、不安になったと雨霧氏は振り返っている。

雨霧：最初の頃は「役場でこれしてくれ、あれしてくれ」って（参加者が）言ってました。水の問題も「役場どうにかせないかんだろ」とか「道どうにかせないかんだろ」とか。一人減り二人減りして、最悪消滅するんじゃないかと、途中で思いましたけども。ちょっと田口先生に失礼ですけど、中には批判的な人もいましたからね。もう今の現状どうもならんやろって言う人もね。「先生、そんなきれいごと言ったって、できるはずないやろ」みたいな。

たった一人の参加者

前述した横井英生氏は、第三回の転出子懇談会（二〇一七年七月二一日）に初めて参加した。先輩から声が掛かり、なんとなく顔を出してみることにしたのである。

田口氏には転出子の知り合いはいなかったことから、このように転出子同士が声を掛け合い、そのネットワークの中で新しい参加者が増えていくという形であった。第三回は六人、第四回（同年八月二四日）は四人が参加し、祭りの準備に合わせた第五回（同年九月二三日）には過去最大となる一三人もの転出子が集まった。

特に第五回は盛り上がり、アイデアも出た。しかし、次の第六回（同年一〇月二六日）は五人に減り、しかも、熱気は冷めていた。田口氏は、勢いで口だけのタイプと、本気でやろうとしているタイプと、転出子に二種類いることを感じたという。

こうして回を重ねながらも、一向に具体的な話は煮詰まらなかった。そのうち、参加者が飽きてきている雰囲気を田口氏は感じるようになっていた。

田口：何回かやってみたけど結局、僕もネタがないので。ちょっと地元の人が飽きてきたっていうか。これ集まっても何の解決策もないじゃないかっていうことを地元の人が言いだして、あ、やっぱなと思い始めたんです。で、やばいな。僕としても全然アイデアもなくて、とにかくひざ詰めで何かしゃべってれば何かあるかなと思ったんですけど。

実際、横井氏からも、この会に対する疑問が出てきているとも言われたという。

田口：「結局、俺たちやってきても何かあまり前に進んでないから、だんだんこの会議に対する疑問が出てきてる」と、だから多分、横井さんが言ってくれたんだと思うんですよ。ちょっと僕はうれしかったですね。

そしてついに第七回（同年一一月三〇日）は、参加者がたった一人となった。琴南支所の担当者からの「一度リセットした方がいい」という提言もあり、次回は翌月ではなく時間を少し空けて、立て直すことにした。

このときに駆けつけたたった一人が、横井氏であった。最初の頃の印象はあまりないと田口氏は振り返るが、できる限り参加してくれる真面目さや、他の人が気を遣って言いにくいことも実直に言ってくれる横井氏への信頼を深めていった。

災害時対応への着目

なぜ具体策が煮詰まらなかったのか。田口氏はネットワーク化による対応を訴え、参加する転出子たちも「理屈はわかる」という一定の理解は示していた。しかし、詳しく聞いてみると同じ集落でも谷が違えば隣家も見えず、転出子たちも自分の仕事の合間を縫って通っているという実情が明らかになっていったのである。横井氏も次のように説明する。

横井英生：安否確認ができるかどうかいうのもあったけど、やっぱり距離的なものがすごく離れとるじゃないですか。だけんそれは厳しいというのはある。

田口氏は、転出子による買い物支援や通院、日常的な生活サポートまでを含めた幅広い自治も視野に入れてはいたが、その考えは転換した。会の運営についても、田口氏の方から具体策を提案し、できるかできないかをつぶしていく方法に切り替えることにした。

こうして五ヶ月近く間をおいた第八回（二〇一八年三月三〇日）以降、田口氏が具体的な提案をする中で可能性が見えてきたのが、災害時の対応であった。日常の安否確認までは難しいものの、災害時におけるサポートの必要性が共有できたのである。

そこで田口氏は、転出子によるサポート内容を、緊急時を中心とした安心・安全の確保に設定し直し、各世帯の状況を把握・共有する集落のいわばカルテをつくることを思いついた。転出子たちからは前向きな反応ばかりではなかったが、横井氏から消防団活動の消防点検を言い訳にして各世帯を回って把握しようという提案があった。しかし、この時点では田口氏は実現できるという確信までは持てていなかった。

「自分らでなんとかせんといかん」

横井氏は確かに通いながら母親の生活は支えていたが、さほど川奥地区の課題については意識していたわけではなかった。しかし、回を重ねるうちに意識の変化があった。

横井英生：みんな困っていることは、自分らでなんとかせんといかん。（支所は）人数的にも少ないし、自分らができることはせんといけんかなって。

もともと転出子が力を合わせる必要性は理解していたことに加え、田口氏が「基本的に行政なんて頼れないし、合併しても支所を見れば人がいないでしょ」と繰り返していたことで、役場ではなく自分たちがしなくてはならないのだとあらためて自覚した。

田口氏がこう繰り返す背景には「行政に振り回されない地域づくり」という持論がある。学生時代からさまざまな地域に関わってきた経験から、行政ではなく地域住民の能力をいかに育てるかが大切であると考えてきたのである。そこで、地域住民に対しては行政に頼れないことを強調し、行政に対しては「行政しかいないんだから」という話をして二元外交的な対応を行うのが基本的な姿勢であった。

田口：日々言うようにしてて。役場なんか頼ったってしょうがないって。僕のもともとの問題意識が、行政に振り回されない地域づくりをやりたいっていうのが（あって）。結局行政なんて他人事なんだから、自治力というか、自分たちで地域を回すような能力をいかに地域に付けるかっていうことは、ずっと考えていますね。

それは行政が言いにくいことであり、行政と住民という対立構造を避けるためにも第三極の存在として、意識的にとっている態度でもあった。

転出子懇談会に毎回同席していた雨霧氏も、横井氏の変化を感じていた。存在は以前から知ってはいたものの、実は積極的な印象は受けていなかったという。

雨霧：まあ実際のところ、あの子（横井英生氏）そんなに積極的にやってくれるんかな、いう感じだったです。でも違いましたね。

「違いましたね」と雨霧氏が言うように、特に後半は横井氏の存在感が高まり、会をリードして「いや、そんなこと言っても前向けないでしょう」などとフォローし、後ろ向きで役場任せが強かった転出子からも少しずつ前向きな発言が聞こえるようになってきた。

雨霧氏はやはり田口氏の繰り返しの発言が効いたと感じている。

雨霧：だいたい（田口）先生が言わはりますよね。「もう役場はしてくれないですから、皆さんでできることはして、どうしようもない場合は最後お願いして、そこは線引きせないかん」って。全然違います。行政が言うのと、大学の先生が言うのは。

6 集落の尊厳を守る

原点は川奥地区

横井氏が声を掛けて転出子懇談会に加わったのが、幼なじみの高尾洋規氏である。二人は幼小中と同じ学校に通った同級生で、現在も同じ団地に住んでいる。

高尾氏も高校から川奥地区を出て就職後は実家から通ったが、結婚を機に離れ、旧琴南町内の分譲住宅に家を建てた。両親から出て家を建てるのが当然のように言われていたことや町内は居心地が良く、自動車で二〇分程度と川奥地区に帰るのに不便もなかったことから決めた。

五年前から毎週、川奥地区に帰るようになった。母親が亡くなり、父親が一人暮らしになったことがきっかけである。父親は通院などは自分で車を運転しており、家の中も片付いていることから特に手伝うことがあるわけではないが、安否確認も兼ねている。そのほか畑でキャベツを作ってもいるという。川奥地区の消防団に所属し、祭りも熱心に参加する点も横井氏と同じである。

高尾：まあ好きなんでしょうね。好きだけん寄っていく。消防団でも祭りでもね。こっちの人間やって思ってたらこっちの祭りに参加するんですよ。こっちの祭りに参加せんと奥（川奥）いうのは、やっぱり僕らの原点は奥なんですよ。

高尾氏は横井氏に誘われて第四回転出子懇談会に初めて出席し、その後も四回出席している。そして同様に、転出子懇談会に参加することで変化が生まれた。

高尾：やっぱりできることはやろうと思うようになりましたね。

田口氏も、高尾氏が横井氏とともに前向きに議論を進め、助かったことを覚えている。

田口：高尾さんが、結構、前向きなんですよ。全部やっちゃえよみたいな感じで。

「集落カルテ」ができた

横井氏から消防団活動の消防点検を言い訳にして各世帯を回って把握しようという提案が出たとき、田口氏は前述のように本当に実現できるとは思っていなかった。

それが、二〇一八年夏、実際に消防点検の際に世帯と水源地を見回って、具体的な情報を聞き取ってきた。横井氏が高尾氏や他の消防団員と力を合わせて実現させたのである。そこでこれらの情報を「集落カルテ」としてまとめることとした。

これまでは同じ川奥地区でも、集落が離れていると各世帯の詳細まではわからなかった。このカルテを利用することで、どの世帯にどのような状況の居住者がいるのかが関係者で共有でき、災害時も優先順位の高いところからサポートを行うようになることが可能になる。同様に、各家庭の水源地の情報も「集落カルテ」に入れ、共有した。

横井氏によると、台風のときはもともと消防団員として全地区を約二時間かけて回って状況を把握していたが、各世帯の状況と水源も共有できたことで、土砂崩れなど起こっていたときなども対応の判断がしやすくなったという。

横井英生：例えば川奥の中のところで水が出んようになったとかなったときに、見てくれる人がおるけど、ただよその人が水源地まで行きよるかどうかっていうのは、あんまり知らんのよね。だけんその水源地はその地域で、もう自分たちでカバーせんといけんなって。

こうして災害時の安否確認に使う「集落カルテ」が完成し、転出子のネットワーク化もできたことから、転出子懇談会は第一二回（二〇一八年九月一三日）の開催を最後に区切りをつけた。田口氏はこの頃、週二回のペースでまんのう町に通っていた。

結局、転出子懇談会は二〇一七年四月から一年半にわたり、一時中断した時期をのぞいてほぼ毎月開催したことになる。横井氏はこのうち八回とトップクラスの参加回数であり、参加しだしてからは二回しか休んでいない。

今後については、「集落カルテ」の実効性などを検証し、定期的に情報を更新していきながら、必要に応じて懇談会を開催する考えである。

田口氏は「集落カルテ」が機能するか未知数であるとしながらも、ストロー効果として否定されてきた道路整備で都市と農村が近づき定住以外にも地域と付き合うあり方が具体化したことなど、転出子懇談会の意義は大きかったと感じている。

田口：実際どう機能するか、まだ未知数なところありますけど、僕は（転出子懇談会は）もうすごい大きい、めちゃめちゃ大きいと思ってて。ずっと行政の人が定住を物差しにし過ぎてるところもあって、なんだか気持ち悪いなっていうのと、あと、僕自身もいろんな地域とまあ、関係人口っていうのかもしれないですけど、ずっと継続的に付き合ってるところは何地区かあって、そういう付き合い方でいいんじゃないって思って。

田口氏自身、何度か心が折れそうになっても粘り強く続けられた理由として、前述した「心折れるような地域が再生すると世の中が変わる」という信念に加え、琴南支所の職員がよく付き合ってくれたと振り返る。例えば報告書をまとめるだけで終わらなかったこと、転出子懇談会でも雰囲気を見て一旦時間をおいたことなど、現場感を持って直言してくれたことが大きかったという。

消滅という可能性

旧琴南町では、転出子懇談会以外にも、ことなみ未来会議を通じて、廃校後の琴南中学校の利活用が進み、新たにそばを栽培する動きも出てきた。雨霧氏は地域の変化を嬉しく感じている。あと一〇～二〇年は、川奥地区は心配ないと話す支所職員もいる。

雨霧：あきらめ感があるのは確かです。でもいろんなところで、中学校の跡地利用とか転出子とかそば栽培事業とか、積極的にやってくれよるんですよ。なんとかポツポツとそういうのができただけでもよかったかなと思ったりしますけどね。自分たちでやろういうんで。きっかけつくってそれが軌道に乗れば、我々はあとはちょっとだけ手助けするくらいで。今のところはそうやって引っ張っていってくれる人がおるでしょうからね。

地域住民の一人、横井ヒサ子氏も、横井氏をはじめとした子どもたちを中心にサポートもあり、特に困っていることはないと話している。

横井ヒサ子：今まあ子どもが支えてくれるけん、別に困ったことも、うん。

その一方で、川奥地区の消滅の可能性については否定されているわけではない。前述の『転出子によるネットワーク型住民自治の検討』(二〇一九年)にも、今後の論点において、川奥地区の住民が一人になる終末段階においては一部の転出子が居住者の様子を確認し、異常がありそうなら声掛けや連絡をする必要があることをまとめている。

田口氏も目標を地域の存続には置いていないと明言する。人口減少社会を踏まえれば、全国各地にある全部の集落が残るわけではなく、消滅という可能性は存在している。ただ、それは地域外の人が絶対言うべきではなく、地域から発意があった場合は受け入れるというのが基本スタンスである。

田口：やっぱ、廃村っていう言い方は良くないなと思ってて。「集落の尊厳」を守りながらどう、きちんとたたんでいくか。

「集落の尊厳」という言葉は、先輩の研究者が使っている表現であった。人の尊厳死という言葉もあるように、地域にも尊厳が大切であると田口氏は考えているのである。しかしながら、周囲を見渡すと、地域は残るべきまたは撤退すべきという二極化が見られ、田口氏自身は違和感があるものの、まだまだ少数派なのだという。

川奥地区については、地域住民や転出子と議論を重ねる中で、将来的には消滅の可能性があるという合意が形成されていった。田口氏は当初、必ず「言葉は悪いですが」と枕詞を付けながら、旧琴南町でも将来全部の地域が残っているとは思わないという発言をしていたところ、転出子懇談会の参加者が「みんなわかっている話なんだから」と枕詞をやめるよう発言し、あえてもう消滅を前提に置いた方がいいという話になったのだという。

田口：川奥の人たちが言ってたのは、最後のおばあちゃんが、最後の住民が、死んだときに放置されないようにしようっていう。それは、結構、皆さんの中で結構共通していたことがある。川奥もたたむんですけど、きれいにたためるかもしれないっていう可能性は今、ちょっと僕は思っています。

田口氏がこう考えるのには理由がある。実は最近、消滅したと考えられる集落の存在を知り、最後の住民にインタビューを依頼しているものの、断られている。そこには最後の住民となることへの後ろめたさが影響しているのではないかと想像しているのである。

田口：ずっとお願いしてるんですけど、ご本人がそれを望まないので行けてないんです。でも、やっぱり最後の一人がどういう気持ちで晴れやかに出れるかっていうのが結構、大事だと思っていて。最後の人が自分が最後の引導を渡した感が多分、残るから。そんときに、どういう風にしたら気持ちよく出れるかって。

「まだまだできることがある」

今後の川奥地区における転出子の地域サポートについては、水源の共有化も検討課題として挙がっている。しかしながら、田口氏、横井氏ともに、現状ではすぐに取り組むのは難しいとの認識である。転出子自身が仕事を抱えながら通っていること、そして地域住民の合意形成にもまだ時間がかかると感じているからである。

一方、田口氏は、川奥地区で感じた手応えを、もともとの問題意識である〝普通〟のまちのまちづくりに生かしていきたいと考えている。

田口：まんのう町にずっと付き合うのもいいんですけど、でもどっちかっていうと、僕はやっぱり、縮小均衡っていうかどうしようもない、何の変化もない地域にどう変化をもたらすかっていうことの、僕なりの成功体験がまんのう町、琴南でつくられてきているので。それをベースに横展開するかは、結構気にしていて。

旧琴南町、中でも川奥地区の取り組みのポイントに地域の祭りや教育力を挙げ、その背景に社会関係資本の存在を指摘している。

田口：ソーシャル・キャピタル（社会関係資本）っていうとかっこいいですけど、人をつなぎとめる粘着剤としてのお祭りみたいなものはあるっていうことと、あと、もう一つは、ご近所さんに世話になるっていうことが、二〇～三〇年後の恩返しにつながるとか。やっぱり、そういうのは、地域の教育力だと思っていて。

他地域へと横展開する布石の一つが二〇一九年一一月七日、まんのう町で行われた第一三回全国水源の里シンポジウムであった（図36）。

シンポジウムのテーマは「地域の誇りと歴史が拓く未来――『関係人口』は地域に何をもたらすか」。三〇〇人規模で全国から集うシンポジウムでパネルディスカッションのコーディネーターを任された田口氏は、川奥地区の転出子懇談会の取り組みを広く発信する機会と捉え、パネリストの一人に横井氏を指名した。

これまで大人数の前で発表する機会はなかったという横井氏が引き受けるか不安もあったものの、打診してみるとあっさりと引き受け、本番では転出子懇談会についての取り組み発表を行った。このシンポジウムには筆者もパネリストの一人として参加した。

横井氏は、パネルディスカッションの中で、転出子懇談会への参加や田口氏との出会いを通して地域に対する意識が育まれていったことを振り返った。

横井英生：（田口）先生にも来てもらっていろんな取り組み方を教えてもらうまでは、そういう意識が全然なかったんで。みんなそうなんやけど、生まれたところなんで、そこへ帰って仕事するっていうのは当たり前という感覚で動いていて、それが自分ところの家や近所に限られていて。地域に対してどうこうっていうところまでは、考えが及んでなかったんですね。それを地域で考えたときどうなるかっていうのを、今回勉強させてもらったんで。

そして今後について、まだまだ自分たちでできることがあると口にした。

横井英生：活動っていう形で通して見たときには、まだまだ自分らで今から先に、やっていけることがあるんじゃないかなと。今はまだ仕事をやってるんですけど、仕事が終わってもうちょっと自由に動けるようになったら、もうちょい違う形での取り組みが、みんなで協力してできるんじゃないかなと。

図 36　第 13 回全国水源の里シンポジウム（第 13 回全国水源の里シンポジウム実行委員会提供）

第3部

関係人口と地域再生

第7章　地域再生主体の形成

1　主体形成の3ステップ

第4〜6章では、関係人口が地域課題の解決に関わり、地域が再生した島根県海士町、同県江津市、香川県まんのう町の三地域の事例を見た。

とはいえ、関係人口は、第2章で定義したように「特定の地域に継続的に関心を持ち、関与するよそ者」であり、そのまま地域再生の主体と同義ではない。そのため、本書では、関係人口がどのように地域再生に関わるようになるのか、つまり、関係人口が地域再生の主体としてどのように形成されていくのかを問いの一つに立てた。

そこで、第7章では、第3章で示した枠組みに基づき、三地域の事例を分析しながら、関係人口と、そして地域住民がどのように地域再生主体として形成されていったのか、社会関係資本論から読み解きたい。

はじめに、三地域の事例に共通していた地域再生主体の形成過程を確認する。

登場人物が多いため、あらためてこの章で主に分析対象として取り上げる関係人口と地域住民を、地域別に整理する（表14）。

地域再生主体の形成過程は、共通して大きく次の三つのステップに分かれていた。

①関係人口が地域課題の解決に動き出す

いずれも始まりは、関係人口がそれぞれの地域課題の解決に、主体的に動き出したことであった。海士町では岩本氏、江津市では田中氏、まんのう町では田口氏が、最初に動き出した関係人口にあたる。

岩本氏は、もともと東京の企業で人材育成に携わっており、「教育を通して社会をより良くしていきたい」という思いがあった。海士町役場で島前高校の存続問題を担当していた吉元氏と交流事業を通じて知り合ったことで、廃校寸前の同校をどうやって存続させたらよいかと相談を

表14　第7章で分析対象となる3地域の関係人口と地域住民

	関係人口	地域住民
海士町	岩本悠氏	吉元操氏（海士町役場職員） 浜板健一氏（教員・社会教育主事）
江津市	田中理恵氏 三浦大紀氏	中川哉氏（江津市役所職員） 横田学氏（てごねっと石見理事長） 藤田貴子氏（江津万葉の里商店会会員）
まんのう町	田口太郎氏	雨霧弘氏（まんのう町の元役場職員） 横井英生氏（転出子懇談会メンバー） 高尾洋規氏（同上）

受け、移住して一緒に取り組んでほしいと熱心な働きかけを受けた。

高校存続問題を「地域社会における教育の課題解決」であると捉えた岩本氏は、自分のやりたいこと重なっていたと明言している。加えて「この人たちとなら何かやりたいと思えた」こともあり、Iターンして関わることを決めた。

また、田中氏は、兄や自分自身が就職で島根に帰ることについて、都会での就職と比べて「つまらないこと」のように周りから受け止められていることに反骨心を持ち、「帰ってこれる島根をつくろう」という強い思いを持っていた。江津市には行ったこともなかったが、コンテストを面白そうと感じて応募し「帰ってこれる島根」の実現に向け、大学生のインターンシップ事業などを通じて挑戦する若者を支援するプランを考えたのである。そして大賞を受賞し、同市にIターンして活動を始めた。

田中氏は、応募前に江津市に友人・知人がいるわけではなかった。しかし、コンテストへの応募と受賞の過程を通じて、企画・運営に関わっていた地域住民の中川氏、横田氏とのつながりができ、着任前から、中川氏からは「ぜひ、力を貸してください」とメールが届き、横田氏にも電話で「待っているからね。こんな楽しみな春は久しぶりだ」と期待された。

一方、田口氏は、琴南支所の雨霧氏らから、ことなみ未来会議のまとめ役への就任の依頼を受けたことがきっかけである。もともと直接依頼される案件にはできる限り応えたいと考えていたことに加え、いわゆる〝普通〟の地域の再生に関心があった。雨霧氏らからの依頼はその条件に当てはまっていたことから引き受けることにし、定期的に通い始めた。

三人の関係人口は、それぞれ自身の関心や問題意識が根底にあり、それに重なる地域課題の解決に向けて動き出したのである。関係人口自身の主体性が存在しているということは、重要な出発点である。そして、そこには地域住民とのつながりが存在していた。

②関係人口と地域住民の間に信頼関係ができる

関係人口が地域課題の解決に動き出した次のステップは、最初につながりがあった地域住民とは別の地域住民との間に信頼関係が結ばれ、そしてその地域住民が主体性を獲得していく段階である。

海士町では、岩本氏を呼び寄せた吉元氏は町職員という立場で県立高校の存続問題を担当しており、実際の県立高校に対しては町と県という行政の壁もあって権限を行使することが難しかった。そのため、岩本氏は高校の存続問題に取り組んでいながら、席を高校の中に置くことも実現していなかった。さらに、教員ではない岩本氏が職員室に入ると緊張感が走り、ピリピリした空気が漂うほど教員からも警戒されていた。

岩本氏は、「いくら意味のある提案をしても、信頼関係がなければ聞く耳さえ持ってもらえない」ことに気づき、東京時代には吸うことはなかったタバコを買って、学校の喫煙室に出入りして休み時間に来る教員をつかまえては、生徒や授業のことを聞いた。飲み会にもできる限り参加し、話に耳を傾けた。また、教員よりもカリキュラムについて詳しく勉強するなど努力を重ねた。

これらの結果、来島三年目にしてようやく校内に席が置かれることになり、岩本氏を警戒していた教員で社会教育主事の浜板氏も、岩本氏の努力や酒宴や喫煙、雑談にも付き合う姿を見るうちに「プロだな。身を削ってでも、目的のためには徹底的に努力する。俺にはできない」と信頼を寄せるようになった。そして、岩本氏が高校に来やすいタイミングを連絡し、話を進めやすくする環境をサポートするなど、主体的に高校魅力化プロジェクトの一員として動くようになったのである。

岩本氏は地域住民との信頼関係を築くためにかなりの時間と労力を費やしたと言える。

一方、田中氏は、スタッフとして所属したてごねっと石見に、前述の地域住民の中川氏は理事、横田氏は理事長としてともに深く関わっていたことから、着任後も信頼関係を維持しながら、さらに深めていくことができた。

ビジネスプランコンテストで掲げた「帰ってこれる島根」や、大学生のインターン事業をてごねっと石見でそのままやってほしいと言われたと振り返り、「周りの人にも理解というか、応援してもらえる体制ができたので、怖さはなかった」と述べている。

こうして田中氏がてごねっと石見のスタッフとして働く中で、てごねっと石見の理事であり、江津万葉の里商店会会員の藤田氏ともつながりができていった。藤田氏は「江津のため」と一生懸命に動く田中氏を見て「地元に住む私たちも何かしたい」と心が揺さぶられ、ちょうど全国商店街支援センターの現地マネージャー育成事業の募集があったことから、思い切って手を挙げたのである。

藤田氏は、田中氏らのことをヒーローにたとえて「ヒーローは居続けられるわけではないので、自分たちがやらなきゃいけない。ヒーローのおかげで、自分たちが変わった。やったらできると分かった」と語っている。ヒーローという関係人口ではなく、自分たち、つまり地域住民こそが地域課題を解決するのだという主体性を持つようになり、空き店舗活用に向けて第一回の「手つなぎ市」を田中氏と力を合わせて開いた。

また、まんのう町では、田口氏は旧琴南町内の中でももっとも人口減少が進んでいる川奥地区を調査し、報告書をまとめる中で、転出子が高齢者の生活を支えていることに気付いた。そこで、転出子が集まる転出子懇談会をほぼ毎月開催し、その過程で、転出子の一人である横井氏ができる限り参加してくれたり、他の人が気を遣って言いにくいことも実直に言ってくれたりする姿を見て信頼を深め、人間関係をつくっていった。

そしてもともとは地域課題をさほど意識していなかった横井氏は、田口氏に繰り返し行政の限界を説かれる中で、「困っていることは、自分らでなんとかせんといかん」と考えが変化した。

地域住民との信頼関係に時間がかかった岩本氏と、移住前から信頼関係が築かれていた田中氏のケースは特に対照的である。これは、岩本氏と田中氏の間に資質や姿勢の差があったというよりは、地域においてよそ者に信頼性を付与する枠組みが用意されていたかどうかの差であろう。この点は重要であるため、後述する。

③地域住民が地域課題の解決に動き出す

最後は、主体性を獲得した地域住民が地域課題の解決に動き出す段階である。

海士町では、高校魅力化プロジェクトに後ろ向きであった浜板氏が、地域住民であり教員でありさらに社会教育主事でもある自分だからこそできる、島前地域全体をつないだり、地域と高校をつないだりする役割をこなしていくようになっていった。

浜板氏と吉元氏、岩本氏の三人は、仕事を終えて深夜に集まっては議論を重ねた。「できない言い訳ではなく、できる方法を考えよう」を合い言葉にしながら、三方それぞれにとって良い「三方良し」を大切にし、行き詰まったときは、一服や雑談もはさみながら、粘り強く話し合った。三人の信頼関係は深まり、一つのチームとして高校魅力化プロジェクトを構想、実行していく原動力となった。

加えて、浜板氏以外の地元出身の教員も、浜板氏が懸命に汗をかいていたり、岩本氏がこれまでにない発想で取り組んでいたりする姿に心動かされ、それまではさほど意識してこなかった地域のことを「地元の人間としてもっと考えないといけない」と感じるようになった。さらに「もっともっとできることはある。私も精一杯、やりたい」と変容して、実際に高校と学習センターの連携を進めていったことは象徴的である。

また、江津市でも田中氏に触発された藤田氏が、第二回のコンテストで大賞を受賞して関わるようになった関係人口の三浦氏と協力し、江津万葉の里商店会の若いメンバーと青年部を立ち上げてコミュニティバーを運営した。このコミュニティバーは評判となり、わかりやすい成功例が見えたことで、「自分もお店を出したい」「空き店舗はないか」と相談が増え、空き店舗の間取りや雰囲気を熟知する藤田氏が物件を紹介していく流れができた。

てごねっと石見理事長であった横田氏も「よそ者が地域という水たまりに石を投げて、変化のきっかけになり、その変化が動きとして結び付いている。地域の人がやらない限り、継続と成長はない」と、関係人口である田中氏と三浦氏がきっかけとなって地域住民が主体性を持つように変容し、それが成果につながっていることを証言している。

一方、まんのう町でも、転出子である横井氏が、幼なじみで同じく転出子の一人である高尾氏らに声を掛け、ほかの川奥地区の消防団メンバーも巻き込みながら、災害時の安否確認に使う「集落カルテ」を作成した。

以上の三つのステップをまとめる。

第一ステップが、関係人口が地域課題の解決に動き出す段階である。関係人口は、それぞれ自身の関心や問題意識が根底にあり、それに重なる地域課題の解決に主体的に動き出していた。そして、そこには地域住民とのつながりが存在していた。

続いて、関係人口と新たな地域住民との間に信頼関係ができる第二ステップがある。地域住民はその影響を受け、自分たちこそが地域課題を解決する当事者であるということに気づいて主体性を獲得していくのである。これは相手との間に信頼関係が築かれたからこその相互作用であり、信頼関係のない相手からは影響を受けにくいであろう。

次が、主体性を獲得した地域住民が地域課題の解決に動き出す段階である。地域住民がこれまで信頼関係を築いた関係人口だけでなく、新たな地域住民や新たな関係人口と信頼関係を広げ、地域課題が解決されていく。これが第三ステップである。

以上の三つのステップを地域再生主体の形成過程として捉え直すと、地域課題に関心がある関係人口が、地域住民との間に多層的に信頼関係を築くことで地域再生主体として形成され、さらにその影響を受けて地域住民が地域課題の解決に主体的に動き出し、地域住民も新たに地域再生主体として形成されたと捉えることができる。

共通していた三つのステップを、地域再生主体の形成過程として図で示す(図37)。

2　「連帯型」という社会関係資本

社会関係資本の要素

続いて前節で示した3ステップの地域再生主体の形成過程を、第3章で示した枠組みに基づき、社会関係資本論から読み解きたい。

第3章では、社会関係資本の要素としてネットワーク、互酬性、信頼性の三つを規定し、ネットワークは水平的であること、互酬性と信頼性には特定の個人を超えた他者に対するものであることを重視することを述べた。

また、つながりの形状は「橋渡し型」と「結束型」の二種類があり、私財であり公共財でもあるとした上で、社会関係資本とモビリティとの関係に留意するとした。

以上を前提として、分析を進めていくこととする。

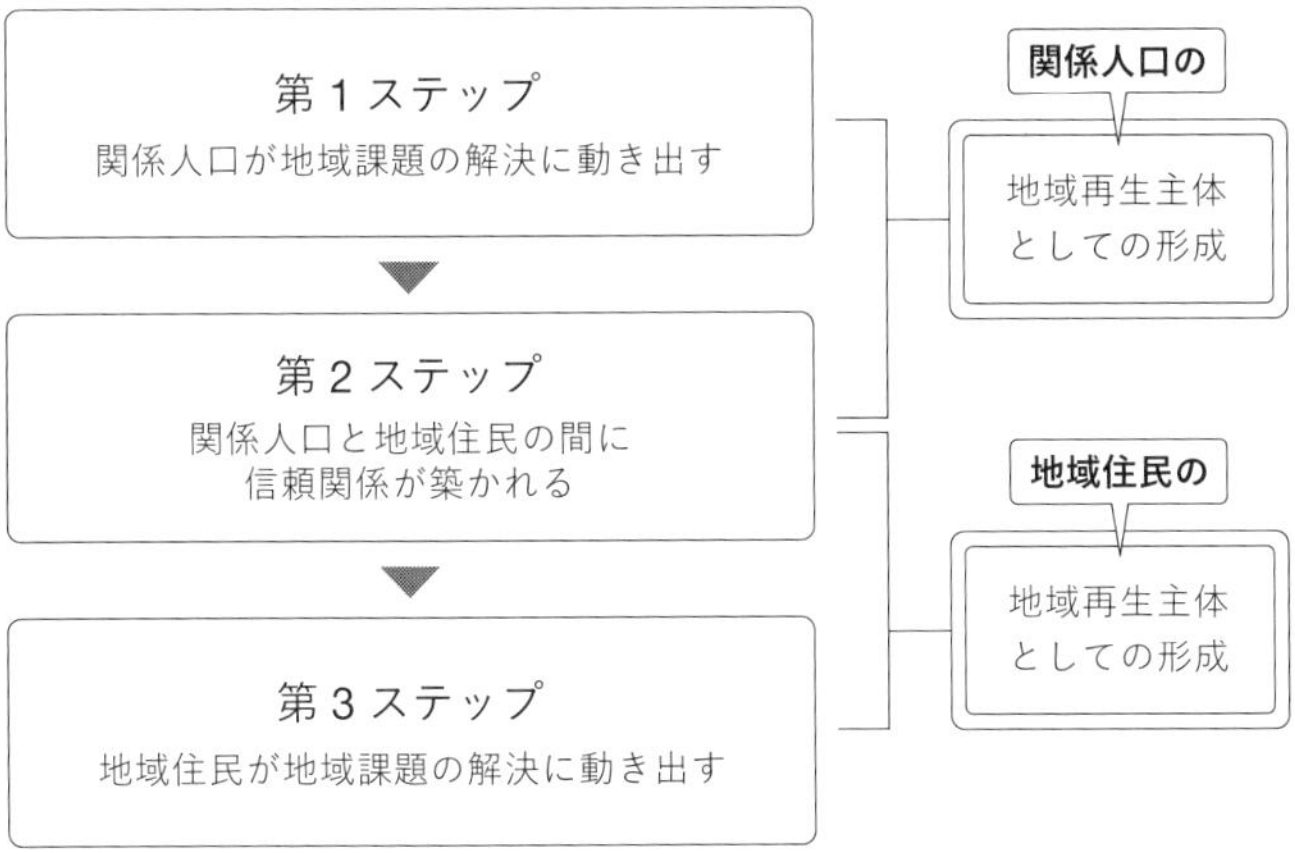

図37　地域再生主体の形成の3ステップ（筆者作成）

①関係人口が地域住民との間に社会関係資本を構築する

第一ステップは、関係人口が地域課題の解決に動き出す段階であった。関係人口は、それぞれ自身の関心や問題意識が根底にあり、それに重なる地域課題の解決に向けて動き出したのである。そして、そこには地域住民とのつながりが存在していた。

この段階では、関係人口の岩本氏は海士町役場の吉元氏と、関係人口の田中氏はてごねっと石見の横田氏、中川氏と、関係人口の田口氏はまんのう町役場琴南支所の雨霧氏とそれぞれ個人間のネットワークがある状態である(図38)。

海士町では、岩本氏は当初、吉元氏とのネットワークで移住し、高校の存続という教育分野の地域課題の解決に関わることになった。吉元氏は、「地域も生かして人間力もつける新しい教育を展開」すれば高校存続につながるという岩本

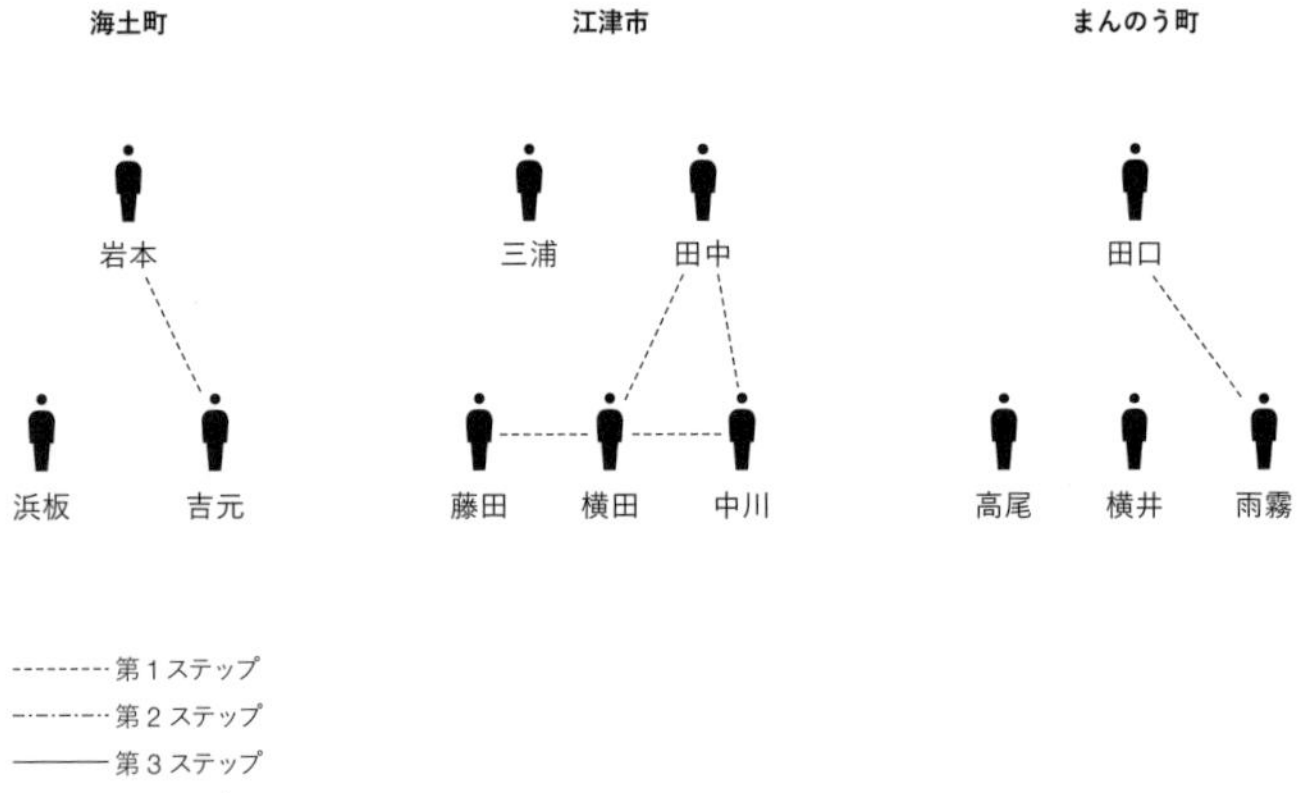

図38　第1ステップにおけるネットワーク図(敬称略、筆者作成)

氏の考えに対して「それはええなー。悠さん、うちの島に来て、ぜひ、それをやらんか」と移住を働きかけている。

田舎暮らしや島暮らしには興味がなく、島前地域や島前高校に縁もゆかりもなかったと明言している岩本氏であるが、それでも移住してまで関わることにした理由を「僕には教育を通して社会をより良くしていきたいという気持ちがあり、島からの話は地域社会における教育の課題解決だったわけで、テーマ的にはつながる」「自分のやりたいことと重なると思って」「この人たちとなら何かやりたいと思えたんだよね」と説明している。

江津市では、田中氏はコンテスト応募時にはネットワークはなかったが、コンテストを通じて中川氏、横田氏とつながった。江津に飛び込んだ理由については、「何かワクワク感があったんですよ。みんなで一緒にこれからつくるんだーって、波に乗っかりたかったんです」と語っている。さらに、中川氏、横田氏から「ぜひ、力を貸してください」「待っているからね。こんな楽しみな春は久しぶりだ」などとメールや電話で信頼を寄せてもらっていると感じたこと、二人以外の地域住民にも「帰ってこれる島根」という自分が掲げたコンセプトやプランが理解され、実現できそうだったことも挙げている。

まんのう町の田口氏は、雨霧氏の依頼を受け、ことなみ未来会議にかかわるようになった。背景には、直接依頼される案件にはできる限り応えたいと考えていたことに加え、いわゆる〝普通〟の地域の再生に関心があったことであった。

以上を踏まえ、ネットワークの性質や互酬性と信頼性についても見ていきたい。

ネットワークの性質については、吉元氏の「それはええなー。悠さん、うちの島に来て、ぜひ、それをやらんか」というコメントは岩本氏の考えへの共感に基づく提案であり、また、中川氏からのメールや横田氏の電話も垂直的な関係性の中で若者を指導するというのではない。雨霧氏も田口氏と考えが近かったことを述べている。いずれも対等な立場でともに取り組もうとしていることが読み取れる。これらは水平的なネットワークであると考えることができる。

さらに、関係人口の三人が地域課題に関わる理由として挙げた「教育を通して社会をより良くしていきたい」「帰ってこれる島根をつくろう」という問題意識や、〝普通〟の地域の再生に関心を持っていたということから浮かび上がるのは、パットナムが言う「見返りの期待なしで他人を助ける」（パットナム二〇〇〇［二〇〇六］、五五四頁）という態度であり、これは一般的互酬性であると捉えることができる。

加えて、例えば田中氏は、みんなで一緒につくるワクワク感や自分のコンセプトが地域住民に理解され実現できそうだと感じていたように、ネットワークとしてつながっていた特定の個人に対してだけではなく、匿名の他者も含めた地域に対して信頼を寄せていた。

一方、岩本氏と田口氏は、地域に対する信頼を具体的には口にしていないものの、田中氏も含めた三人の関係人口が共通してとった「これまで縁もゆかりもなかった地域に飛び込む」という行動自体、無意識でもその地域を信頼していなければ実現が難しい、つまり、地域への信頼の裏返しであるとも言える。特定の個人への信頼を越えた薄い信頼にあたると考えることができるであろう。

②社会関係資本が別の地域住民に転移する

第二ステップは、新たなネットワークが広がって関係人口と別の地域住民との間にも信頼関係ができ、その地域住民に主体性が生まれていく段階であった。岩本氏は浜板氏と、田中氏は藤田氏と、田口氏は横井氏と、それぞれ新たなネットワークを形成していったとみることができる（図39）。

海士町では、岩本氏と浜板氏との間に新たに信頼関係が生まれていった。岩本氏に警戒心があり、高校魅力化プロジェクトにも後ろ向きだった浜板氏は、岩本氏の努力や好きではない酒宴や喫煙、雑談にも付き合う姿を見るうちに信頼を寄せるようになり、さらには自身の高校魅力化プロジェクトに対する姿勢も主体的になった。学校に来やすいタイミングを連絡したり、話を進めやすくする環境を整えたりと積極的にサポートしていくようになったのである。

江津市では、田中氏が所属していたてごねっと石見の理事であった藤田氏との間にネットワークが形成された。藤田氏は「江津のため」動く田中氏に触発されて「地元に住む私たちも何かし

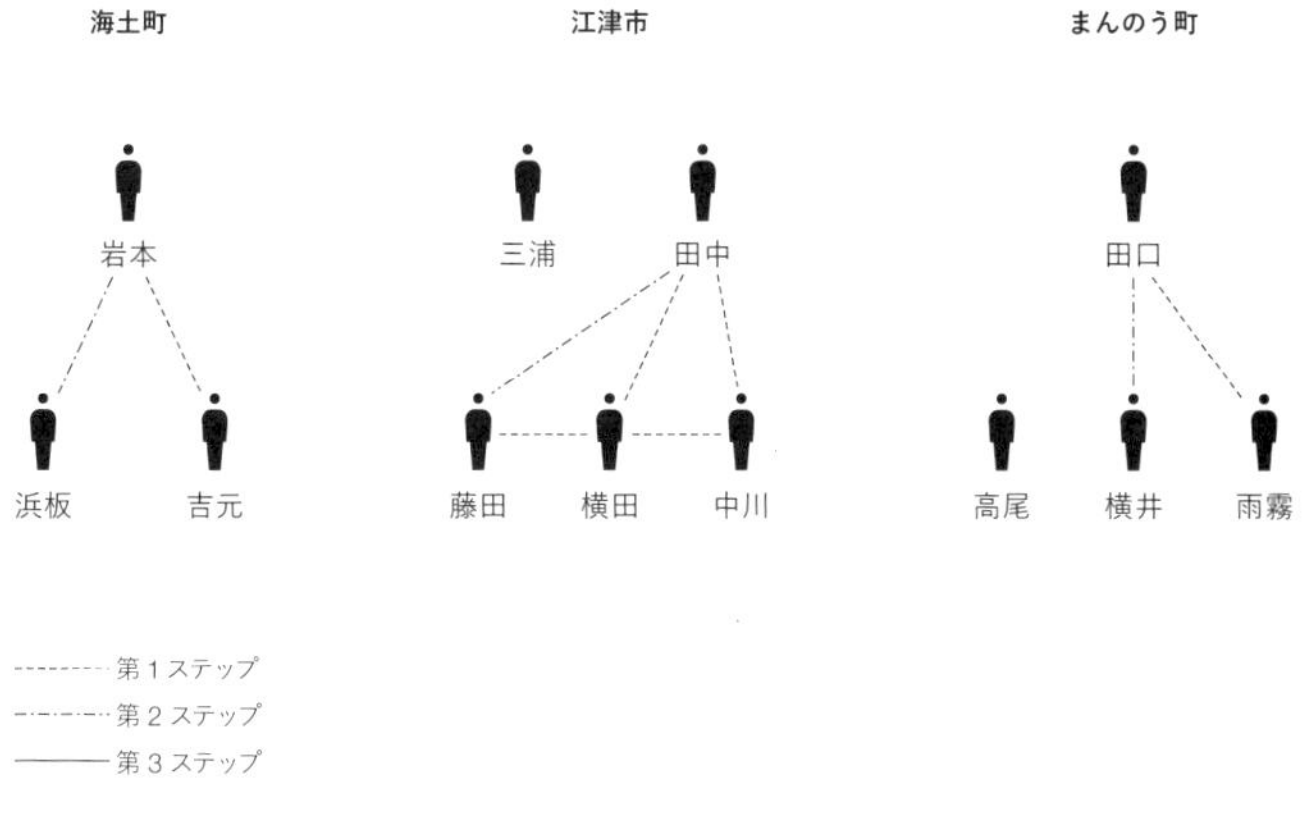

図39　第２ステップにおけるネットワーク図（敬称略、筆者作成）

たい」と思うようになり、全国商店街支援センターの現地マネージャーに手を挙げた。「自分たちがやらなきゃいけない。ヒーローのおかげで、自分たちが変わった。やったらできると分かった」という語りは象徴的である。そして、田中氏とともに第一回の「手つなぎ市」を開催していった。

まんのう町の田口氏と横井氏は、ほぼ毎月開催される転出子懇談会でつながり、田口氏の影響で、横井氏は役場任せではなく「自分らでなんとかせんといかん」と自覚的になっていった。横井氏は転出子懇談会のメンバーの中でも一二回のうち八回出席するなどトップクラスの出席率で、懇談会でも消防団活動の消防点検を活用して各世帯を回って状況を把握しようと提案するようになった。

以上を踏まえ、ネットワークの性質や互酬性と信頼性についても見ていくと、岩本氏と浜板氏のネットワーク、そして、田中氏と藤田氏とのネットワークは、いずれもどちらかが上に立つのではなく、ともに課題に向き合っており、やはり水平的であると言えるであろう。また、田口氏は大学教員という権威があり、一般的には地域住民とは垂直的な関係性になりがちであるが、もともとのスタンスとして膝詰めの議論を大切にしており、実際に転出子懇談会でも毎回車座になって議論している。これは水平的なつながり方を意識していることの表れであろう。

そして、こうしたネットワークの中で、岩本氏、田中氏、田口氏の一般的互酬性と薄い信頼が転移していったとみることができる。特に藤田氏は「江津のため」という田中氏を見て「地元に住む私たちも何かしたい」と思い立ってシャッター通り商店街であった地元商店街の復活に動き出したという象徴的なケースである。そして横井氏の「自分ら」「みんなで」という語りも、一人称ではない複数形になっており、自分一人にとどまらない、地域にいる他者の存在も念頭におかれているのではないだろうか。

第一ステップに続き、岩本氏、田中氏、田口氏という関係人口が別の地域住民とも社会関係資本を構築した、言い換えれば、社会関係資本が別の地域住民に転移していったのである。

一方、岩本氏は、「受け継がれてきたものを、ここで終わらせずに、次へつないでいきたいという想いが自然と湧いてきた」と「恩送り」の感情が生まれたこと、また、田中氏はここでしっかり経験して羽ばたいてほしいと応援してくれる「江津の人たち」に対して、だからこそ短期間集中で頑張って返したいという気持ちになったと口にしており、関係人口の互酬性が強化している様子もうかがえる。

③地域住民が別の地域住民や関係人口との間に社会関係資本を構築する

次の第三ステップは、主体性を獲得した地域住民が課題解決に動く段階であった。社会関係資本が転移した地域住民がさらに自ら新たなネットワークを自ら広げ、社会関係資本を構築していったと見ることができる。

海士町では、岩本氏、吉元氏、浜板氏の三人が粘り強く話し合いながら信頼感を深め、一つのチームとして高校魅力化プロジェクトの構想をまとめて実行に移していった。注目すべきは、実はそれまで吉元氏と浜板氏の間には信頼関係といえるまでの関係はなかったということである。吉元氏は海士町、浜板氏は西ノ島町の出身であり、島が違うことから交流もつながりも活発とは言えなかった。むしろ、浜板氏は海士町にある島前高校に赴任したことで、西ノ島町の関係者から「海士町のスパイか」と言われたこともあった。

それが、浜板氏が自ら西ノ島町の出身・在住である自分だからこそできる、島前地域全体をつなぐ役割をこなしていくようになっていったことで、岩本氏を含めた三人のチームができたのである。同じ島前地域ながら、島の違いからこれまでネットワーク化されていなかった二人のネットワークが形成され、高校魅力化プロジェクトを通じて島前地域全体にさらに広がっていった。

また、江津市でも、関係人口の田中氏、三浦氏と、地域住民の中川氏、横田氏、藤田氏がてごねっと石見を通じて一つのチームとなって動いていったが、特筆すべきは藤田氏の動きである。第一回の「手つなぎ市」を田中氏とともに開催したことに続き、新たな関係人口である三浦氏と協力し、江津万葉の里商店会の若いメンバーに声をかけて青年部を立ち上げ、そのメンバーとともにコミュニティバーを運営した。さらに、ニューヨークで家具や空間デザインを手がけていた弟に「江津が変わろうとしているから早く帰ってきて」としつこいほど声をかけてUターンを促し、その弟のデザインによって空き店舗がお洒落な空間に次々と生まれ変わったことで、この街で出店したいという雰囲気を加速させた。藤田氏自身が、信頼できる仲間のネットワークを地域で次々と増やしていったのである。

まんのう町では、横井氏が高尾氏を転出子懇談会に誘い、田口氏も含めた新たなネットワークをつくりながら、川奥地区の住民と力を合わせて消防団活動を活用して「集落カルテ」を作成した[185]。

海士町の三人と江津市のてごねっと石見を通じたチーム、そしてまんのう町川奥集落の転出子や消防団のつながり方は、これまでと同様、誰かが上に立つのではなく、ともに取り組むといういずれも水平的なネットワークであると言うことができる。そして浜板氏、藤田氏、横田氏の一般的互酬性と薄い信頼が別の地域住民たちにも転移していったのである。

これらは、第二ステップで関係人口から転移を受けた社会関係資本を、浜板氏、藤田氏、横井氏という地域住民がさらに自分で構築できるようになったと捉えることができる。
この段階でのネットワークを図で示す（図40）。

地域の公共財

これまでのところで、地域再生主体の形成過程を社会関係資本の要素に着目して分析した。残るつながりの形状と蓄積の場について検討を加えたい。

三地域の事例では、いずれも強固な信頼関係が確認され、内向きで等質な集団を強化していく「結束型」の社会関係資本が構築されていたと見ることができる。

一方、岩本氏が海士町を離れた後も海士町の高校魅力化プロジェクトのスタッフたちと一緒に教育魅力化を全国に広げるプロジェクトを立ち上げたことや、田中氏が引き続きてごねっと石見の理事として関わっていることに見られるよ

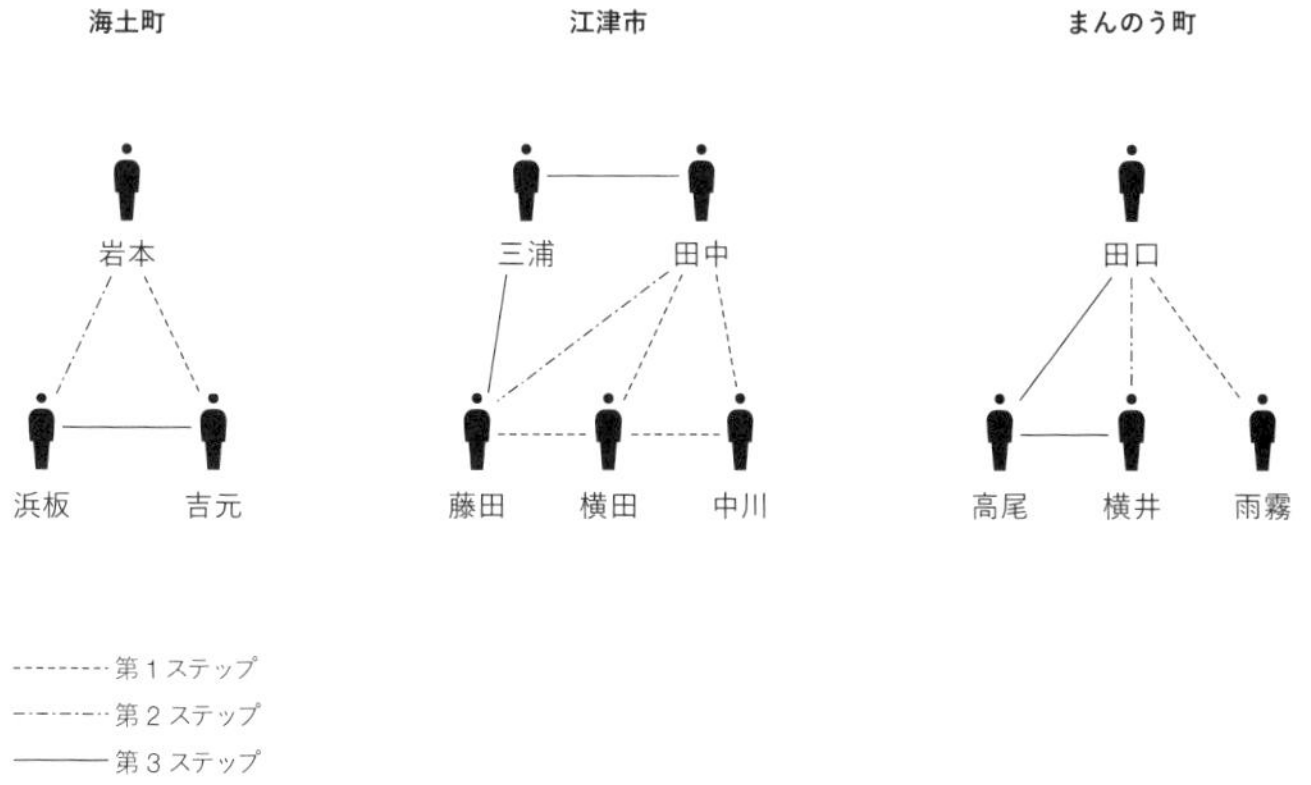

図40　第３ステップでのネットワーク図（敬称略、筆者作成）

うに、関係人口がその地域を去ってもつながりが続いており、これらは「橋渡し型」の社会関係資本が構築されたと捉えることもできる。

さらに、関係人口から社会関係資本が転移した地域住民も存在していることから、個人が地理的に流出しても、社会関係資本は個人内と地域内に蓄積され地域の公共財であり続ける、という前述の樋田・樋田(二〇一八)の指摘の通りとなっている。

これらは岩本氏の「島前高校自体の流れができて、進めていくメンバーや関係者ができている。今は僕がいないと進まないっていう状況じゃないからね。そういう意味では残ったものはある」との語りや江津市の中川氏の「江津に住まなくても、住んでいる人以上に力を貸してもらえてありがたい。彼らはネットワークを持っているし、トレンドや江津市に必要なことを教えてくれ、自分も価値観が変わってくる」との語りからも裏付けられる。

社会関係資本とモビリティ

最後に、アーリ(二〇〇七[二〇一五])の批判も踏まえたモビリティとの関係を検討する。

パットナムは、移動性を否定的にとらえるがゆえに、社会関係資本が小さな共同体以外にも生まれる可能性に否定的であった。しかし、岩本氏や田中氏は地域を去った後も社会関係資本を構築しており、また、田口氏も居住していない地域の住民と社会関係資本を構築している。この点はどう考えたら良いであろうか。

パットナムが考えていたのは、ミクロ的な個人と個人、または、集団と集団のつながりの形状であった。これに対し、岩本氏や田中氏、田口氏の事例は、マクロ的な視点に立てば、個人と集団というつながりの形状であるとも言えるのではないだろうか。

これは、世界銀行による『世界開発報告二〇〇〇／二〇〇一——貧困との闘い』(二〇〇一[二〇〇二])で示された「連結的(linking)」社会関係資本に近い捉え方であると考えられる。世界銀行は、貧困削減に向けて必要な社会関係資本について、パットナムが示した二つに「連結的」を加えた三類型を示した[186]。「連結的」とは、貧困者と、公的制度(銀行、農業指導機関、警察など)で影響力を持つ地位にいる人びとの間の垂直の結びつきを表しており、実際に「連結型」を個人と組織の結びつきとして捉える研究も存在している[187]。

第2章で述べたように、モビリティが高まる現代社会において、つながり方に大きなダイナミズムが生じ、移動やコミュニケーションの多元的な交差が起こっている中、小さな共同体に定住しなくても、個人と集団の間で社会関係資本を構築することは可能になっていると考えることができるのである。

この個人と地域という集団とのつながりの形状を、「連帯型(uniting)」と名付けたい。さらに、結束型は絆、橋渡し型は架け橋というメタファーで語られることを踏まえて、連帯型には、扉というメタファーを当てはめる(図41)。

扉というメタファーは、ジンメル(一九〇九[一九九九])のエッセイ「橋と扉」からヒントを得ている。この中でジンメルは、扉を内部と外部の分断を廃棄し、開かれうるものであると位置付けている。モビリティの高まりに加えて個人化も進む現代社会において、個人を集団へと結びつける扉となるのが関係人口というあり方ではないだろうか。

3　地域再生主体としての関係人口

人口減でも地域再生主体は増える

これまで関係人口と地域住民がどのように地域再生の主体として形成されていったのか、共通ステップを確認した上で、社会関係資本論から分析した。これらを踏まえ、現代社会における地域再生の主体を形成することの意義と、そのための条件を考察したい。

前提として、あらためて地域再生の主体とはどのような人を指すのであろうか。これまで登場してきた関係人口と地域住民に共通していたのは、主体性を持って地域課題を解決していたことである。関係人口の岩本氏、田中氏、田口氏は根底にある自身の関心や問題意識に重なる地域課題の解決に動いており、主体性が出発点となっていたことはすでに述べた。

地域住民についても、関係人口の最初の接点

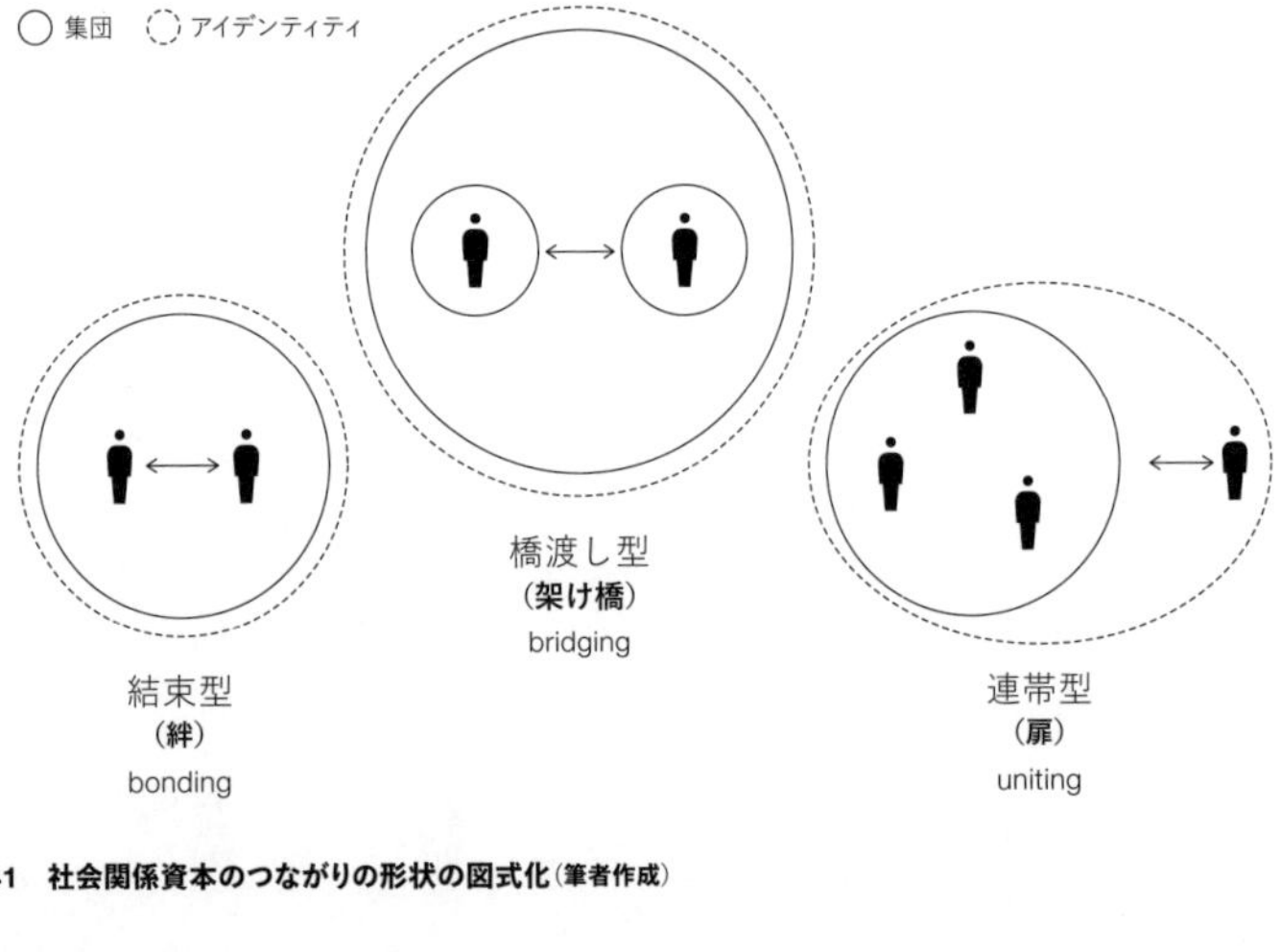

図 41　社会関係資本のつながりの形状の図式化（筆者作成）

となった海士町の吉元氏は、町役場の財政課という高校の存続問題とは直接関係のない部署にいたにもかかわらず「ほかにやる人がいないなら、自分がやるしかない」と高校の存続問題の担当になった。江津市の中川氏も、旧江津市と合併した旧桜江町の職員だったことから「編入合併された町を衰退させてはならない」と使命感に燃え、まんのう町琴南支所の雨霧氏も一住民としての危機感が背景にあったことを語っており、共通して主体性が宿っていたことを示している。

また、関係人口と関わり、主体性を獲得した地域住民では、西ノ島町出身の教員が「地元の人間としてもっと考えないといけない」、藤田氏が「自分たちがやらなきゃいけない」、横井氏が「自分らでなんとかせんといかん」とそれぞれ語っている。

これらに共通して見られるように、主体性とは、第3章で触れた「自分ごとスイッチ」（上村二〇一七、五頁）がONになった状態であり、当事者意識を持っている状態であると言うことができる。

以上を踏まえると、地域再生主体とは「主体的に地域課題を解決する人」である。

これを、関係人口の「特定の地域に継続的に関心を持ち、関わるよそ者」という定義に照らせば、関心を持つ内容が地域課題であり、その地域課題を解決するという関わり方をするよそ者が、地域再生主体としての関係人口であると言えるであろう。

現代社会は、繰り返し述べてきたように、人口が減少していくということが基調である。地域再生の文脈に位置付ければ、これまで地域再生主体として捉えられてきた地域住民の数が減少していくという意味でもある。しかも、量的な減少だけではなく、質的にも地域住民の主体性の欠如が報告され、量的、質的ともに困難な状況にあることは繰り返し述べてきた。地域再生主体の不足や「不在」

に直面しがちであるのが現代社会であると言うことができる。

だからこそ、地域再生の主体になっていない、つまり、地域再生に当事者意識を持っていなかった人が主体性を獲得し、地域再生主体として形成されることに意義があるのである。

この地域再生の主体形成を、海士町、江津市、まんのう町での調査対象者の位置付けも加えて図式化する（図42）。

もともと地域再生の主体として存在していたのは、地域住民である海士町の吉元氏、江津市の中川氏、横田氏、まんのう町の雨霧氏の四人だけであった。

その四人に、地域外の主体である関係人口の岩本氏、田中氏、三浦氏、田口氏がそれぞれつながったことで、新たに地域再生の主体として形成され始め、さらにその関係人口の影響を受け、地域住民の浜板氏、藤田氏、横井氏、高尾氏が

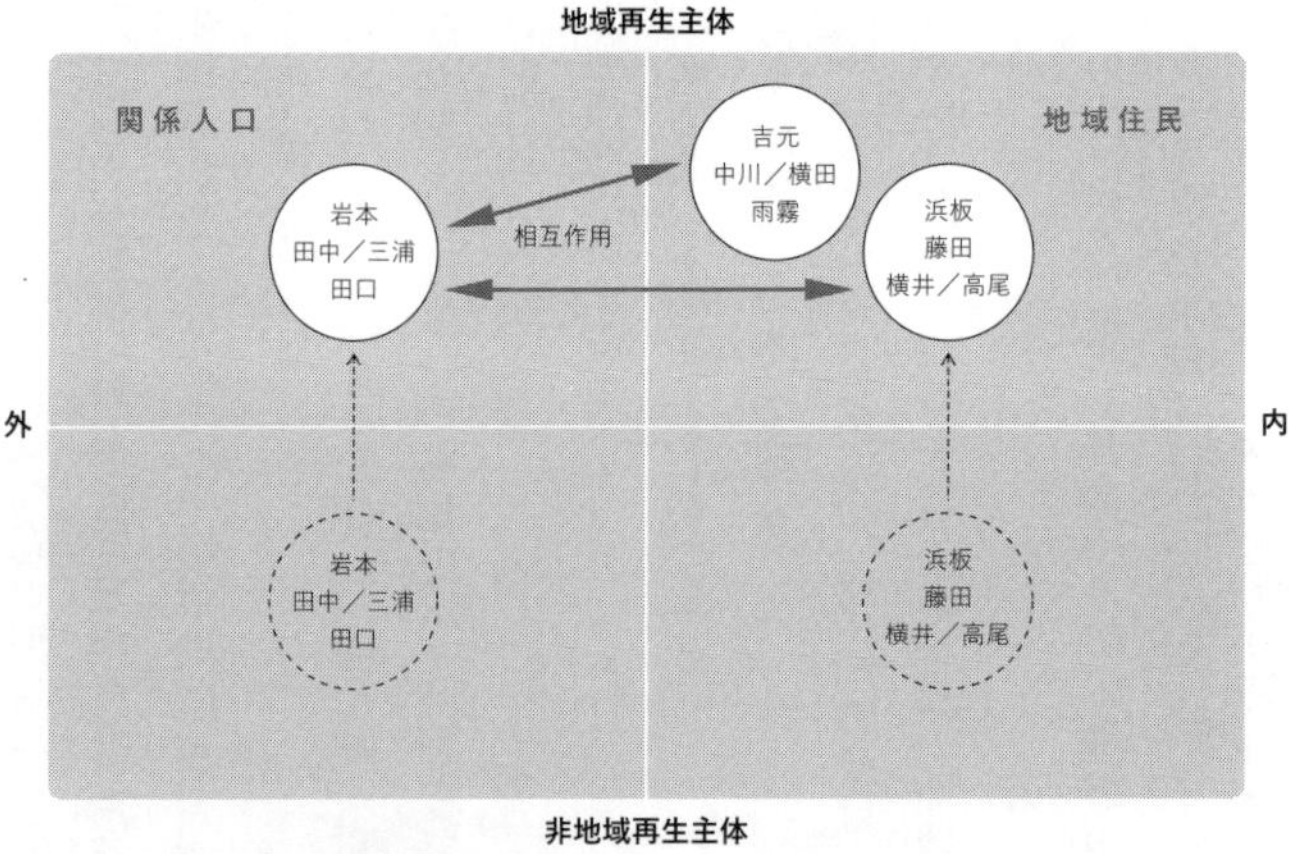

図 42　地域再生主体の形成の概念図（敬称略、筆者作成）

また新たに地域再生主体として形成されていったというのが一連の流れである。

図42を使って説明すれば、下の非地域再生主体側に位置していた岩本氏、田中氏、三浦氏、田口氏と、浜板氏、藤田氏、横井氏、高尾氏が、いずれも上の地域再生主体側に移動したということになる。

4〜6章の概況で述べたように、海士町も、江津市も、まんのう町も、定住人口が増えているわけではない。しかし、地域再生の主体は増えたのである。これは、第2章で紹介した地域社会に積極的に関わる人の増加に意義を見出す「希望活動人口」「活動人口」「にぎやかな過疎」といった一連の議論に連なるものでもある。

地域住民という地域再生の主体が量的に増えない現代の人口減少社会において、それでも地域再生の主体を増やしていくためには、地域住民の質的な変容を促していくことが重要になる。それを促したのが関係人口であり、だからこそ、関係人口は現代社会における地域再生の主体の形成を考える上で、カギとなる存在なのである。

主体形成の条件

前項までで、地域住民の地域再生主体としての形成を促すには、同じく地域再生主体としての関係人口の存在が重要であることを考察してきた。

関係人口は第2章で定義したように「特定の地域に継続的に関心を持ち、関わるよそ者」であり、そのまま地域再生主体と同義ではない。繰り返しになるが、関係人口だからといって、全員がそのまま地域再生の主体になるわけではないのである。そこで、これまで確認してきた地域再生主体の形成過程も踏まえながら、関係人口が地域再生主体として形成されるための条件を検討したい。

次の大きく三つの条件が考えられる。

①関心の対象が地域課題である
②その解決に取り組むことで地域と関与する
③地域住民と信頼関係を築く

条件の一つが、関係人口の関心の対象が、地域課題であるということである。岩本氏は教育を通したより良い地域社会づくり、田中氏は「帰ってこれる島根」、田口氏はいわゆる〝普通〟の地域の再生という、地域課題にそれぞれ関心があった。

二つには、その上で、その関心のある地域課題の解決に取り組むという形で地域と関与するということである。例えば岩本氏は何度も出たいと思い、田口氏もワークショップ後にもうダメだと感じるなど苦しい時期も経験しているが、それでも投げ出さなかった理由として二人とも自分の関心と重なっていたことが継続につながったと振り返っている。

加えて同時に必要なのは、地域住民と信頼関係を築くという点である。

まず岩本氏は吉元氏、田中氏は中川氏と横田氏、田口氏は雨霧氏と最初につながり、それぞれ関係をつくりながら地域課題の解決に動き出し始めた[188]。いずれの事例も関係人口を見出したのは、地域住民であった。地域社会側が関係人口というよそ者を信じて、地域を開いたのである。その後も、関係人口は地域住民と多層的に信頼関係を築いていった。ここで留意しておかなくてはならないのは、信頼関係を築くためにもっとも重要なのは、関係人口自身の姿勢や資質ではないという点である。関係人口自身は、あくまで一個人で弱い立場でもあり、地域社会の側が環境を整えることがより重要である。

例えば岩本氏はこれまで述べてきたように、信頼関係を築くまでにはかなりの苦労があり、時間も費やした。この要因は二点考えられる。

一点は、町長による岩本氏を迎えての人づくり宣言が町内放送で突然行われ猛反発を招いたように、人づくりと高校存続という地域課題の重要性が地域に共有されていなかったことである。もう一点は、高校存続問題に取り組むための枠組みがなく、直接関係ない立場で着任せざるを得なかったことから、高校存続問題における岩本氏の役割や権限、地位が明確化されていなかったことである。そのため岩本氏が「校長という立場で行ったら、まったく違う話だったかもしれないけど、まあそんな権限も役割もない」「トップダウンはできないし、学校の中の人間でもないからボトムアップもできない。なんか斜め下あたりから、やっていかなきゃいけない」と述べているように、信頼を得ることが難しい環境であったことに加え、「斜め下」という中途半端な地位でスタートせざるを得なかった。

これに対し、江津市では、そもそも地域課題を解決する可能性を持ったプランを募集するという趣旨であり、主催する江津市役所、運営するてごねっと石見だけでなく地元の行政、経済界の五団体がチームを結成し、地域を挙げた体制をつくっていた。そのため、応募者がコンテストという公開の場でプレゼンテーションを行うことで、応募者が考えている地域課題や解決方法が地域に共有されるという枠組みになっていた。応募者にとっても、コンテストに出場することで地域との関係が築きやすいこと、挨拶に出向いても「コンテストの人ね」とすでに知られていることも多く、地域における活動の障壁が下がることは、これまでの指摘の通りである[189]。

こうした枠組みが整っていたことで、受賞により地域が承認したという意味が付与され、信頼性につながっていく。そして、課題を解決するという役割も明確化することができた。このため田中氏は着任前から期待され、続く三浦氏もすぐに地域住民の藤田氏と青年部の結成やコミュニティバーの運営に携わっている。

また、まんのう町では、ことなみ未来会議という地域課題解決を目指す枠組みがあったことに加え、田口氏は大学教員という権威があり、地域住民の信頼を得やすかったと雨霧氏は指摘している。その上で、車座になっての膝詰めによる議論の積み重ねも信頼関係の構築に寄与したと考えられる。

岩本氏と、田中氏、三浦氏、田口氏の間に資質や姿勢の差があったというよりは、地域において課題が共有され、それを解決する当事者であると認められるという信頼関係を築きやすい枠組みが用意されていたかどうかの差であろう。地方はよそ者に対する閉鎖性が根強く指摘されてきたが、よそ者と信頼関係を築きやすい枠組みをどう用意するかは、地域再生主体の形成を考える上でも重要な要素となる。

4　関係人口の可能性

関係人口と地域住民が地域再生の主体として形成される過程と条件を検討してきた。この章の最後に、地域再生主体としての関係人口の可能性を考察したい。

可能性は大きく二点に分けられる。一点は、地域再生の主体としての可能性、もう一点が、形成の可能性についてである。

関係人口は去っても良い

一点目の地域再生の主体としての可能性は、突き詰めれば、その地域に定住しなくても良いし、関わっていた地域から去っても良い、という点である。

例えば、関係人口の中でも風の人型である岩本氏と田中氏は、地域を去った後もつながりが持続しており、さらに社会関係資本が個人内と地域内に蓄積されて公共財であり続けていることはすでに述べた。定住しなかったからといって、何も残していないわけではなく、社会関係資本が構築され、蓄積されたのである。何より、社会関係資本が自ら構築できる地域住民という、新たな地域再生主体を形成したことが大きい。関係人口が去っても、地域住民はまた新たに別の関係人口や地域住民と社会関係資本を構築していくことができるのである。

海士町で「岩本はもういらない」と口にする教員が登場していること、また、江津市の藤田氏が田中氏に続いて三浦氏という新たな関係人口や江津万葉の里商店会の青年部メンバーと課題解決にあたり、弟もニューヨークから呼び寄せたこと、まんのう町でも横井氏が転出子懇談会や川奥地区の住民と力を合わせて「集落カルテ」を作成し、さらに「まだまだ自分たちにできることがある」と発言したことなどに象徴されている。

さらに海士町では、高校魅力化プロジェクトが始まった頃に島前高校に入学した大野氏と青山氏が卒業後、「ＳＨＩＭＡ探求」として三町村の住民と交流する企画を行っている。かつては島が違えば文化が違うという土壌の中で、海士町の吉元氏と西ノ島町の浜板氏の間につながりと言えるほどのつながりはなかったが、西ノ島町の大野氏と海士町の青山氏はつながりを持ち、さらに三町村の住民との交流も実現している。地域を越えてつながりをつくることのできる、次なる地域再生の主体が育ってきているのである。

また、江津市でも、起業する住民が出始めたことや、コンテストを続けて開催する中で「私たちが今度は若者と江津の人をつなげていきたい」とコーヒースタンドを開業した徳田氏と佐々木氏に代表されるように、新たな地域再生の主体が生まれ続けている。

関係人口は、地域から去ることを恐れる必要はない。むしろ、関係人口が他の地域に移動し、関係人口が関わる地域が増えることで、より多くの地域再生主体の形成につながって日本社会全体が底上げされる、とも考えられるのである。

「ゼロサム問題」の発生が懸念される定住人口と比べ、関係人口ならどの地域も増やすことができ、地域が一人の関係人口を取り合うのではなく、むしろシェア（共有）する考え方であることはすでに述べた。それは実際に、海士町と江津市の両地域に関わった関係人口の尾野氏の動きからも見てとることができる。尾野氏は海士町で「ＡＭＡワゴン」を企画、主宰し、江津市ではビジネスプランコンテストに助言している。

もちろん関係人口も過剰な奪い合いに陥らないように留意しなくてはならないが、それでも、複数の地域に関わることが可能であるため、定住人口よりもその危険性は低い。人口減少社会に、より適合していると言うことができるのである。

関係人口は去ることを恐れる必要はない。というよりも思い切って、去った方が良い、とすら表現しても良いのかもしれない。ただ、その際、海士町の住民が岩本氏を応援しながらも寂しくなかったわけではなかったこと、そして、江津市の横田氏も葛藤があると打ち明けているように、地域住民側に簡単には割り切れない感情もあるということは、忘れてはいけない視点である。

社会関係資本の需要と供給

もう一つの可能性は、地域再生主体としての形成の可能性である。実は関係人口は、地域再生の主体として形成されやすい条件が整っているという見方もできるのである。

アメリカ社会で社会関係資本が衰退していることを嘆いた前述のパットナム（二〇〇〇［二〇〇六］）は、「社会関係資本を生み出す（あるいは再生させる）ことは容易いことではない」（パットナム 二〇〇〇［二〇〇六］、四九七頁）と悲観的な見方を示した上で、社会関係資本の蓄積を再び満たすことは、どうしたら可能になるだろうかという問いを立てている。

パットナム自身もさまざまな具体策を挙げているが[190]、その中でかすかなヒントとして「便利な市場のメタファーを使えば、市民参加の機会の供給（サプライ）と、そうした機会の需要（デマンド）の双方に取り組む必要があるということ」(パットナム 二〇〇〇[二〇〇六]、四九八頁)を挙げている点に着目したい。それは、現代の日本社会に当てはめると、まさに社会関係資本の蓄積を満たす供給(サプライ)と需要(デマンド)の双方が整っていると見ることもできるからである。

供給(サプライ)とは、地域の消滅の〝危機〟である。第I章で確認したように、これまで閉鎖性が指摘され、関係人口に代表される地域外主体の受け入れに必ずしも積極的ではなかった地域社会は、人口減少が進んだことで、結果として地域外主体を受け入れたり、積極的に求めたりするという開放性を持つに至った。これは、地域社会と地域外主体との間に社会関係資本を構築する機会が提供されたと考えることができる。

一方の需要(デマンド)は、「ふるさと難民」という言葉に代表される、都市の若い世代の関わりやつながりへの希求である。個人のアイデンティティの揺らぎという現代的課題の解決方法の一つとして、アイデンティティの確立につながる他者との関わりやつながりが求められるようになり、社会関係資本への希求につながっていくことは第2章で述べた。社会関係資本に価値を感じ、求める人たちが生まれているのである。

こうして社会関係資本にとって、供給(サプライ)と需要(デマンド)の双方が満たされる状況が生まれたのはある意味、奇跡的とも言える。地域側は人口減少への対応、関係人口は自らのアイデンティティの揺らぎからくる関わりやつながりへの希求という事情や思惑は異なっているものの、結果的にその両者がつながることで社会関係資本が蓄積され、地域再生主体が形成される可能性が生まれるという構築主義的であると捉えることができるであろう。

社会関係資本と地域社会を研究した宗教学者の櫻井義秀（二〇一四）は、「ポスト福祉国家」を念頭に、誰がどのような実践によって社会関係資本を維持・醸成できるのかが、現代の社会理論で問われているとした。関係人口というあり方が、社会関係資本の維持・醸成に向けた具体的かつ実証的な処方箋となり得る可能性があると言うこともできるのではないだろうか。

第７章のまとめ

第７章では、第４〜６章の事例を踏まえ、地域再生主体の形成過程を①関係人口が地域課題の解決に動き出す→②関係人口と地域住民との間に信頼関係が築かれる→③地域住民が地域課題の解決に動き出す、という三つのステップに分類した。

そしてこの形成過程を社会関係資本論から分析し、関係人口は、地域住民との間に社会関係資本を構築する過程で地域再生の主体として形成されていくこと、続いて、関係人口が構築した社会関係資本が別の地域住民へと転移することで、新たに地域再生の主体が形成されていくこと、さらに、その地域住民が自ら社会関係資本を構築する力を付けたことで、地域内にまた新たな地域再生の主体が形成されていき、地域再生の主体が地域において多層的に増えていくという流れを明らかにした。

その上で、地域再生の主体となっていない地域住民を地域再生の主体として形成していくことに現代的意義があることも確認した。地域住民が量的に増えない現代の人口減少社会において、地域再生の主体を増やしていくためには、地域住民の質的な変容を促していくことが欠かせない。これを可能にしたのが関係人口であり、だからこそ、関係人口は現代社会における地域再生主体の形成を考える上で、カギとなる存在なのである。

しかしながら関係人口はそのまま地域再生主体と同義ではないことから、これまで確認した形成過程も踏まえながら関係人口が地域再生主体として形成されるための条件を検討し、①関心の対象が地域課題である、②その解決に取り組むことで地域と関与する、③地域住民と信頼関係を築く、という三つの条件を導き出した。

社会関係資本が構築され、さらには自ら社会関係資本を構築できる地域住民という地域再生の主体も形成されたことを踏まえ、関係人口は去ることを恐れる必要はなく、むしろ、関係人口が移動し関わる地域が増えることで、より多くの地域再生主体の形成につながって社会全体が底上げされる可能性にも触れた。

地域側は人口減少への対応、関係人口は自らのアイデンティティの揺らぎからくるつながりへの希求という、それぞれの事情や思惑は異なっているものの、結果的にその両者がつながることで社会関係資本が蓄積され、地域再生主体の形成にもつながっていく可能性が生まれているのである。

第8章　関係人口が果たす役割

1　地域再生サイクル

よそ者効果を越えて

第8章では、関係人口が地域再生にどのような役割を果たすのかを考察する。まず第3章で示した枠組みに基づき、島根県海士町と同県江津市、香川県まんのう町の三地域の事例で、どのような関係人口が、どのようなよそ者効果を発現したのかを分析し、その効果が発現するための相互作用形式を検討する。

五つのよそ者効果を示した前述の敷田(二〇〇九)は、地域再生の現場では効果が複合的かつ同時に起きており、分離して論ずることはあまり意味がないとした。それを踏まえた上で、残された課題の一つは、これらの効果がどのように発現して地域再生につながっていくのかという過程は明らかになっておらず、よそ者が地域再生に果たす役割が論じられていないことであった。

そこで、本書では、五つのよそ者効果を含めた個別の効果の分析は行うものの、その個別の分析結果の詳細に意味を見出すというより、地域再生プロセスにおける関係人口の位置付けを通して地域再生における関係人口の役割を考察していくことに重点を置く。そして、これらの作業を通じ、人口減少が前提となる現代社会において地域再生とは何を目指すべきなのかも再定義したい。

共通する地域再生プロセス

まず、三地域の事例の調査結果から、共通して見えた地域再生プロセスをまとめる。

三地域の事例の地域再生プロセスは、大きくⅠ~Ⅳの四つの段階で考えられる。

Ⅰ期は、地域において解決すべき課題が顕在化する段階である。

海士町では、特産品開発に加えて産業振興や子育て支援といった地域再生政策が成果を挙げつつあった。しかし、「海士町自立促進プラン」の策定作業の過程で、生徒数の減少に直面する島前高校が廃校寸前の状況であり、実際に廃校となれば子どもやその家族の流出が一気に進んでしまう恐れがあることが浮き彫りになった。当時の山内町長は「こつこつ続けてきた人口対策が、隠岐島前高校の統廃合一発で吹き飛んでしまいかねない」と危機感を持ち、町の管轄外である県立高校の存続に町を挙げて取り組むことが決まった。

一方、空き家バンクを通じて移住者を呼び込んでいた江津市では、景気の低迷に伴い、空き家は紹介できても、求人企業が紹介できないという課題が発生した。そこで、江津市役所の中川氏が「仕事が無いなら、仕事を創ることができる人材を誘致する」方向へと舵を切り、地域課題を解決するビジネスプランを持った人材を直接的に誘致する手法としてプランコンテストの開催を決めた。

まんのう町では、人口減少が深刻化する中で今後の地域運営をどうするのか、市町村合併で人員や権限が縮小した役場の支所任せではなく、地域住民自らが考える必要性を琴南支所長の雨霧氏が痛感し、住民主導型のことなみ未来会議の設置に動き出した。

こうして地域課題が顕在化するとII期に移る。

II期では、顕在化した地域課題と自身の関心が一致する地域外の主体、つまり、関係人口がその解決に関わるようになる。第7章で述べたように、関係人口は、当初は地域にとってよそ者であるが、地域住民と社会関係資本を構築する過程で、地域再生の当事者となり、地域再生の主体として形成されていくことになる。

海士町では、東京の企業で人材育成に携わっていた岩本氏が、町の吉元氏から相談された島前高校の存続という課題を解決するために移住した。当初はよそ者として強い反発を受け、存続問題に取り組んでいながら高校内に席も置かれなかった。そこで、自身の欠点を地域住民らに聞いて改善していく姿勢を示すなど「自分から変わる」努力を重ねたほか、高校内のタバコ部屋や教員の飲み会にも参加して相手の話に耳を傾けたことで、高校にも席が置かれるようになり、地域住民や教員から信頼されるようになっていった。

江津市では、第一回と第二回のコンテストの地域プロデューサー部門で大賞を受賞した田中氏が、てごねっと石見でスタッフとして働くようになった。コンテスト自体が地域を挙げた運営体制をとっており、公開の場でプレゼンテーションを行った上で地域住民中心のメンバーによる審査で受賞者が選ばれるため、受賞がすなわち地域のお墨付きをもらう形となっている。そのため、大きな反発もなく地域住民に受け入れられ、コンテストで掲げた大学生のインターン事業といった活動を地域住民とともに行っている。

また、まんのう町でも、徳島大学の田口氏が、琴南支所からの依頼を受けてことなみ未来会議のまとめ役に就任した。集落の実態調査などを行う中で、川奥地区から転出した子どもをネットワーク化する「転出子懇談会」を立ち上げ、月一回のペースで約一年半、毎回車座になって丁寧な議論を行った。会の運営についても、懇談会メンバーからの意見も受け止めながら、改善を重ねていった。

続くⅢ期は、Ⅱ期で登場した関係人口の影響を受け、地域住民が新たに地域再生主体として形成されていく段階である。

海士町では、島前高校の存続問題から生まれた高校魅力化プロジェクトに反発していた浜板氏が、教員よりもカリキュラムについて詳しく調べ、勉強を重ねていく岩本氏の姿勢に触れてプロジェクトに主体的に関わるようになり、高校魅力化プロジェクトの構想を岩本氏とともにまとめていった。そのほかの西ノ島町出身の教員も、もっと自分たちが地域のことを考える必要があることに思い至った。

江津市では、地域のために懸命に動く田中氏に感化された藤田氏が、田中氏とともに「手つなぎ市」を主催したり、全国商店街支援センターの現地マネージャーの資格を取得したりし、「自分たちがやらなきゃいけない」という主体性を持つようになっていった。

まんのう町では、田口氏に繰り返し役場の限界を説かれた横井氏が「困っていることは、自分らでなんとかせんといかん」と自覚を持つようになり、特に災害時の支援体制に着目して各世帯を回って状況を把握しようという提案を行うに至った。

最終のⅣ期は、顕在化した地域課題が創発的に解決される段階である。

海士町では、高校魅力化プロジェクトが具体的に動き出し、地域外から生徒を募集する島留学や公営塾である学習センターが開所したことなどで、離島の高校では異例となる生徒数とクラス数の増加が実現し、廃校することなく存続した。

江津市では、コンテストの運営が軌道に乗り、「人が人を呼ぶ」好循環が生まれた。コンテストの受賞者が空き店舗を活用して開業し、触発された地域住民にもその動きが広がるといった波及効果で利用可能な空き店舗が埋まり、シャッター通り商店街が蘇った。

まんのう町では、「転出子懇談会」の回を重ねるごとに転出子のネットワークが形成されていき、川奥地区の消防団メンバーも巻き込んで川奥地区の各世帯の状況や水源を共有する「集落カルテ」を作成、災害時の支援体制が整った。

「地域衰退サイクル」からの転換

三地域の事例に共通していた地域再生のプロセスを、地域再生サイクルと名付ける。

顕在化した地域課題に対し、関係人口が地域再生主体として形成されて解決に動き出し、続いて地域住民も地域再生主体として形成されて動き出すようになる。そしてその両者によって創発的に課題が解決されるというサイクルである（図43）。サイクルと表現したが、実際にはらせん状に変化していくイメージの方がより近いと考えている。

最初の地域課題が解決されると、別の地域課題が顕在化し、次なる地域再生主体の形成とその解決という新しいサイクルが回ることになる。また、一つの顕在化した地域課題の解決に向けて取り組んでいる途中でも、さらに別の地域課題が顕在化することもあり、異なる地域課題の解決に向けた動きが同時多発的に起こることも想定されうるであろう。

例えば、海士町では高校の存続という地域住民の吉元氏が最初に設定した地域課題が顕在化し、岩本氏、浜板氏らとの協働による高校魅力化プロジェクトによって解決に取り組む中で、岩本氏がUターン型のローカル・トラックを強くするという次の課題を設定したと見ることができる。そして、高校魅力化プロジェクトによって生まれた島留学生という別の関係人口と関わることで、次世代の大野氏、青山氏が育ってUターンし、卒業生の関わりをつくるという新たな地域課題が設定された。

江津市の場合は、地域住民の中川氏が設定し

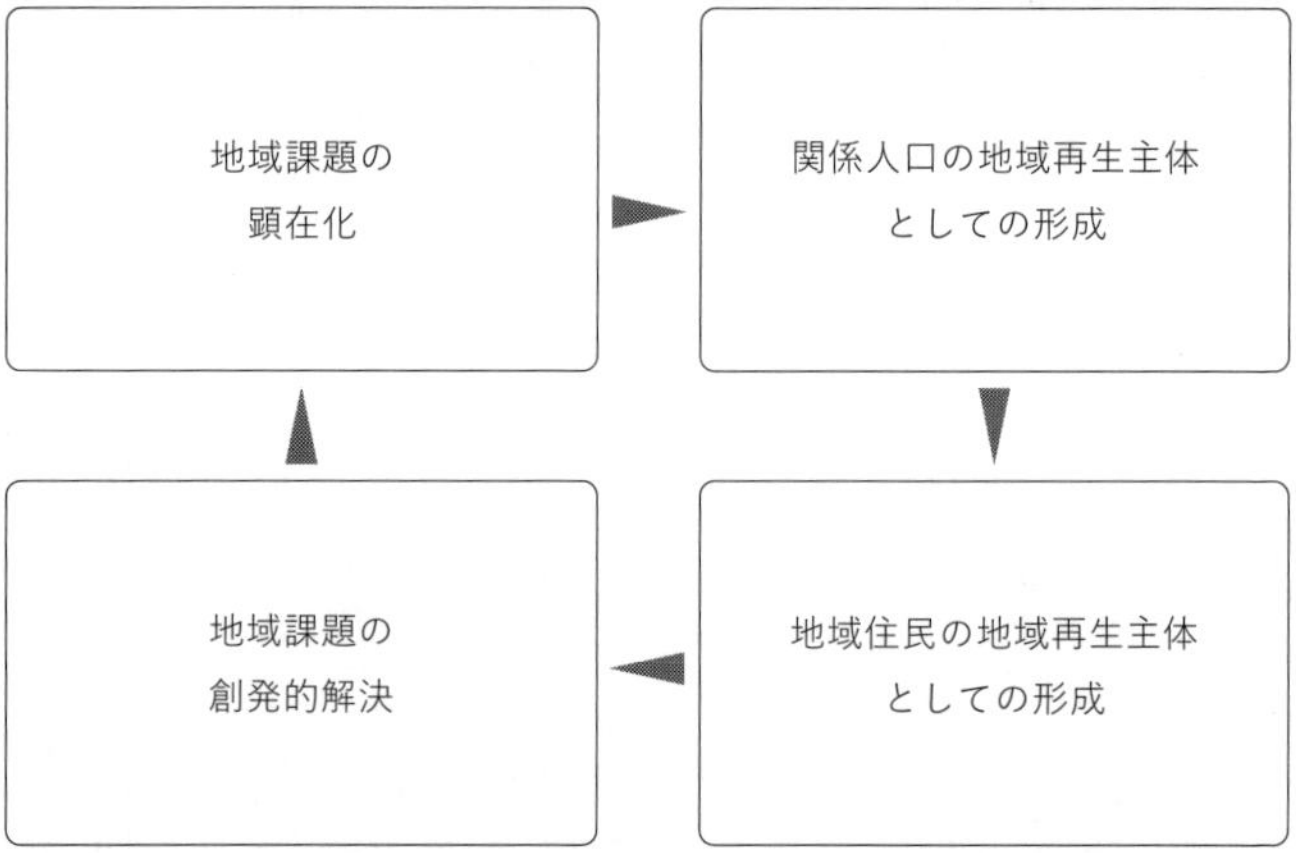

図 43　地域再生サイクル（上村 2018、176 頁を参考に筆者作成）

た起業人材の誘致という課題の解決に取り組む中で、地域再生主体として形成された地域住民の藤田氏がシャッター通り商店街の復活という新たな課題を設定し、この二つが同時並行で進んでいくことで、相乗効果が起きて二つの課題が解決されたと捉えることができる。

そしてまんのう町では、琴南支所の雨霧氏が設定した最初の課題がまず解決されたという段階である。

地域において課題がなくなることはない。その課題に不断に向き合う主体が形成され、地域課題が解決され続けるという過程の連続こそが地域再生であると言えるのである。そしてこれは、第I章で指摘した「地域衰退サイクル」が主体の形成によって転換したと捉えることができる。

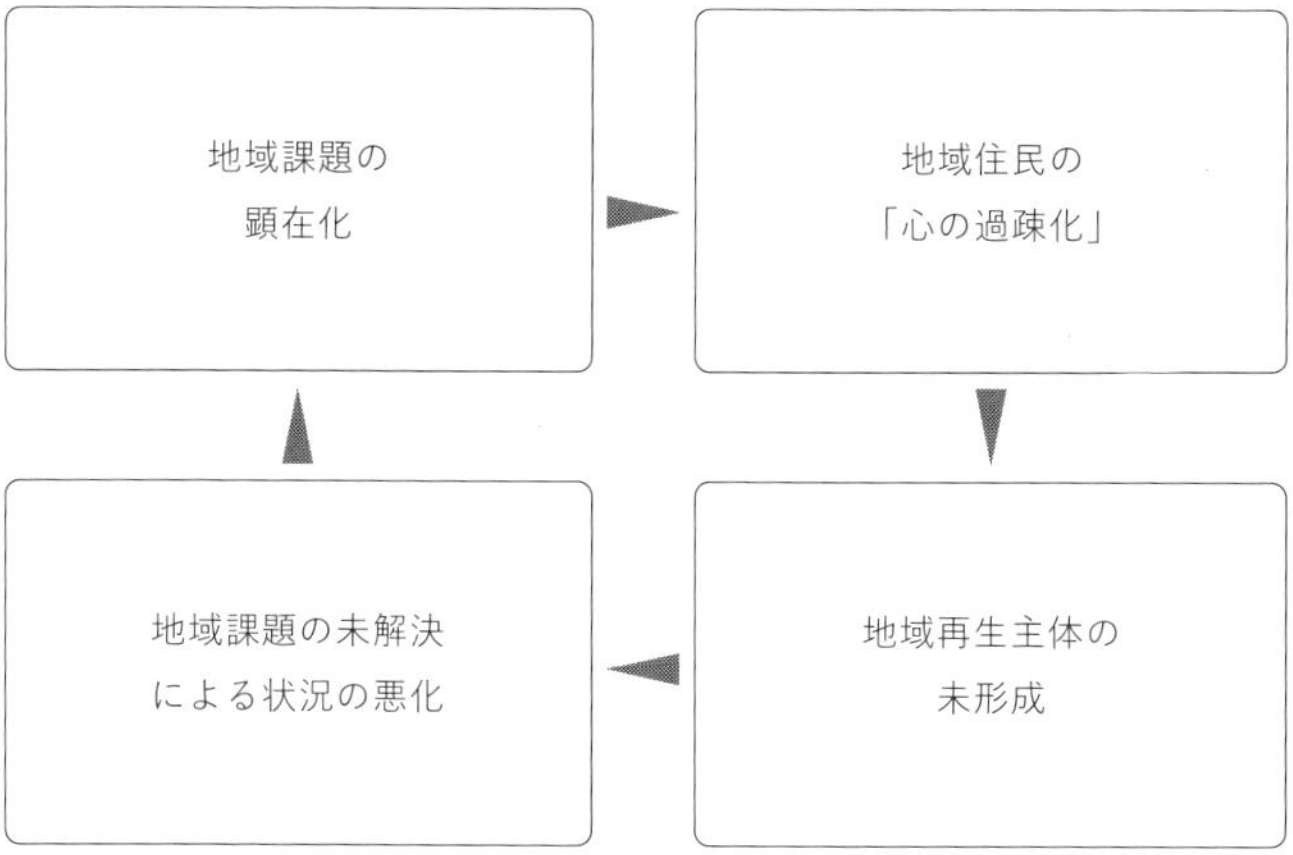

図 44 「地域衰退サイクル」(再掲)

2　地域再生サイクルにおける位置付け

地域再生主体の形成という効果

続いてこの節では、三地域の事例でどのような関係人口がどのような効果をもたらしたのかを分析しながら、地域再生のプロセスの中に位置付けていきたい。

前述したように、敷田（二〇〇九）は地域におけるよそ者効果として、①地域の再発見効果、②誇りの涵養効果、③知識移転効果、④地域の変容を促進、⑤しがらみのない立場からの問題解決、の五つを挙げている（敷田 二〇〇九、八六―八九頁）。

こうした効果を幅広く分析するために、本書で調査を実施した関係人口の岩本氏、田中氏、三浦氏、田口氏以外にも、文献を参照しながら第3～5章で言及した関係人口も新たに対象に加えて分析することとする。

新たに加えるのは、海士町の商品開発研修生の後藤氏、株式会社リクルートの社員で「さざえカレー」の特産品開発に携わった玉沖氏、地域外から島前高校に入学した島留学生、そして、海士町で「ＡＭＡワゴン」を企画運営し、江津市でもコンテストに助言した尾野氏である。その類型と詳細については順に述べ、後ほど一覧表でも整理する。

三地域のうち、まず海士町から順に見ていく。

商品開発研修生であった後藤氏は、一時期海士町に住んだ後に離れた風の人型の関係人口である。地域住民が自生するクロモジを「ふくぎ」と呼び、お茶として飲む文化に目を付けて「ふくぎ茶」として商品化した。地域住民にとって当たり前であったクロモジが地域の文化であり資源であることを再発見する機会をつくったと考えられる。これは①地域の再発見効果であろう。

海士町の特産品開発の担当となった玉沖氏は、移住はせず定期的に通う来訪型の関係人口であった。これまで培ってきたコンサルタントとしての知識を活用し、「さざえカレー」の特産品化を後押しした。③知識移転効果であると考えられる。

また、海士町役場の吉元氏に高校存続問題の相談を受けた尾野氏は、東京の社会起業家らが大型ワゴンで移動し、島で出前授業を行う「ＡＭＡワゴン」を企画した。それが結果的に岩本氏の移住につながっているが、「ＡＭＡワゴン」は吉元氏では思いつかなかった策であり、来訪型の関係人口による⑤しがらみのない立場からの問題解決と捉えることができる。

岩本氏は、風の人型の関係人口である。地域を生かした新しい教育を構想し、島外から呼び込む島留学を含む高校魅力化プロジェクトを住民とともに実行したことで、高校の存続が実現した。これも流出しか経験したことがない住民だけでは難しかったと考えられ、同様に⑤しがらみのない立場からの問題解決であろう。そのほか、それまでの過程でも、岩本氏が伝えた海外の知識を吉元氏が取り入れるなど③知識移転効果や、支援した「ヒトツナギ」を通じて④地域の変容を促進といった複合的な効果を発現していたと言うことができる。

島留学生は、高校時代の三年間限定で地域に住み、卒業後は基本的に他地域の高等教育機関への進学や就職に伴って地域を去る風の人型の関係人口である。第一回観光甲子園でグランプリを受賞した地域の人を紹介する観光プラン「ヒトツナギ」をつくる際、地域外からの入学生の視点で地域出身の生徒もここが地域住民とのつながりという魅力にあふれた地域であることを初めて認識した[191]。②誇りの涵養効果と言えるであろう。

さらに、地域出身の生徒である大野氏が考えてもみなかった野球部の創設を島留学生が言い出し、同好会という形でともに実現させたことは、③知識移転と④地域の変容を促進という二つの効果が発現したと考えられる。

続いて江津市を見ていく。まず、海士町で「ＡＭＡワゴン」を企画運営していた尾野氏は、江津市の隣の川本町と東京で二地域居住をしており、江津市にとっては、二地域居住型の関係人口であった。そして、江津市でコンテストの企画が持ち上がった際、かつて自分自身が東京で行われたコンテストに応募、入賞した経験を持つことから、地域住民の中川氏に、その経験をアドバイスした。これは、③知識移転効果である。

また、風の人型の関係人口である田中氏は、地域住民の藤田氏とともに第一回の「手つなぎ市」を開催することで、空き店舗という資源に地域住民が気付き、生かしていくきっかけをつくったと考えられ、④地域の変容を促進という効果を発現したと考えられる。

一方、来訪型の関係人口である三浦氏は、二〇年間使われていなかった純喫茶をコミュニティバーとして再び光を当てることを提案した。そして、藤田氏をはじめとした地域住民とともに「52Ｂａｒ」としてリノベーションし、実際にオープンさせた。こうしてわかりやすい成功例が見えたことで、空き店舗が埋まる流れを加速させている。これは①地域の再発見と④地域の変容を促進という効果であると言えるだろう[192]。

まんのう町では、来訪型の関係人口である田口氏が、転出子懇談会の開催を発案し、定期開催しながら転出子のネットワーク化を促した。そもそも田口氏に依頼した琴南支所は転出子懇談会やネットワーク化をまったく考えていなかったことを踏まえると、⑤しがらみのない立場からの問題解決という効果であると捉えることができる。

以上の調査結果を分析した結果、敷田（二〇〇九）が指摘した①地域の再発見効果、②誇りの涵養効果、③知識移転効果、④地域の変容を促進、⑤地域とのしがらみのない立場からの問題解決という五つの効果は、確かに発現していたことがわかる。

その上で、前節で確認した地域再生サイクルにおける位置付けを考えてみると、五つのどの効果にも当てはまらない効果が発現しているのではないだろうか。

それは、関係人口の影響を受け、地域住民が主体性を獲得したことである。

例えば、海士町では岩本氏から影響を受けた浜板氏や教員が、江津市では田中氏に影響を受けた藤田氏が、まんのう町では田口氏に影響を受けた横井氏が、それぞれ当事者として主体的に地域課題に関わるように変容した。これは第7章で確認した地域再生主体の形成と同義であり、地域住民の地域再生主体としての形成を促したという、これまで述べてきた五つの効果とは別の効果であると捉えられるのではないだろうか。

第Ⅰ章で述べたように、地域再生の主体として捉えられてきた地域住民については「心の過疎化」や主体性の欠如が報告され続けていたことを踏まえると、これは大きな変容であり、かつ重要であると考えられる。そこで新たに六つ目となる地域再生主体の形成という効果であるとしたい。

以上を一覧表でまとめて整理する（表15〜17）。

協働という相互作用形式

続いて、これらの効果を発現させるための相互作用の形式について分析する。前述の敷田（二〇〇九）は、地域とよそ者の相互作用のあり方に着目し、三つの形式があると整理した。それが、①自立、②依存、③活用の三形式である。

三地域の事例で注目したいのは、関係人口と対等な関係性を築き、ともに地域課題を解決していった地域住民の姿勢である。

海士町では、岩本氏を招いた吉元氏が、地域住民に通じない横文字を使わないことや、効率性では測れないものを大切にすることなど、岩本氏を諭しながら、この地域で物事を進めていくために必要な心構えを丁寧に教えた。

また、教えるだけではなく、ダニエル・キムの「成功循環」など、岩本氏から教わった海外の理論を使って説明するようになるなど、岩本氏からも学んだ。どちらかが一方的に上に立つのではなく、対等な立場でプロジェクトを進めていったのである。そしてチームを組んだ地域住民の浜板氏も支えたり支えられたりしながら、信頼関係を深めていった。

江津市でも、てごねっと石見理事長の横田氏は、たくさん失敗したらいいと考え、スタッフとして受け入れた田中氏に対して、ずっと付き添い細かく指導するようなことはなかった。困ったときや相談を受けたときに少しアドバイスをしながら、ともにてごねっと石見の運営に当たっていった。江津万葉

表 15　海士町における主なよそ者効果の整理(筆者作成)

関係人口	類型	出来事	効果
後藤隆志氏	風の人型	ふくぎ茶の商品化	①地域の再発見
玉沖仁美氏	来訪型	「さざえカレー」の特産品化	③知識移転
尾野寛明氏	来訪型	「AMA ワゴン」の開催	⑤問題解決
岩本悠氏	風の人型	高校魅力化を構想し、実行	⑤問題解決
		浜板氏が主体的になる	⑥地域再生主体の形成
島留学生	風の人型	ヒトツナギプランの作成	②誇りの涵養
		野球部の創設	③知識移転 ④地域の変容を促進

表 16　江津市における主なよそ者効果の整理(筆者作成)

関係人口	類型	出来事	効果
尾野寛明氏	二地域居住型	コンテストへの助言	③知識移転
田中理恵氏	風の人型	「手つなぎ市」の開催	④地域の変容を促進
		藤田氏が主体的になる	⑥地域再生主体の形成
三浦大紀氏	来訪型	52 Bar の開設	①地域の再発見 ④地域の変容を促進

表 17　まんのう町における主なよそ者効果の整理(筆者作成)

関係人口	類型	出来事	効果
田口太郎氏	来訪型	転出子懇談会を構想し、実行	⑤問題解決
		横井氏が主体的になる	⑥地域再生主体の形成

の里商店会の藤田氏も、田中氏と力を合わせて第一回の「手つなぎ市」を開催したほか、三浦氏や若いメンバーに声をかけ、商店会の青年部を立ち上げてコミュニティバー「52Ｂａｒ」を開設した。

中川氏も、「江津に住まなくても、住んでいる人以上に力を貸してもらえてありがたい。彼らはネットワークを持っているし、トレンドや江津市に必要なことを教えてくれ、自分も価値観が変わってくる」と、よそ者から学ぶ姿勢を示している。

また、まんのう町では、地域住民の雨霧氏が、田口氏をことなみ未来会議のまとめ役として招いた後も、支所長でいる間は毎回、転出子懇談会に出席し、田口氏、転出子たちと一緒に車座になって陰に陽にサポートした。

共通しているのは、関係人口に依存して主体性を失うでもなく、関係人口を客体化してその主体性を奪うでもなく、ともに対等な地域再生の当事者として向き合っている姿勢である。

これを、敷田（二〇〇九）が挙げた①自立、②依存、③活用の三つのどの相互作用形式に当てはまるかを分析すると、活用という形式では不十分であると考えられる。

活用形式では、地域側に主体性はありながらも適切なよそ者を見出すことに重きが置かれ、うまく使おうといったご都合主義が見え隠れするという指摘があること、そしてよそ者側が客体化してしまいがちであることは、第3章で述べた通りである。

そこで、活用ではなく、よそ者と対等な立場で協力してともに働く協働という相互作用形式であると提示したい[193]。こうした地域住民の態度は、前述したパットナムの「共にする」（パットナム 二〇〇〇［二〇〇六］、一三四頁）ことが重要であるという主張にも通じる。

以上を踏まえると、関係人口は、第6章で田口氏が言及していたような、完成された「スーパースター」的である必要はないということでもある。

海士町の岩本氏は、吉元氏らのアドバイスに耳を傾け、横文字を使わなくなり、地域で伝統芸能を習ったり、宴席にもきちんと出席したりするようになっていった。

江津市の田中氏も三浦氏も、NPO法人の設立やコンテストの運営、そして地域プロモーションについて、高い能力や経験を持っていたわけではなく、三浦氏についてはコンテストでの印象は薄かったと尾野氏は振り返っている。

しかしながら、江津市が第一回のコンテストで「たとえプランが未熟であっても、地域の課題解決に本気で取り組むという情熱を持っている個人又は団体の応募をお待ちしています」として、スキルアップへの支援も明記していたように、地域側がいわば「不完全」なよそ者を受けいれて育てるという意思を表明していたのである。

まんのう町の田口氏も、最初から明確な答えを描きながら指導していたわけではなく、地域住民や転出子たちと膝詰めで議論を重ね、「集落カルテ」の実現を後押しした。

そして、関係人口と同様に地域住民も「スーパースター」的な人材であったわけではない。地域課題に直面して悩みもがく中で関係人口と出会い、学んでいったことはすでに述べた通りである。ここにあるのは、地域住民も関係人口も対等な立場で、ともに変容していった姿である。

第3章で説明したように、過去の地域再生政策を振り返ると、依存形式の外来型開発や都市農村交流・観光はいずれも地域住民と地域外主体の両者が主体となる形式ではなかった。これに対し、関係人口との協働はともに対等な主体として向き合っているあり方であると言え、これまでとは異なる形式であると言うことができる（表18）。

関係人口の二つの役割

新たに提示した六つのよそ者効果と協働という相互作用形式を、地域再生プロセスの中に位置付け、関係人口が地域再生にどのような役割を果たすのか、考察していきたい。

地域課題が顕在化するⅠ期は、関係人口との関わりが生まれる前であり、特に効果は発現していない。Ⅱ期は、まず関係人口が地域再生主体として形成されるという効果の発現の前提となる時期であり、それを受け、次のⅢ期に地域再生主体の形成というよそ者効果が発現している。こうして地域再生主体が多層的に形成されたことにより、続くⅣ期で残る五つのよそ者効果が発現し、創発的に地域課題が解決していっ

表18　相互作用形式と地域再生主体、地域再生政策の再整理（筆者作成）

形式	特徴	地域再生主体	地域再生政策
自立	地域で解決し、よそ者の介入は不必要	地域のみが主体	
依存	地域の主体性がないままよそ者に依存	よそ者が主体、地域は客体	外来型開発 都市農村交流／観光
活用	地域が主体性に基づき適切なよそ者を活用	地域が主体、よそ者は客体	
協働	地域が主体性に基づきよそ者と協働する	地域もよそ者も主体	関係人口

たというのが基本的な流れである（図45）。ただし、必ずしも地域再生主体の形成が絶対条件というわけではなく、Ⅳ期に至る前の段階でも、この五つの効果のいずれかが発現するケースも想定されることは留意しておきたい。

また、いずれのケースも創発的な課題解決であったと言うことができる。

海士町では、高校存続問題を担当していた吉元氏は、実際にどうすればいいのか道筋は見えていなかった。一方の岩本氏も、学力ではなく人間力を付けるという大きな方向性は描いていたものの、具体策には落とし込めていなかった。それが浜板氏も含めた地域住民らと議論する中で、存続ではなく魅力化という本質を捉えたビジョンが生まれ、高校魅力化プロジェクトを展開する中で島留学や学習センターといった具体策が実現していった。その結果、生徒数とクラス数が増えて高校は存続した。

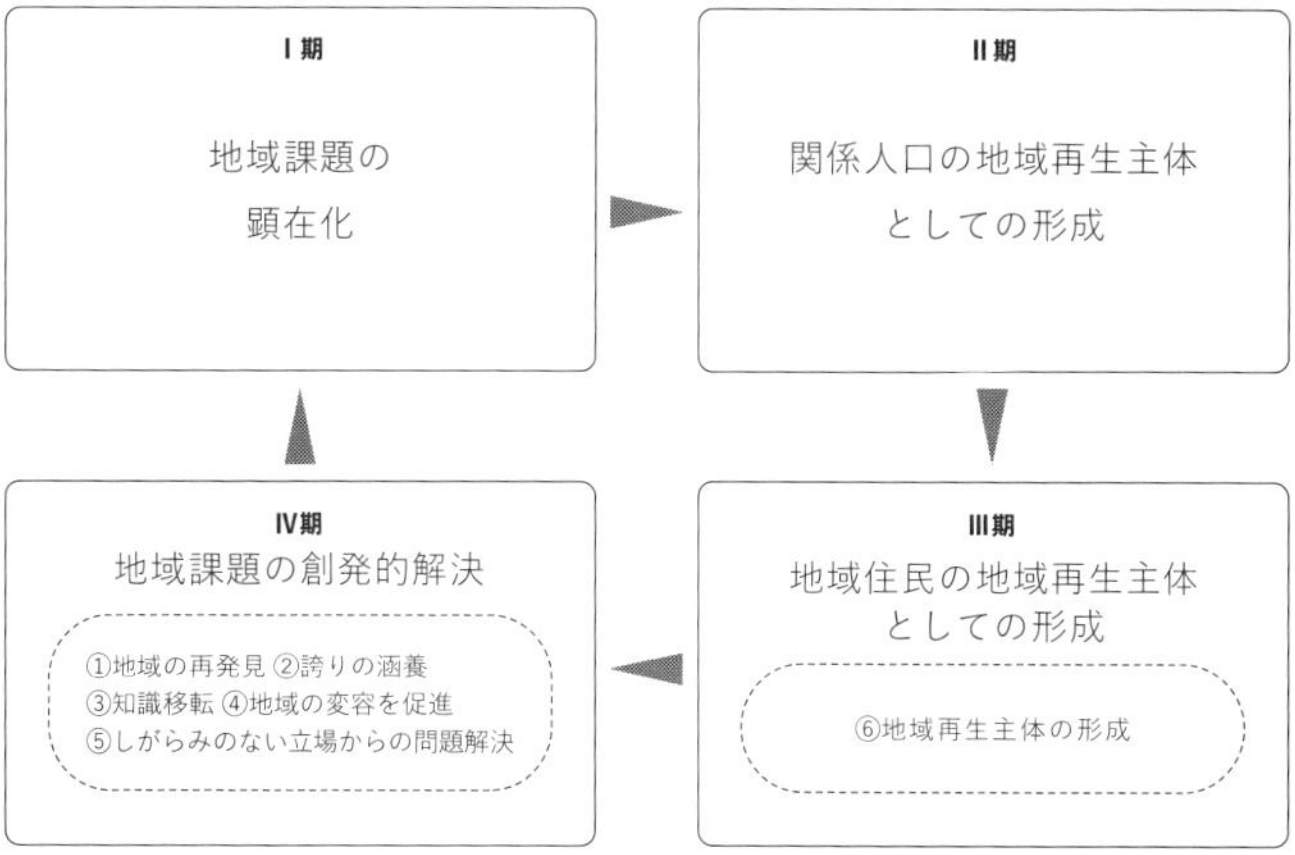

図45　地域再生サイクルと、発現したよそ者効果（筆者作成）

加えて、岩本氏が設定したＵターン型のローカル・トラックを強くするという次の地域課題も、岩本氏の出前授業を受けた卒業生やその後輩である青山氏らに思いがけず引き継がれ、その解決に向けた兆しが見えつつある。

江津市では、最初にコンテストを企画した中川氏の狙いは、起業人材の誘致であった。コンテストでの受賞を機に田中氏や三浦氏が関わるようになり、藤田氏をはじめとした地域住民が主体性を獲得し、シャッター通り商店街の復活に立ち上がっていった。

そして、コンテストの運営が軌道に乗り、起業人材が次々と移住してきたことで、空き店舗を活用した開業も増え、触発された地域住民にもその動きが広がっていくといった波及効果が生まれた。その結果として利用可能な空き店舗が埋まり、シャッター通り商店街が蘇ったのである。中川氏も、コンテストの想定外の効果であると述べている。

まんのう町でも、琴南支所長の雨霧氏がことなみ未来会議を設置する際、「ゴールはもう一切ないです」と明言しており、田口氏も依頼された時点で、具体的なプランや解決策を持っていたわけではなかった。さらに、ほとんどできるとも思わずに提案した転出子懇談会が意外にも実現し、定期化して回を重ねていく中で、予期せぬ「集落カルテ」という成果が生まれた。

以上を踏まえ、地域再生における関係人口の役割は、次の二つであると考えられる。

①地域再生の主体を形成する

②創発的な課題解決を促す

そして、この役割を果たすための条件となる地域住民との相互作用形式が、協働である。

この二つの役割は、第2章で紹介した、住民の主体的意識を醸成する足し算と主体性が生まれた後のビジョンづくりと実践という掛け算の二段階のサポートが必要という稲垣文彦（二〇一四）の考え方とも通底していると考えられる。主体性を持った地域再生主体が形成されるからこそ、その次の課題解決に向けた動きにつながっていくと言うことができる[194]。

3　現代社会における地域再生

再生という意味の多様性

これまで見てきたように、海士町では廃校寸前だった高校が存続し、江津市ではシャッター通り商店街が蘇り、まんのう町では災害時の支援体制の構築など地域住民が安心して暮らし続けられる環境が整いつつある。

それでは、なぜそうなったのか、言い換えれば再生したものは何だったのであろうか。

海士町の島前高校では、大規模な投資や施設の新設が行われたわけではない。江津市の江津万葉の里商店会もまんのう町の川奥地区も、同様である。共通して「モノ」が再生したのではないことがわかる。

そうではなく、再生したものは、地域住民という主体の意識であった。海士町の浜板氏や教員、江津市の藤田氏、まんのう町の横井氏が関係人口と関わる中で、自分こそが当事者であると気付いて地域再生の主体として立ち上がり、そして関係人口とともに地域課題を解決していった。

さらに、この地域再生主体の形成は、社会関係資本論から見ると、地域住民が自分で社会関係資本を構築できるようになったという意味でもあることは第7章で述べた。仮に最初の関係人口が去ったとしても、地域住民はまた別の関係人口や地域住民と社会関係資本を構築し、地域再生の主体を形成していくことができる。江津市の横田氏が口にしたように「地域の人がやらない限り、継続と成長はない」のである。それは、これまで地域住民が地域再生の主体として捉えられながら、「あきらめ」に代表される主体性の欠如と「心の過疎化」が繰り返し報告されてきたことを踏まえると、大きくかつ重要な変化であろう。

この章でも提示したように、こうして地域住民が主体性を獲得し、地域再生主体が形成されることで地域再生サイクルが回り、その結果として地域課題は解決に向かう。地域において課題がなくなることはない。そこで欠かせないのは地域再生主体の形成であり、前述したように主体の形成と地域課題の解決という過程の連続こそが、地域再生であると考えられるのである。

これは岩本氏が率直に人口減少地域の現実は厳しく、勝算があるわけではないこと、そして自分たちがずっと取り組んでいけるわけではないが、志を継いだ若者が挑戦を続けることに願いを託していると述べていることにも表れている。裏付けるように、島前高校は、自らの事例を成功事例ではなく、挑戦事例の一つだと表現している[195]。

そして、それぞれの地域で解決を目指していた課題は、多様であった。例えば、海士町では高校の存続を通した島の存続、江津市では起業人材の誘致やシャッター通り商店街の復活、まんのう町では地域住民が安心して暮らし続けられる環境づくりであった。このことが意味しているのは、地域の存続だけが唯一絶対の地域再生のあり方ではないということであり、再生という意味の多様性にもつながっている。

あらためて留意したいのは、三地域とも人口の減少は変わらず続いていることである。特に海士町以外の二つの市町の事例については、地域の存続に必ずしも直結しているわけではなく、むしろまんのう町では、将来的には地域の消滅も視野に入っていた。

もちろん地域の存続を目指すことを否定しているわけではなく、そう願って取り組むことの意義は大きい。しかしながら、加速的な人口減少社会を迎えている中で、残念ながら、すべての地域が存続していくことは難しくなっているという前提は、序章でも述べた[196]。それでは、存続が難しい地域はどうすればよいのであろうか。

一つには、第6章の田口氏が、目標を地域の存続には置いていないと明言し、転出子たちの力も借りて、「集落の尊厳」を守りながら「きれいにたたむ」ことを考えているというあり方が、参考になるであろう。田口氏は、周囲の研究者を見渡しても賛同者はほとんどいないと語っているものの、こう考えているのは実は田口氏だけではない。例えば作野（二〇〇六）が提唱する「むらおさめ」（作野 二〇〇六、四六頁）とは、集落の看取りを意味しており、地域再生策よりも住民の尊厳ある暮らしを最後まで保障するという考え方である。

さらに、地域住民があたたかく集落の終わりを迎えられるようにするために活動している「ムラツムギ」という団体がある[197]。

代表の田中佑典氏は、人口三〇〇人の奈良県南部にある旧大塔村（現・五條市）で生まれ育った。旧大塔村にはすでに消滅した集落も存在しており、そうした光景を幼い頃から目にしていたこともあって、「地域活性化」や「地方創生」という言葉は必ずしも耳障りのいいものではなかった。むしろどこか遠い世界の出来事のように感じつつ、「活性化できるところはしたらいい、でもできないところはどうしていくべきなのか」という憤りとも寂しさともつかない感情が原点にあったという。

田中佑典氏は、「ムラツムギ」の活動は「集落の住民の寂しさに寄り添う」ことがモットーであり、地域住民の意識に焦点を当てる大切さを綴っている[198]。

私の中で地方という観点がここまで大きくなったきっかけの一つが、自分が中学生の頃亡くなった祖父の存在でした。病気に臥せり、死が刻一刻と近づく中、村議会議長を務めていた祖父はうわごとのように「村が…」「村が…」とつぶやいていました。ムラで生きてきた方々にとって、ムラの終わりとはすなわち「世界の終わり」でもあります。ムラの終わりはこれまである種のタブーとされてきましたが、そうした現実が多くの方々の前に迫ってきているのです。だからこそ、受け継がれてきた文化と歴史と、そこに暮らす全ての方々に、精一杯の敬意と感謝を込めて、誰もが故郷への愛着と誇りを持ち続けられるよう、この活動を続けていく意義があるのではないか、と信じています。

序章でも述べたように、地域の存続が唯一絶対の評価基準ですらあるかのようなこれまでの地域再生の定義に基づけば、まんのう町川奥集落のような事例は、失敗であると位置付けられかねない。それで良いのであろうか。

いや、決してそうではない。地域の存廃にかかわらず、常に課題は存在している。前述してきたように、課題を解決する主体が多層的に形成され、安心して暮らし続けることができないといった課題が解決され続けていく、それこそが地域再生であるといえ、結果として地域住民やその暮らしに質的な変化が生まれるという側面に着目することが重要なのである。

信頼性と異質性というアンビバレント

第7章と第8章を通じ、関係人口が地域再生に果たす役割は、地域再生主体を形成し、創発的な課題解決を促すという二つがあることを明らかにした。

それでは、これらの役割を果たすことに有利な関係人口の類型が存在しているのかという問題を考えてみたい。

関係人口が発現した効果と類型については一度整理したが、さらに、どのような類型の関係人口がどのような効果を発現していたのかという視点に基づき再整理する(表19)。

表によると来訪型が四人、風の人型が四人、二地域居住型が一人であり、二地域居住型の例は少ないため、来訪型と風の人型に絞って分析したい。

風の人型は、六つの効果すべてを発現しており、来訪型も②誇りの涵養効果以外の五つの効果を発現している。これを見る限り、二つの類型に決定的な差はないように見える。第2章で確認したように関係人口とは関係概念であるという前提のためであろう。類型というよりは、どれくらいの時間や関与の度合いがあったかによって、効果の発現も変わってくると言うことができる。

その上で、これまで地域再生における二つの役割を果たすためには、地域再生主体の形成には社会関係資本の構築が、創発的な課題解決を促すにはよそ者効果がそれぞれ有効であることも確認してきた。

しかしながら、社会関係資本の構築とよそ者効果の発現という二つを一人の関係人口が兼ね備えることは、実は難しい条件のようにも思えなくもない。これは、第3章で触れた徳田（二〇〇七b）によるよそ者の特性「近さと遠さのダイナミクス」に通じるものである。

徳田によると、よそ者と地域との間には距離

表19　事例における関係人口の類型と効果の再整理（筆者作成）

関係人口の類型と登場人数	発現していた効果
来訪型（4人）	①地域の再発見 ③知識移転 ④地域の変容を促進 ⑤解決案の提示（※2人が発現） ⑥地域再生主体の形成
風の人型（4人）	①地域の再発見 ②誇りの涵養 ③知識移転 ④地域の変容を促進（※2人が発現） ⑤解決案の提示 ⑥地域再生主体の形成（※2人が発現）
二地域居住型（1人）	③知識移転

の二重性があることが特徴であり、実際の事例においては、よそ者が有する「近さ」と「遠さ」がそれぞれどの程度のものであるかが問われているとした。本書の文脈に置き換えると、「近さ」とは社会関係資本の構築であり、「遠さ」とはよそ者効果の発現であろう。

本書で地域再生の主体を形成し、創発的な課題解決を促すよそ者効果を同時に発現した関係人口は、岩本氏、田中氏、田口氏である。このうち、岩本氏と田中氏は風の人型であった。風の人型とは第2章で「他集団から訪れて一時的に居住し、別の他集団へ移動する」と定義した。この中で、居住する＝住むと、別の他集団へと移動する＝去るが重要な要素であると考える。

まず、住むという行為は比較的地域住民の信頼を得やすく、社会関係資本を構築しやすいと言うことができる。その地域に住む風の人型に比べると、住まずに継続的に訪れる来訪型はどうしても信頼が得られにくくなる。例えば、海士町の「さざえカレー」の事例での玉沖氏の苦労に現れており、玉沖氏は何度も通い、粘り強く関わり続けたことで特産品の開発にこぎつけた。

とはいえ、来訪型の関係人口も社会関係資本の構築ができないというわけではない。実際にまんのう町では、田口氏という来訪型の関係人口が、地域再生主体の形成と創発的な課題解決を促すよそ者効果を発現させている。しかしながら、これは、雨霧氏の証言にもあったように、大学教員という権威が存在していたことや、ほぼ毎月、多いときには週二回ものペースで通い続けたという、信頼を得やすい好条件がそろったためであると説明できる。

確かに住むという行為は信頼につながりやすいが、一方で時間が経過するにつれて、同化というベクトルに向かいやすくなるとも言える。一住民として日常の中に埋没してしまえば、よそ者効果が発現できないことになりかねない。そこで、同化する前に去ることが重要になってくる。逆に言えば、去るからこそ、同化しなくてもよいし、しがらみのない立場からの問題解決といったよそ者効果が発現しやすいとも言うことができる。

いわば信頼性と異質性という、相反する要素を両立させるアンビバレントさが「近さと遠さのダイナミクス」であり、この二つを兼ね備えることで、地域再生の主体として最大限に効果を発現する可能性が生まれるのである。

関係人口は少なくていい

だからと言って、地域社会がこうした二つをもともと兼ね備えているような、いわゆる「スーパースター」的な関係人口だけを選んで呼び込もうと考えたとしたら、その態度は誤っていると言わざるを得ない。それは、過去の歴史が教えてくれている。「スーパースター」的な関係人口を求める態度は、第3章でも整理したように、地域の主体性がないままよそ者に依存する依存形式や、地域の主体性はあるもののご都合主義に陥りやすい活用形式となってしまう危険と隣合わせである。

依存や活用ではなく、海士町では、吉元氏が岩本氏に横文字を使わないことや、効率性や生産性では測れないものを大切にすることなど、必要な心構えを丁寧に伝えた。

江津市でも横田氏は田中氏を信頼し、細かく指導するのではなく、相談を受けたときに進めやすくするためのアドバイスをするといった程度であった。そもそも江津市のコンテストの募集要項に「たとえプランが未熟であっても、地域の課題解決に本気で取り組むという情熱を持っている個人又は団体の応募をお待ちしています」「ビジネスプランの実現及び受賞者自身のスキルアップのための各種支援を行います」と書いてあったように、関係人口と信頼関係を構築しながら、育てていったのである。

まんのう町でも、田口氏と琴南支所職員、地域住民との信頼関係は、ことなみ未来会議、転出子懇談会を通じて時間をかけて築かれている。

こうした地域住民の態度は、協働という相互作用形式であることを繰り返し強調しておきたい。「スーパースター」待望論と並ぶ、もう一つの注意点は、単純に関係人口さえ来れば地域課題が解決すると、地域社会が関係人口をいわば「万能薬」「特効薬」のように考え、とにかく数多くの関係人口を呼び込もうと考えることである。

ここでも、過去の歴史が参考になる。前述したように交流人口が地域住民と対等な関係を結び、地域再生の主体となることが期待されていた都市農村交流は、地域側が消費される一過性の関係となって廃れていく中で、観光客数に近い概念に矮小化されていた。序章で人口という量の「呪縛」から解き放たれるべきという曽我（二〇一九）の論を紹介したように、人口減少社会では量ではなく質に目を向けることが求められているのである。

以上を踏まえると、よそ者である関係人口は、関係が生み出す困難な概念であると言える。人口減少社会の中で過剰とも言える役割を期待されることもあるが、関係人口がすべての地域課題を解決できるわけでもなく、むしろ関係人口の数は少なくていいとも言うことができる。多くなればなるほど、関係の質を担保することは難しくなるであろう。かつて都市農村交流で起こった「交流疲れ」現象ならぬ「関係疲れ」現象を生んでいくことにもなりかねない。

4　地域課題という「関わりしろ」

この章の最後に、地域再生において地域住民が果たすべき役割も考察したい。関係人口の役割に対応して、大きく次の二つであると考えられる。

①「関わりしろ」を設定する
②関係人口と協働する

地域再生サイクルの始まりは、地域課題の顕在化であった。これを地域住民の役割として分解すれば、地域課題を設定し、地域外の主体の力も借りようと地域を開いたことである。

例えば海士町では、当時の山内町長が「海士町自立促進プラン」の策定を通じて島前高校の存続問題に取り組む必要性を明確に位置付け、町財政課長であった吉元氏が担当を引き受けた。そして、東京の大学院生の尾野氏に相談を持ちかけたことで岩本氏と出会い、移住してともに取り組んでほしいと説得したのである。

江津市でも、江津市役所の中川氏が空き家は紹介できても、求人企業が紹介できないという課題を前に、企業誘致から起業人材の誘致へと舵を切り、ビジネスプランコンテストの開催を決断した。その際、尾野氏や東京都のＮＰＯ法人の代表理事らに積極的にアドバイスを求めただけでなく、コンテストを運営するＮＰＯの設立もよそ者に任せた。

まんのう町でも、琴南支所の雨霧氏が、支所任せでなく地域住民が考える必要性を痛感し、隣県の徳島大学の田口氏に住民主導型のことなみ未来会議のまとめ役を依頼した。

地域住民が設定し、地域外の主体に開いた地域課題は、関係人口側の視点に立つと、自分自身が関わるテーマとして映る。これを、関係人口の提唱者の一人である指出（二〇一六）は「関わりしろ」と呼んでいる。

指出によると、「関わりしろ」とは「その地域に自分が関わる余白」（指出 二〇一六、三三頁）である。観光名所といった地域のPRをして満点感を出せば出すほど、自分との関わりが感じられる他人事として興味を失ってしまいがちであるとして、大切なのは自分事として参加できることや、一人の人間として必要とされているかであると指摘している。その背景には、第2章で指摘した、つながりやアイデンティティへの希求があるからであろう。

だからこそ、地域住民が積極的には見せたがらない地域課題や弱音こそが「関わりしろ」になり、関係人口が関わるきっかけになると述べている。

これは、まったく新しい議論というわけではない。これまでもネットワーク論で知られる金子郁容（一九九二）や、前述の河井（二〇〇九）が提示してきた「バルネラビリティ（脆弱性）」という考え方につながっていると考えられる。

金子はバルネラブルであるということは、弱さであるとともに「相手から力をもらうための『窓』を開けるための秘密の鍵」（金子 一九九二、一二五頁）であり、「弱さの強さ」（同）でもあるとしている。河井もバルネラビリティが「見える化」（河井 二〇〇九、二七頁）につながり、誘発力を生むと指摘している。

こうして「見える化」された「関わりしろ」に関係人口が応じ、関わり出すことで、地域住民が主体性を獲得して地域再生の主体が形成され、創発的な課題解決につながるという地域再生サイクルが回ると言うことができる。

こうして「関わりしろ」を設定し、関係人口と出会えたとして、その上で、もう一つの条件となるのが信頼関係をどう築き、協働するかである。この点は第7章と第8章を通じて詳しく説明してきた通りである。

以上をまとめると、地域住民の役割は、①「関わりしろ」を設定し、②関係人口と協働する、という二つである。関係人口は確かに簡単な概念ではないが、地域住民が量的、質的ともに困難な状況に直面する中で、地域外主体の重要性は高まっている。現代における地域再生は、「関わりしろ」という地域社会のいわば「弱み」を見せることから始まるのである。

第8章のまとめ

第8章では、第4～6章の三地域の事例を踏まえ、地域再生に至るプロセスとして、地域課題の顕在化→関係人口の地域再生主体としての形成→地域住民の地域再生主体としての形成→創発的な課題解決、という地域再生サイクルの存在を指摘した。

その上で、このプロセスにおいて、関係人口は①地域の再発見効果、②誇りの涵養効果、③知識移転効果、④地域の変容を促進、⑤地域とのしがらみのない立場からの問題解決、という先行研究で指摘されていた五つのよそ者効果に加え、新たに⑥地域再生主体の形成という効果を発現していたこと、そして、これらの効果を発現したのは、従来の①自立、②よそ者依存、③よそ者活用のいずれでもない、協働という地域住民と関係人口の間の相互作用形式であったことを分析した。

これを踏まえ、地域再生における関係人口の役割は、①地域再生主体を形成し、②創発的な課題解決を促す、という二つであることを明らかにした。

地域住民が主体性を獲得し、地域再生主体が形成されることで地域再生サイクルが回り、結果として地域課題は解決に向かう。地域において課題がなくなることはない。それに不断に向き合う主体が形成され、地域課題が解決され続けるという過程の連続こそが、地域再生であると言えるのである。そしてそのことによって、地域住民やその暮らしに質的な変化が生まれるという側面に着目することが重要である。

言い換えれば、それを可能にしたのが関係人口であり、だからこそ関係人口は、地域再生のカギとなる存在として位置付けられるのである。

しかしながら、よそ者である関係人口は、関係が生み出す困難な概念であると言える。地域社会がいわゆる「スーパースター」的な関係人口だけを選んで呼び込もうとしたり、単純に関係人口さえ来れば地域課題が解決すると考えたりするならば、それは誤りである。

人口減少社会の中で過剰とも言える役割を期待されることもあるものの、関係人口が地域課題のすべてを解決できるわけでもなく、むしろ関係人口の数は少なくていい。多くなればなるほど、関係の質を担保することは難しくなり、かつて都市農村交流で起こった「交流疲れ」現象ならぬ、「関係疲れ」現象を生んでいくことにもなりかねない。

また、この章の最後に、地域再生における地域住民の役割も考察した。それは、①関係人口が関わるきっかけとなる「関わりしろ」を設定し、②関係人口と協働する、という二つであった。関係人口は確かに簡単な概念ではないが、地域住民が量的、質的ともに困難な状況に直面する中で、関係人口に代表される地域外の主体の力を借りようと地域を開くことは、第I章で指摘した「地域衰退サイクル」を地域の再生へと転換させる第一歩となりえるのである。

終章　目指すべきものは何か

量から質への転換

　本書では、関係人口とともに地域を再生した島根県海士町と同県江津市、香川県まんのう町の事例を基に、関係人口がどのように地域再生主体として形成され、地域再生にどのような役割を果たすのかを考察した。そして、これらの作業を通じ、人口減少が前提となる現代日本社会で地域再生とは何を目指すべきなのかも再定義した。

　三地域の事例は、「スーパースター」的な関係人口が一人で地域を再生したわけでもなく、地域住民がそうした関係人口のみを選んで呼び込み、その能力をうまく活用したから、地域が再生したわけでもない。

　むしろ、「不完全」な関係人口が、地域住民と社会関係資本を構築する過程で地域再生の主体として形成され、その関係人口と社会関係資本を構築する過程で、新たな地域住民が主体性を獲得していった。

　こうして地域再生の主体として形成された地域住民と関係人口が協働することで関係人口のよそ者効果が発現し、創発的な課題解決が可能となった。その結果、廃校寸前だった高校が存続し、シャッター通り商店街が蘇り、地域で安心して暮らせる環境が整いつつある。これは、海士町と江津市、まんのう町以外の地域でも再現可能であると考えられる。
海士町以外の二つの市町の事例については、地域の存続に必ずしも直結しているわけではなく、むしろまんのう町では、川奥地区の将来的な消滅も視野に入っていた。それでも、住民が安心して生活するという地域課題に立ち向かう主体が形成され、その課題が解決に向かっていた。これも一つの地域再生のあり方であると言える。

本書で明らかになったことは、次の三点である。

①関係人口は、地域住民と社会関係資本を構築する過程で地域再生主体として形成される。
②その関係人口と社会関係資本を構築する過程で、新たな地域住民が地域再生主体として形成され、両者の協働という相互作用によって創発的な地域課題の解決が可能になる。関係人口が地域再生に果たす役割は、地域再生主体の形成と、創発的な地域課題解決の二つである。
③地域再生主体が多層的に形成され、地域課題が解決され続けるという連続的過程が地域再生であり、現代社会の地域再生において目指すべきあり方である。

地域再生の主役はやはり、その地域に暮らす住民である。人口減少が前提となる現代社会の地域再生においては、「心の過疎化」に起因する主体性の欠如が報告され続けてきた地域住民が主体性を獲得し、地域再生の主体として形成されることが欠かせない。そして、これまで述べてきたように、その形成を促すカギとなる存在が、関係人口である。

地域において課題がなくなることはない。ただ、地域住民が主体性を備えていれば、仮に最初に関わった関係人口が去っても、新たな関係人口や別の地域住民と関係を結び、課題を解決することは可能であり続けるのである。

その際、これまでのように地域の存続を唯一絶対の評価基準に掲げるのではなく、課題が解決され続け、住民やその暮らしに質的な変化が生まれるという側面に着目することが重要である。課題は地域によって多様であり、だからこそ再生という意味も多様である。

ただし、注意しなくてはならないのは、関係人口も数を増やすという、量的な議論に回収されがちなことである。繰り返し述べてきたように、人口減少社会を背景に、関係人口は過剰とも言える役割を期待されているものの、関係人口が地域課題のすべてを解決できるわけでもなく、むしろ関係人口の数は少なくていい。量ではなく、地域住民との間の関係の質こそが重要なのであり、人口増加を基調としてきた日本社会が人口減少という局面を迎え、質への着眼と評価という大きな転換を求められていると言い換えることもできるのである。

格差拡大への懸念

最後に、本書の限界と今後の課題を挙げる。

まず、主体形成過程における個人の意識変容に焦点を絞り、関係人口に直接関わった少数の関係者についての記述となったことから、地域構造や住民の構造的地位の分析に十分な注意を払うことができなかった点が挙げられる。現実には、地域の構造的条件に規定されつつ主体化できない人の存在も想定されうる。こうした点への配慮が欠ければ、仮に再生しなかった、またはできなかった場合に地域住民の主体性の欠如に原因が求められ、結果として精神論の支持につながりかねない恐れもある。また、関係人口の効果が発現しやすい地域と、そうではない地域の違いや条件を考察していくことも必要であろう。今後の大きな課題としたい。

二点目は、地域再生主体の形成過程の多様性についてである。関係人口が地域再生主体として形成される過程は、本書で示したパターン以外にも多様に存在すると考えられる。本書では、関係人口の関心の対象が地域課題であることを条件の一つとして考察したが、例えば、最初は地域課題に関心がなくとも、地域住民と関わる過程で関心が生まれてくるという可能性も十分に想定されるのではないだろうか。さまざまなパターンを検討する必要があるであろう。

この点に関連し、本書は関係人口との関わりの起点となった地域住民がどのように地域再生の主体として形成されたのかの分析には踏み込んでいない。新たな概念である関係人口に着目し、関係人口自身とその関係人口に関わった地域住民の地域再生主体としての形成を主題化したため、起点となった地域住民の主体性は所与のものという前提で議論を進める形となった。ただ、もともと地域住民がどのように主体性を獲得して地域課題を設定するに至ったのかを考察することで、関係人口以外のアプローチによる地域再生主体の形成の可能性も見えてくると考えられる。

三点目として、本書における分析対象は、関係人口の類型として示した四つの中でも風の人型と来訪型を中心に二地域居住型も含んだ三類型であり、残るバーチャルな移動型については検討できなかったことが挙げられる。バーチャルな移動型は、モビリティの高まり、さらには補論でも述べるように新型コロナウイルス感染拡大の影響を背景に、存在感を増すことが予想される。実際にふるさと納税を関係人口の増加につなげたいという期待も高まっている（事業構想研究所二〇一八）。しかし、身体的な移動を伴わないという他の三類型と比べても大きな相違点がある。本書の分析が適用できないことを必ずしも意味するわけではないと考えるが、それを明らかにするためにはもう一段の検証と分析が求められる。

四点目は、現代日本社会の中でも、日本人のみを対象とした点である。二〇一八年に外国人労働者受け入れ拡大のための法改定が行われ、移民社会としての日本が本格的に姿を見せつつある（高谷二〇一九）。一方で「顔の見えない定住化」（丹野二〇一六）といった状況も生まれている。よそ者論の射程をさらに広げ、こうした移民の存在も踏まえながら、地域社会におけるよそ者について慎重に検討を進めていく必要があるのではないだろうか。

第二期の「地方創生」方針を定めた、まち・ひと・しごと創生本部（二〇一九）による「まち・ひと・しごと創生基本方針二〇一九」では、関係人口の創出・拡大が初めて盛り込まれた。しかしながら、将来的な移住にもつながるという文脈がより強く期待されており、本書で繰り返し述べてきた関係の質の重視は影が薄くなりつつある。政策としての関係人口は現在進行形であり、今後の動向を注意深く見ていかなくてはならない。

その際、格差拡大への目配りという視点を忘れてはならないであろう。縮小社会への転換を論じた社会学者の町村敬志（二〇一八）は、戦後、限られた国土を前提に残された国土の徹底開発が目指されたように、これからは限られた人口を前提に残された人々の可能性の開発が目指されていくとした上で、「国土開発が結果的に大きな格差を国土にもたらしたように、新しい『開発』もまた、人びとの間にさまざまな潜在性に基づく大きな格差をもたらす可能性が大きい」（町村 二〇一八、三六―三七頁）と指摘している。

第Ⅰ章で触れたように「地方創生」において資源という言葉が多用されていることも踏まえると、〝有用な〟関係人口と〝有用でない〟関係人口という、「よそ者資源論」にもつながる状況が生まれていく恐れは、十分にある。地域社会が関係人口を資源として客体化するのではなく、対等な主体として協働していく中で互いに地域再生主体として形成されていくものであるということは、何度強調してもしすぎることはない。

ほかに本書で分析概念として用いた社会関係資本に関連した議論でも、学力を左右する「つながり格差」（清水ほか 二〇一〇、三六八頁）が報告されている。前述の町村の指摘も含めた個人間の格差にとどまらず、関係人口を引きつけるような「持てる」地域と「持たざる」地域という地域間の格差が生まれる可能性も指摘されていることにも留意する必要がある（田中 二〇一九b）。

一方、関係人口をめぐる混乱の一つは、「人口」とは人々の総数のことでありながら、関係人口の含意としては、数よりも関係の質を指しているという矛盾に由来している。本書では、この点に検討を加えることはできなかった。しかしながら、本書は、関係人口という用語の妥当性に焦点を当てているのではなく、地域外の主体を地域再生に重要な役割を果たす存在として位置付けた上で、その役割の一端を明らかにし、これからの地域再生の方向性を提示したことに、本質的な意義があると考えている。

地域住民の数が減り、そして質的にも「心の過疎化」が報告される中で、地域外の主体の力を積極的に借りて協働していくことが、人口減少社会における地域再生の一つの方向性であろう。しかもそれは地域社会の一方的な「片思い」ではなく、つながりや社会関係資本を希求する都市住民にもニーズがあり、対等で互酬的な関係が結べる可能性もあるのである。この点は明らかに過去とは異なる時代背景がある。

しかしながら、これらを踏まえた上でも、関係人口とは関係が生み出す困難な概念であり、過去の交流人口と同様に消費されたり、新たに「関係疲れ」が起こったりする懸念についても、すでに述べた通りである。今後長い目で見れば、関係人口に代わり、地域再生に関わる新たな地域外主体の用語や概念も生まれてくるのかもしれない。

補論　新型コロナウイルスと関係人口

二〇二〇年に起こった新型コロナウイルスの感染拡大は、地域にも大きな影響を及ぼしている。中でも、関係人口をはじめとした地域の外部者、つまりよそ者の受け入れについてはいったん足踏みとなり、どう向き合っていけば良いのか、戸惑いの声も聞こえる。新型コロナウイルスの感染拡大に伴う地域の変化を踏まえつつ、これからの関係人口のあり方や課題を検討する。

買い支える動きが活発化

二〇二〇年一月に国内初の新型コロナウイルスの陽性患者が発生して以降、感染拡大の影響で全国的にイベントの自粛が相次いだ。さらに同年四月には政府が緊急事態宣言を発令し、都道府県を越える人の移動に制限がかけられた。「今は来ないで」と来県の自粛を呼びかけるケースは少なくなく、中には、県境で来県者の検温を実施したり、県外ナンバーをチェックしたりするケースもあった。

これは、地域外との往来や外部者との接触そのものが、気をつけるべきもの、できる限り避けるべきものであるというメッセージとして伝わった。

自治体が関係人口の関連事業やイベントを中止・延期したりする動きが広がり、第2章で紹介した総務省の関係人口創出・拡大事業でも事業の実施が見通せないとして、応募後に辞退する自治体も出た。関係人口についてだけでなく、これまで自治体が進めてきた移住・定住、そして交流・観光の分野も同じであり、軒並み事業やイベントが中止や延期となった。

緊急事態宣言は同年五月下旬にいったん解除されたものの、その後も感染状況は地域によって大きく異なっており、特に感染者が多く報告される首都圏や大阪、名古屋といった都市部との不要不急の往来自粛を求める動きは、地方では根強い。二〇二一年一月には、再び一一都府県に緊急事態宣言が発令された。

それも無理のないことだろう。自治体の関係者に聞くと、関係人口や移住者を受け入れる地域住民側から、感染リスクへの不安や、「今は外から来てほしくない」といった率直な声が寄せられているのだという。決して批判したいわけではない。受け入れる現場が歓迎する雰囲気ではない中で、外部者を無理矢理呼び込んでも、お互いに不幸なだけであろう。少なくとも今は、外部者を呼び込むことを積極的に進めていくタイミングではない。これが現場の共通認識ではないだろうか。

その前提の上で、もう少し細かく関係人口をめぐる動きの変化について捉えたい。

注目したいのは、応援したい生産者や飲食店のものを買い支える「応援消費」のような動きが各地で活発化したことである。遠く離れた首都圏にいる人たちが積極的に地方の産品を購入し、「今こそ関係人口の出番だ」と口にする人たちもいた。

例えば、関係人口の提唱者でもある高橋氏が『東北食べる通信』に続いて立ち上げた産地直送ネット通販「ポケットマルシェ」では、食材が余ったり、大量の在庫を抱えたりして助けを求める地方の飲食店や生産者の存在を踏まえて「新型コロナで困っています」というコーナーを立ち上げて発信した。外出自粛要請の影響もあって、五月の注文数は二月に比べて二〇倍に増え、登録ユーザー自体も三倍以上の十八万人に達したという。

筆者も参加した総務省の関係人口創出・拡大事業成果検証研究会でも、自治体がこれまでつながっていた関係人口からふるさと納税や地域産品の購入といった支援をもらったという報告があった。

地域にリアルで足を運ぶという行動は大きな制約を受けたものの、買うという行動は盛んになり、新しい動きが起こっていると言えるのではないだろうか。

これは、第2章の図II で説明した関係人口の四類型、①バーチャルな移動型、②来訪型、③風の人型、④二地域居住型に当てはめて考えてみると、②③④については足踏みとなる一方で①が盛んになったと考えることもできるであろう。

プラスに捉える三つの視点

地域と関係人口を考える上で、新型コロナウイルスの影響はマイナスばかりでもないと捉えている。その理由は大きく三点ある。

一点目は、近くの関係人口への着目が増すことである。

これまで関係人口の創出・拡大を考える際、自治体は東京を中心とした首都圏に目を向けがちであった。もともとの人口ボリュームが多いことに加え、関係人口の背景の一つにある「ふるさと難民」もやはり首都圏に多いことが背景にあった。

しかし、遠く首都圏に目を向けなくとも、同じ都道府県内や、もっと言えば合併で広域化したこともあって同じ市町村内という近くにも、関係人口やその予備軍は存在している。近くの関係人口であれば、一緒に活動するといったリアルな対面も行いやすいであろう。

二点目は、関係人口の四類型の中でも、①バーチャルな移動型の可視化が進んだことである。②来訪型、③風の人型、④二地域居住型に代表される、実際に足を運んだり頻繁に通ったりするという関わり方は、目に見えてわかりやすく、人間関係も築きやすい面はある。ただ、関係人口の関わり方は多様であり、これだけがすべてではないにもかかわらず、現場では足を運ぶ、通うことが絶対視される傾向が生まれつつあった。実際に「通えなくて申し訳ない」「頻繁に行けないから関係が途切れてしまう」と涙を流す関係人口に会ったこともある。

さかのぼれば、関係人口という概念が生まれた意義の一つは、「骨を埋める覚悟」が求められがちであることに代表されるような、地域への定住のみを重視する従来の価値観、ひらたく言えば「住んでなんぼ」という「呪縛」からの解放であった。それなのに、関係人口が広がる中で、次なる「通ってなんぼ」の「呪縛」が生まれつつあったのである。

しかし、新型コロナウイルスの感染拡大に伴って物理的に地域に足を運びにくくなったことで、「通ってなんぼ」は成立しづらくなった。実際に足を運んだり頻繁に通ったりする以外の①バーチャルな移動型という関わり方の可視化が進み、存在感が高まった。この意味は小さくない。

三点目は、結果的に、「ブーム」がいったん落ち着いたことである。

第二期「まち・ひと・しごと創生総合戦略」で、初めて関係人口の創出・拡大が掲げられたこともあり、過剰とも言える期待が関係人口に寄せられていることは、第2章でも紹介した。

そうした中で、本来なら欠かせないはずの足元の地域課題を整理したり、なぜ関係人口が必要なのかを考えたりすることを後回しにして、関係人口事業に取り組むケースが残念ながら散見されていた。これらは「とりあえず関係人口」というスタンスであり、厳しい言い方をすれば、一種の「思考停止」に陥っていたとも言えるであろう。それが、新型コロナウイルスの感染拡大に伴い事業実施が難しくなったことで、あらためて原点に立ち返る時間ができたと話す自治体の担当者もいた。

今後に向けた視点

今後の地域と関係人口を考えると、いつまでも足踏みを続け、外部とのつながりを断ち切り続けたままというわけにもいかない。新型コロナウイルスの感染拡大を機に、地方への関心が高まっているというデータもある。例えば、内閣府が二〇二〇年五月から六月にかけて行った「新型コロナウイルス感染症の影響下における生活意識・行動の変化に関する調査」では、全体で一五・〇％の人が地方移住への関心が高くなったと答えており、中でも東京二三区に暮らす二〇歳代ではその割合が三五・四％とさらに高まっていた。

それでは、どのようなことを大切にすれば良いだろうか。

一つは、②来訪型、③風の人型、④二地域居住型という形に代表される、実際に足を運んだり頻繁に通ったりするという関わり方にこだわりすぎないことであろう。長期戦になるとも言われる中で、ここにこだわりすぎると、関係人口との関わり自体がストップしてしまうことにつながる。

これまで述べてきたように、①バーチャルな移動型という関わり方も存在している。二〇二〇年度の総務省の関係人口創出・拡大事業でも、オンラインを活用して新しい関わり方のチャレンジを始めた自治体もある。「オンライン関係人口」という言葉も生まれた。

関わり方のバリエーションが増えることは、地域にとっても関係人口にとっても望ましいことである。むしろ、関わり方のバリエーションを増やす好機として捉え、さまざまな工夫や模索をしていく必要があるのではないだろうか。また、前述したように近くの関係人口を大切に、関わり方を考えて実験してみる選択肢もある。

その上で、あらためて足元の地域課題を見つめ直し、その中でも、関係人口の力を借りてともに解決していく課題はどれなのかを、自治体や地域で議論する必要がある。本書で主張してきたように、地域再生の観点から考えれば、関係人口は「何人増えた」という量を目指すのではなく、「どのような人とどのような関係性を結ぶことで、どのような地域の課題が解決するのか」という、地域の質的な変化に力点を置くべきものだからである。

議論の結果、関係人口の力を借りなくても解決できる課題もあると気付くこともあるかもしれない。むやみやたらに関係人口を「増やそう」「増えればいい」という考え方に陥らないよう注意が必要である。地域再生を目指す上で関係人口の創出・拡大は、「手段」であって、決して「目的」ではない。

注

序章

1――千野(二〇一二)参照。この中で、日本の人口は二〇〇五年に戦後初の減少となった後に再び増加し、二〇〇七～二〇一〇年の間はほぼ横ばいで推移した後、二〇一一年から減少が続いており、二〇一一年が、人口が継続して減少する始まりの年、つまり人口減少社会「元年」と言えるとされている。

2――一方、経済学者の鬼頭宏(二〇〇〇)によれば、日本の人口は四つの循環を積み重ねて増加してきており、人口減少の局面は過去にも経験している。

3――地方とは中央に対置する概念とされる(中澤二〇一二)が、本書における地方とは東京、中京、京阪神の三大都市圏以外のエリアを基本的に念頭に置いている。過疎地域、農村、農山村、山村、漁村などと呼ばれる、何らかの条件不利性を持ち、人口減少が進んでいる地域を表現する総称である。これに対し、地域とは一定の地理的範囲とそこに暮らす住民やその関係性を表し、都市にも地方にも存在すると位置付けている。原則日常生活圏の範囲に近い区域を想定するが、地域は多義性を持っており、文脈によって拡大縮小するという主張(森岡二〇〇八、敷田二〇〇九)に従って、厳密に範囲を特定しない形で用いている。

4――地域をめぐって語られてきた用語は、開発、活性化、再生、または、地域づくり、まちおこし、復興と異なるが、地域をより良くするという本質は共通している。本書では特別に意味を持たせる場合以外は、再生で統一する。従来以上に困難な局面から生まれ変わるという含意がある(小田切二〇一四)ことや、地域社会学会(二〇〇九)の『縮小社会における地域再生』に見られるように同学会でも使用されていることが理由である。

5――移住・交流推進機構のウェブサイトでも「移住って良いことあるんだ‼知らないと損する全国自治体支援制度二〇二〇年度版」が公開され、移住者への支援策や優遇策を設ける自治体の多さと、〝お得感〟がアピールポイントとなっていることがわかる。

6――例えば、地域の人口分析を手掛け「田園回帰1％戦略」を提唱する藤山浩(二〇一五)や、農業経済学者の小田切徳美(二〇一四)、行政学者の嶋田暁文(二〇一六a)のほか、地方が消滅しないことを訴えているものには、社会学者の山下祐介(二〇一四)も存在している。

7——「地域の再生に一番必要なものは何か、それは人、人、人なのである」(梅原 二〇一三、五一頁)と言われているほか、黒田(二〇〇五)、吉野(二〇〇六)、辻・吉武・出口(二〇一〇)など。

8——社会関係資本とは、「social capital」の訳語であり、本書では社会関係資本で統一する。社会学分野で社会関係資本論を研究した三隅一人(二〇一三)が「人的資本や文化資本との並びでいえば『社会資本』でもよいのだが、すでに公共的便益を生産する資本ストックをさす用語として定着している。本概念の、少なくとも社会学における焦点は、関係論的社会学理論であり、また、社会関係が織りなす社会構造であるので、その点を直裁的に示すには適切な訳し方だと受け止めている」(三隅 二〇一三、x頁)と述べているのを参考にしている。

9——例えば、稲葉(二〇〇四)、山内(二〇〇五)、赤沢・稲葉・関(二〇〇九)など。

10——総務省統計局の国勢調査参照。国勢調査が始まった大正時代の一九二〇年、日本全体の人口は五、五九六万三、〇五三人、島根県は七一万四、七一二人であったが、二〇一五年の国勢調査では全体が一億二、七〇九万四、七四五人と倍以上増えたのに対し、島根県は六九万四、三五二人となった。

11——ただ、過疎という言葉を誰がいつどのように言い始めたのかには、諸説ある。島根県に取材に訪れた共同通信の記者であるという説や、大谷武嘉町長であるという説もある。

12——二〇一九年四月四日のJタウンネット「厚労省、島根・鳥取を間違えて謝罪も…県広報『慣れてます』『よくあること』」二〇二一年二月一二日取得。j-town.net/tokyo/news/localnews/278000.html

13——島根県を含む中国山地でなぜ過疎が生まれたかは『みんなでつくる中国山地２０１９』(二〇一九年、中国山地編集舎)に詳しい。

14——島津(二〇一二年)参照。

15——島根県匹見町で過疎が進んだ直接的なきっかけは、一カ月以上にわたって孤立した一九六三(昭和三八)年の「三八(さんぱち)豪雪」があり、その後、一家で集落を離れる「挙家離村《きょかりそん》」が相次いだ。

16——鳥取県との県境や山口県との県境など一部可能な地域もある。

17——人口密度で見ると一〇〇・四六人/平方キロメートルで、北海道、岩手県、秋田県、高知県に次いで全国五位である。

第1章

18——例えば、折田(一九八九)、山下(二〇一〇)、作野(二〇一四)など。

19――これらの特定の時点／年で明確に区切れるわけではなく、各境界は前後の時代の両方の性格を持つことは留意が必要である。

20――数字は社会学者の蘭由岐子（一九九四）参照。そのほか、一九六〇年代中盤から経済的必要に迫られてやむにやまれず単身で働きに出る賃労働型出稼ぎが急増し、一九七二年をピークに減少している（北川二〇一六）。

21――加瀬和俊（一九九七）は農村における過剰人口の堆積、中でも跡継ぎの長男に対し、婿入りや分家の機会に恵まれなかった農家の次男や三男が留まる二三男問題が深刻であったとしている。これに対し、吉川徹（二〇〇一）はその後の研究で、日本の農村からは長幼男女の別なく都市流出が続いていたことが明らかになったことを紹介している。

22――今井（一九六八、八―九頁）。

23――中国新聞社（一九六八、三四三頁）。

24――中国新聞社（一九六八、三六四頁）。

25――安達（一九七三、一一九頁）。

26――今井（一九六八、八一頁）。

27――主に吉川光洋（二〇一〇）参照。

28――過疎対策については総務省（二〇一九ａ）参照。

29――服部（二〇〇九、六六頁）。

30――厚生労働省（二〇一五）参照。自然減少の背景には、日本社会全体で共通する出生力の低下がある。女性が生涯に生む子どもの数を示す合計特殊出生率は、一九四七年は四・五四から一九五〇年代に入ると急激に減少し、一九五六年には二・二二となって当時の人口置換水準（二・二四）を初めて下回った。一九八九年には一・五七という過去最低の数値を記録して「一・五七ショック」と呼ばれた。地方の合計特殊出生率は全般的に大都市と比較すれば高い水準にはあったものの、第一次の過疎化の過程で子どもを産む若い世代が過剰に流出し、絶対数が少なくなったことも影響した。加えて高齢化が進み、死亡者の絶対数が増加したことも大きい。

31――若年層の地域移動をめぐっては、時代により多少の変化はあるものの、労働条件や就業機会の不利な地方から有利な都市へというのが基本パターンであり、戦前も一部の裕福な若者は都市の教育機関へ進学し高い社会的地域を得る立身出世が見られた（十川二〇〇八、片山二〇一七）。それが前述のように高度経済成長を経てさらに様相が変わり、より拡大・固定化したと見ることができる。

32――例えば、石黒ほか（二〇一二）、三上（二〇一六）、西村・南（二〇一六）、遠藤・沖（二〇一七）など。この背景に、樋田・樋田（二〇一八）は、子どもがたくさんいた時代は誰かが家業を継いだため継がない生徒を都市に流出させる進学指導にエネルギーを注ぐことは理にかなっていたことや、教育社会学でも普通科高校研究では有名大学進学率で評価しがちであったこと、学力の高い企業戦士を育てて日本の産業化に貢献することが良いことであり、生徒の幸福を実現できるとする考えがあったことなどを説明する。また、前述の吉川（二〇〇一）も大学進学者の動向が教員の実績として有形無形の評価の対象となっていたことや、保護者も立身出世の学力観に沿って家計を切り詰めてでも都会の大学に出すことが多いことを述べている。

33――小田切徳美（二〇一四）は地域活性化、地域づくり、地域再生の言葉をタイトルに持つ図書の発行点数の推移を集計し、どのような時代的文脈で使われているのかを調べた。これらの言葉をタイトルに持つ本は一九七〇年代にはほとんどなかったが、地域活性化は一九八六年以降、九三年まではほぼ右肩上がりで急増している（小田切 二〇一四、四八頁）。また、交流という用語は、一九八七年の第四次全国総合開発計画（四全総）で初めて言及されている。

34――森戸哲（二〇〇一）参照。森戸も時代の推移とともに多くの盛衰が見られると指摘しているように、挙げられた一二例の中には実施されなくなったり、下火になったりしたものも含まれている。

35――しかしながら、結局は、吹き荒れた農村リゾート開発の中に埋没し、誘客施設を作るための名目になってしまったと、小川は嘆いている。

36――小田切（二〇一八）、作野（二〇一八）などが指摘している。

37――例えば、矢部（二〇〇六）、本間（二〇〇七）など。

38――前述した以外にも商店街の衰退を指摘したり、再生の方策を検討したりする学術研究は存在している（新 二〇一二、妙見 二〇一五）ものの、その住民がどのような意識なのかを描いたものはほとんど見当たらなかったことから、二〇一二年と時代は下っているが、実際に住民に取材し、言葉を引き出している須貝道雄（二〇一二）を引用した。

39――須貝（二〇一二、一九二頁）。

40――須貝（二〇一二、一九七―一九八頁）。

41――高知県の山村を歩いた社会学者の大野晃が一九九一年に提唱したのが始まりである。

42――例えば、石阪（二〇〇二）、中條（二〇〇三）、今野（二〇一五）、田口（二〇一七ａ）など。二〇〇〇年に施行された公的介護保険制度では、個人を単位として家族福祉ではなく社会で高齢者を支えることを目指す点が画期的であった（仁平 二〇一二）。しかしながら、日本では基本的に家族や地域、職場集団から離れた個人を個としてサポートするような社会福祉は想定されていない上、財政的にも無理があることが背景にある（櫻井 二〇一一）。必要なのは生活者の現在の生活を快適なものとするためのメンテナンスを行う地域福祉であり、地域再生より地域福祉を充実させる姿勢を鮮明にすべきという議論も登場した（畑本二〇一〇、佐藤二〇一二）。

43―介護状況についてわかる最新の二〇一六年版のデータを参照している。

44―これに対し、この前後から、集落の看取りを意味する「むらおさめ」（作野二〇〇六、四六頁）や『撤退の農村計画』（林・齋藤二〇一〇）など地域の消滅を真正面から扱う論も出始めた。「むらおさめ」とは再生策よりも地域住民の尊厳ある暮らしを最後まで保障する考え方であり、『撤退の農村計画』は現在の高齢者や一〇〇年先の農山村を見据えて積極的で戦略的な再編を促す内容であるが、全体の中で主流にはなっていないのが現状と言える。

45―「地方創生」のもう一つの特徴は、注49で後述する地域の自立路線の延長線上にあることである。全総時代に掲げられてきた「地域間の均衡ある発展」という建前は消え去り、地方はそれぞれの個性を発揮することを求められるようになった（伊藤二〇〇三、田中二〇一九b）。

46―島根県益田市の「人口拡大課」、長野市の「人口増推進課」など人口増を掲げた部署を持つ自治体もあった。

47―例えば、松下（二〇一六）、樋田・樋田（二〇一八）。この三者に込められた意味を、行動力のある若者、規範的常識にとらわれないばか者、地域外のネットワークを持つよそ者のことであるとする解説もある（五十嵐二〇一一）。

48―林は、地域再生を考える上でも、人手が足りない（人口が減る）、お金が足りない（財政は厳しい）の二点を意識せざるを得なくなったと指摘している。

49―玉野和志（二〇〇六）はこの背景として求められていたのは、合併による行政のスリム化と補助金ないし交付金の削減に過ぎないと批判している。この頃から地方を語るキーワードとして自立が浮上し、二〇〇〇年には過疎対策の法律も「過疎地域自立促進特別措置法」と改称されて現在まで続いている。

50―地域社会学会は二〇〇八年、「『縮小社会』における地域再生のゆくえ」と題したシンポジウムを開催している（地域社会学会二〇〇九）。

51―数字は総務省（二〇一九c）参照。また、人を受け入れた自治体に国から特別交付税が措置されるという仕組みは当時、地方自治体に戸惑いを持って受け止められた（椎川ほか二〇一五）。補助金を通じた物やお金の支援よりも「補助人」による支援の方が今は必要という主張があるとして評価している（小田切二〇一四）。

52―例えば、将来の就農を目指して地域おこし協力隊になったものの、着任後、「何でもしてくれる若い人」という認識が浸透して草刈りと送迎ばかり頼まれる日々に疲れ、数ヶ月で辞任して地域を去った（山陰中央新報二〇一三年）。

53――東大史（二〇一四、二九―三二頁）。
54――岡田・杉万（一九九七、一七頁）。
55――また、岡田憲夫・河原利和（一九九七）は、熊本県小国町の事例を元に、地域再生に向けた最大の阻害要因として「地域の閉鎖性」（岡田・河原 一九九七、二四八頁）を挙げている。
56――また、須貝は大型店進出や道路拡幅工事で蔵造りの店が取り壊されるなど地域の個性が失われたことも要因に挙げている。

第2章

57――高橋（二〇一六、一〇七頁）。
58――たとえば、金子（二〇一六）、城戸（二〇一六）、田中（二〇一七c）など。
59――玄田有史（二〇一五）は、定住人口ではなく「希望活動人口」（玄田 二〇一五、九頁）が重要であると提言した。「希望活動人口」とは、地域の将来に希望があると公言し、その実現に向けて活動している人たちのことを指しており、住民が一万人から五、〇〇〇人に半減した地域でも、「希望活動人口」が一〇〇人から一、〇〇〇人に増える地域であれば、簡単に消え去ることはないとして、「実際、いろいろな地域を訪問すると、元気で愉快な希望活動人口の人たちは、確実に増えつつあると実感している」（玄田 二〇一五、九頁）と強調している。また、山崎亮（二〇一六）も総人口よりも仕事やお金儲けとは異なる価値を基準に何らかのかたちで地域社会に関わっている「活動人口」（山崎二〇一六、二〇頁）が肝心であるとし、山崎も人口が減っていく過程でも「活動人口」を増やすことはできるとしている。
60――同様に河井（二〇一六）も、「地方創生」では、人を、地域を消滅させないための定住人口でしか捉えていない部分があるとして、定住人口があれば、地域は成立するのかと投げ掛ける。その上で、地域に真剣になる当事者を増やす仕組みとして「シティプロモーション」（河井二〇一六、三頁）を提唱している。そのほかＩＴベンチャー移転が相次ぐ徳島県神山町の大南信也氏の造語である「創造的過疎」（篠原 二〇一四）『創造的地域社会』（松永 二〇一二）『創造農村』（佐々木・川井田・萩原 二〇一四）といった一連の造語も同じ系譜に連なる議論と考えられる。
61――『関係人口』ポータルサイト「『関係人口』とは?」参照（総務省二〇一九d）。
62――国土交通省（二〇二〇）参照。 この中で、関係人口の「定義や考え方などを概ね知っている」と回答した人はわずか二・八％にとどまっており、関係人口が「ブーム」のような状況になっているのは、自治体の関係者が中心であると考えて良いであろう。

63——久繁（二〇一八）、田村（二〇一八）など。

64——関係人口が増えれば、結果的に、移住・定住する人も増えると言うことができる。繰り返しになるが、関係人口から見た定住人口は、「目的」ではなく「結果」である。それは、この章の後半の事例で紹介する、関係人口を生み出した「しまコトアカデミー」でも、その後、島根に移住し、活動している人が全体の二五・五％となっていることからもうかがえる。

65——二〇一六年四月二〇日『現代ビジネス』、貞乞英之「『ＳＮＳ映え』で観光客も増えた地方が、活性化しないのはなぜ…？」二〇二一年二月一二日取得。https://gendai.ismedia.jp/articles/-/55109

66——移住者の数について全数調査をしているのは島根、鳥取の二県で、政府や総務省もまとめて集計などはしていない。

67——二〇一〇年と二〇一三年の住民基本台帳を分析した結果、転入者数が増加している市町村は都市圏ではなく、むしろ地方圏で広がっていたという試算もある（筒井・佐久間・嵩二〇一五）。

68——Ｕターンを最初に使用したのは一九六八年一二月一六日の朝日新聞であり、学術研究では黒田俊夫が一九七〇年、日本社会学会地域部会で「人口Ｕターン」という概念を発表したのが最初とされる（吉川光洋二〇一〇）。一方、Ｉターンは長野県が一九八九年に打ち出したのが始まりである（須藤二〇一二）。

69——図司（二〇一九、四〇頁）。

70——松永（二〇一六、二〇頁）。

71——このズレに関連し、人口と表現されるものの、必ずしも数量的概念ではなく個々人を対象としたものであり、関係性をより意識していることが強調されていることは前述した通りである（指出二〇一六、小田切二〇一八）。

72——よそ者の定義は第3章で詳しく述べるが、ここでは関係者ではない異質な存在としておく。

73——「ふるさと納税」は、都市の人が税制を通じて地方に貢献する仕組みを目指して総務省が二〇〇九年度に導入し、二〇一八年度は総額三、四八一億円に上った。しかし、自治体側が寄付先として選んでもらおうと、商品券や家電製品などその地域に根ざしていない返礼品や高価な返礼品を寄付者向けに用意する「返礼品競争」が加熱し、制度の趣旨に反する状況が生まれているとして、総務省は三度にわたり返礼品を規制する通知を出した（田中二〇一九ｂ）。

74——例えば、堂免（二〇一六）、石川（二〇一六）など。

75——バーチャルな移動型には、アーリが挙げた五つのうち、身体の移動以外の物、想像上、バーチャル、通信の移動が含まれる。また、もともと二地域居住は、二地域に拠点を持ち都市と農村を行き来する存在として、二〇〇五年に国土交通省の研究会が提唱している（藤井ほか二〇〇九）。

76――二〇一八年一月一七日のＮＨＫ時事公論「阪神・淡路大震災23年〜ボランティアは今」二〇二一年二月一二日取得。http://www.nhk.or.jp/kaisetsu-blog/100/288597.html

第3章

77――同様の趣旨で「外発的発展モデル」(津曲・山部 二〇〇八、五三頁)と呼ばれることもあった。

78――日本における内発的発展論は、創始者である社会学の鶴見和子と、鶴見から影響を受けつつも一定程度、批判的な立場をとる前述の宮本憲一という二つの理論的系譜に分かれ、それぞれ理論的深化をみせた(松本 二〇一七)。その後、「内部だけ」「地元住民だけ」という狭い意味での内発的発展ではなく、内外の力を取り入れる「(内外の)共発的発展」(小田切・筒井 二〇一六、二三〇頁)が提示された。同様の議論はイギリス農村発展戦略でも存在しており「ネオ内発的発展」(ニール・ウォードほか 二〇一一、一九二頁)が生まれている。

79――宮本は内発的発展の定義を「地域の企業・組合などの団体や個人が自発的な学習により計画をたて、自主的な技術開発をもとにして、地域の環境を保全しつつ資源を合理的に利用し、域内経済循環を重視し、その地域の文化・教育に根ざした経済発展をしながら、地方自治体と住民組織のパートナーシップで住民福祉を向上させる地域発展」(宮本 二〇〇〇、二〇一頁)としている。

80――一方で日本社会はヨーロッパ諸国と同じ意味で福祉国家が成立したことはなく、企業や家族などの中間集団に社会保障機能を代替させてきた「日本型生活保障システム」(仁平 二〇一二、二二一頁)、「日本型福祉社会論」(新 二〇一二、一四九頁)であったという論もある。

81――例えば、矢部・渡戸・西山(二〇一二)、濱田(二〇一九)など。

82――財政の縮減と行政の合理化のつけを住民のボランティアに肩代わりさせようとするもので、行政の責任放棄であるという批判もある(玉野 二〇〇六)。

83――日本社会における初期のボランティアは慈善型・奉仕型の地域の名士であった(田中尚輝 一九九八)。

84――鵜飼孝造(二〇〇〇)は、社会学でいうネットワークとは、個人と個人、集団と集団の関係のことであり、地域研究においても古典的なテーマではあったが、一九八〇年代以降、グローバル化を背景に公と私といった近代社会を隔てていた境界が融解し、さまざまな要素を再結合するポストモダンな組織原理としてのネットワークを生み出したことから、社会学において新たな文脈で論じられるようになったと分析している。また、玉村以外にも、住民組織やＮＰＯ、企業、行政といった地域内の多様な主体が、ゆるやかなネットワークの力で地域を維持して地域課題を解決していくことが重要として、ネットワーク・ガバナンス（つながり協働自治）の形成が重要だと述べた研究もある（佐野 二〇一九）。

85――ネットワーク論から地域活性化と人づくりの理論化を試みた山下祐介（二〇〇三）は、ネットワークは脚光を浴びているものの、概念としては混乱しており、大きく組織論・運動論の理想論的なネットワークと、人類学・社会学を中心に都市社会学で発達した分析的なネットワークがあると分類した。その上で、後者を分析概念として用い、福岡県久留米市でのアンケート調査結果を基に社会的ネットワークの量が地域活性化への参加意欲を決めていることなどを示し、狭いが緊密な地域ネットワークを土台に、それを再編する形で新しい層を取り入れるネットワークづくりが地域活性化に最も有効であると結論付けた。

86――たとえば、木田・後藤・佐藤（二〇一一）、飯盛（二〇一五）など。

87――社会学者の友枝敏雄（二〇一七）は、背景にはグローバル化と個人化がこれまでとは異なるネットワークを創出しているということがあり、地域社会における結合や連帯を捉えようと悪戦苦闘していたときに使い勝手の良い概念だったと指摘している。

88――社会関係資本をめぐっては、学際的に膨大な蓄積が存在している。代表的なものとして、社会学では三隅一人（二〇一三）、経済学では稲葉陽二（二〇〇七）、経営学では金光淳（二〇〇三）、地理学では寺床幸雄（二〇一六）がまとまった形で社会関係資本を論じているほか、教育学でも高野良一（二〇一四）が理論的柱となるパットナム、ブルデュー、コールマンの三人の理論を比較検討している。そのほか、社会資本と社会関係資本を比較検討した佐藤誠（二〇〇三）、地域社会との関係に焦点を当てた前述の櫻井義秀（二〇一一）、梶井祥子編著（二〇一六）、樋田・樋田（二〇一八）なども挙げられる。

89――金井雅之（二〇〇八）は、地域再生に向けた活動を始めるには結束型社会関係資本が、計画を完成するには橋渡し型社会関係資本がそれぞれ存在することが必要であると分析した。そのほか八巻ほか（二〇一四）、長尾・山崎・八木（二〇一八）など。

90――もともと社会教育学では地域住民の主体形成は重要視されてきていたが、一九八〇年代以降、正面から論じられなくなり、参加や協働に論点が移っていったとされる（荻野 二〇一三）。

91――ただし、若原に限らず、学習活動や場としての公民館が重要視されるのが社会教育学の主流と言って良いであろう（新海 二〇一三、松本 二〇一六）。

92――例えば、風間（二〇〇二）、佐藤（二〇〇五）、田村（二〇〇六）、片山（二〇〇九）など。また、中には、主体形成を主題としたものもあるが、主体性を生み出す場への着目にとどまっていたり、ネットワーク形成がすなわち主体形成につながることが前提となったりしている。

93――一方、これ以外にも二〇〇〇年以降、地域再生や公共政策とその主体形成を論じたものがあるが、公共の縮小に直面する中で、主体形成に向けた公的支援のあり方や行政の役割を考える議論になっているものが多い(大野 二〇〇一、橋本 二〇〇七)。福祉分野でも、地域住民の福祉サービスの客体から主体への変革が大きな課題であるとした上で、福祉問題を住民が自分の問題として受け止め、地域福祉活動への理解と参加が重要であるといった規範的な「べき論」となっている(神里 二〇〇四)。

94――そのほか、形成過程におけるワークショップの有効性や地域住民の意欲啓発の重要性を指摘するもののほか、実践段階における主体性の形成に参加メンバーの構成、実践テーマの内容、役割分担のあり方の三つが影響することを分析したものなどがあるが、いずれも計画論の枠組みの中で論じられている(倉原 一九九九、星野 二〇〇二、吉村・広田 二〇〇六)。

95――これは、新潟県津南町での「越後雪かき道場」という実践が基になっている。過疎化、高齢化に伴う雪かきの担い手不足を背景に、除雪の担い手確保が課題として設定され、担い手のボランティアの活用が解決策であるとして、ボランティアのスキル向上も兼ねた道場が二〇〇七年に企画された。しかし、結果的に道場は必ずしも担い手確保にはつながらなかった。遠方から参加して研修を受けても、雪国の日常を支える支援者にはなり得ないからである。それでも地域住民が若い人から元気をもらったと喜び、ボランティアが来る大雪を心待ちにするようになったとし、一二冬季にわたって続いて六〇回以上開催した。住民が地域外主体との関わりの中で問題を自分事化し、ボランティアを受け入れる力を獲得したことに意味を見出している。

96――同様の視点から、地域再生における住民の行動変容によそ者という地域外主体がどのような役割を果たしたのかを分析した上田裕文・郡山彩(二〇一六)の研究がある。この中で、どのような外部の働きかけ方がより効果的に地域住民の行動変容を促し、主体形成に繋げられるのかについては未だ十分に明らかにされていないとした上で、住民が活動するきっかけを提供するという実行に移る段階でよそ者の影響があることなどが述べられている。

97――さらに地域において形成すべき主体とは、自分たちの課題を自分たちで決められる存在であるとも述べている(平井 二〇一九)。

98――例えば、佐藤(二〇〇三)、梶井編(二〇一六)など。

99――例えば、三田村(二〇一二)、白井(二〇一二)など。

100――地理学者の寺床幸雄(二〇一六)も社会関係を地域課題の問題に直結する形で再評価できるという社会学的な意義を強調している。

101――パットナム、ブルデュー、コールマンの理論を検討した高野良一(二〇一四)によると、コールマンは社会関係資本を経済学の概念である人的資本の延長線上に位置付けており、ブルデューは文化資本のある一面を取り出して人々が社会生活を営み社会的地位上昇を図る手段としてとらえた階級論であった。一方、パットナムの議論は日常生活や地域コミュニティから民主的な政治過程が立ち上がるというもので、ルソーの市民社会論やトクヴィルが一九世紀のアメリカに発見した市民社会論とも思想的系譜を同じくするものである(櫻井 二〇一四)。ただ、パットナムへの批判も少なくなく、例えば渡部奈々(二〇一一)は信頼・規範・ネットワークという性質の異なるものがひとくくりに定義されていることを問題視し、パットナムらの社会関係資本の理論が、特定の他者に対する信頼感が不特定の一般的な他者に対する信頼に転化されることを暗黙のうちに前提としているという論もある(山岸 一九九八、朝岡 二〇一一)。

102——パットナムは一九九三年の著書『哲学する民主主義』(翻訳は二〇〇一年刊行)では、社会関係資本を「人々の協調活動を活発にすることによって社会の効率性を改善できる、信頼・規範・ネットワークといった社会組織の特徴である」(パットナム 一九九三[二〇〇一]、二〇六―二〇七頁)と定義しており、こちらが引用されることも少なくないが、前著への批判を受ける形で執筆した二〇〇〇年の著書『孤独なボウリング』(翻訳は二〇〇六年刊行)で再定義していること、また、民主主義が主題である前著に対し、『孤独なボウリング』は地域社会を扱っていることから、こちらの定義を用いる。

103——パットナムは社会関係資本の外部性について常にプラスではなく、悪意を持った反社会的な目的にも向けられうることに触れているものの、全体的な分量としては少ないこともあり、肯定的な側面を強調しすぎて否定的側面に目を向けていないといった批判につながっている(佐藤 二〇〇三、渡部 二〇一一)。

104——敷田(二〇〇九、九四頁)。

105——この点は、前述の赤坂(一九九二)や鬼頭(一九九八)も一致している。

106——敷田は地域にいながら内部のしがらみや常識を乗り越える「地域内よそ者」は地域外よそ者より貴重な存在であるとし、かつては若者がよそ者の予備軍であったが、就職や進学により都市に提供してしまったことで、結果的に地域の同質化が進んだことも指摘している。

107——敷田(二〇〇九、八六―八九頁)。

108——敷田(二〇〇九)は、地域側の知識が不足する背景に、以前は必要としなかった最先端の知識まで必要になっていることや、地域で受け継がれてきた土着の知が高齢化などで消失したことなどを挙げている。

109——例えば柳井(二〇一七)など。

第4章

110 ―プラチナ構想ネットワークのウェブサイト参照。

111 ―この概況の項は特に断りがあるものを除き、海士町のウェブサイト参照。

112 ―山内道雄氏については著書『離島発生き残るための10の戦略』(二〇〇七)を参照する。

113 ―当初はよそ者を支援することに理解が得られにくかったため、苦肉の策で「島っ娘制度」という名称で嫁対策のための施策の位置付けとしてスタートし、後に商品開発研修生という制度へと名称変更した(嶋田 二〇一六b)。

114 ―山内(二〇〇七、一五六―一五七頁)。

115 ―後藤氏とふくぎ茶のエピソードは野村(二〇一二)参照。

116 ―誕生に至る経緯については、当時、株式会社リクルートの社員として開発に関わった玉沖仁美氏が著書『地域をプロデュースする仕事』(二〇一二)の中で詳しく紹介しており、以下、この記述を引用する。

117 ―山内(二〇〇七、一八九頁)。

118 ―尾野氏は「ラブワゴン」を走らせるテレビ番組が流行していたことから、海士と「ラブワゴン」を組み合わせて「AMAワゴン」を思いつき運営したと述べている。その後も開催を続けながら海士町に通った(田中・藤代 二〇一五)。

119 ―田中・藤代(二〇一五、三〇―三一頁)。

120 ―田中・藤代(二〇一五、三一頁)。

121 ―田中・藤代(二〇一五、三二頁)。

122 ―田中・藤代(二〇一五、三八頁)。

123 ―田中・藤代(二〇一五、三六頁)。

124 ―山内・岩本・田中(二〇一五、四〇頁)。

125 ―田中・藤代(二〇一五、三四頁)。

126 ―山内・岩本・田中(二〇一五、三二頁)。

127 ―この時期にはまだ島留学の制度は正式導入されていなかったが、島外から入学している生徒は少数ながら存在していた。

128 ―山内・岩本・田中(二〇一五、一三三頁)。

129 ―二〇一六年五月二七日付山陰中央新報の「しまね未来探訪(14)」(田中輝美著)参照。

130 ―田中・藤代(二〇一五、三三頁)。

131――二〇一七年までの生徒数は島前ふるさと魅力化財団のウェブサイト、二〇二〇年五月時点の生徒数と島留学生数は島前高校のウェブサイトによる。

132――海士町を離れて以降の岩本氏の記述は、断りがない限り田中（二〇一七b）からの引用である。

133――田中・藤代（二〇一五、四二頁）。

134――田中・藤代（二〇一五、四一頁）。

135――島前高校も含めた離島・中山間地の八校・八地域に対して、一校あたり三年間で一、五〇〇万円の予算を配分し、二〇一三年度も三年間の継続が決まった（山内・岩本・田中 二〇一五）。また、全国における他県からの高校入学者数は二〇〇七年度三万八、三九八人、一〇年後の二〇一七年度三万九、一二八人と微増だが、島根県は二九四人から四八五人と一九一人増加しており、実質的な県外留学に関しては島根県が全国一とされている（田村 二〇一八、二四二頁）。

136――山内・岩本・田中（二〇一五、一七一頁）。

137――卒業生の動向と、その後の「火の集い」の記述については、二〇一九年八月一七日のフィールドワークと二〇一九年八月三〇日付山陰中央新報の「しまね未来探訪(53)」（田中輝美著）による。「ＳＨＩＭＡ」探求は一時中断しながらも、現在は大野氏が引き継いで行っている。

第5章

138――47NEWSの地域再生大賞ページ参照。二〇二一年二月一二日取得。https://www.47news.jp/localnews/chiikisaisei/taisho/2014/top.html

139――コンテストのウェブサイトによる。

140――この概況の項は、特に断りがあるものを除き江津市のウェブサイト参照。

141――江津市の商業の歴史については山本（一九七一）参照。

142――そのほか、中心部にあった百貨店が商店街に次いで顧客を吸収していること、スーパーが伸張していることや農協がスーパーに劣らぬ商業地位を占めて郡部に密接していることなどが記されている（山本 一九七一）。

143――空き家活用事業については村上（二〇一六）参照。

144――中川（二〇一七、四一頁）。

145――結まーるプラスは二〇〇五年に設立し、二〇一四年に解散した(村上二〇一六)。
146――アンケートについては米山(二〇一二、二〇一八)参照。
147――このIターン者は桑を使った六次産業化に取り組み五〇人の雇用を生み出した(村上二〇一六)。
148――中川(二〇一七、四二頁)。
149――田中(二〇一七b、二七頁)。
150――その後ビジネスプランコンテストを開催する自治体や団体は増えている。例えば、中小企業庁の委託を受け、中小企業や小規模事業者をサポートするウェブサイト「ミラサポ」におけるビジネスプランコンテスト紹介ページには、全国で九〇件近いビジネスプランコンテストの情報が掲載されている。二〇二一年二月一二日取得。https://www.mirasapo.jp/starting/information/bizcon.html
151――第三回全国若手ものづくりシンポジウムに関わる記述は関(二〇〇九)参照。
152――第4章の海士町でも登場した尾野氏については『地域ではたらく「風の人」という新しい選択』(田中・藤代二〇一五)の「人を生かし、生かされる」(二二一―二四一頁)で詳しく紹介している。
153――田中氏の兄については、田中・藤代(二〇一五)に詳しい。
154――田中・藤代(二〇一五、五四、五六頁)。
155――田中・藤代(二〇一五、六二頁)。
156――田中・藤代(二〇一五、六三頁)。
157――田中・藤代(二〇一五、六四頁)。
158――田中・藤代(二〇一五、六四頁)。
159――村上(二〇一六)。
160――田中(二〇一七b、三九頁)。
161――田中(二〇一七b、四二頁)。
162――田中・藤代(二〇一五、八一頁)。
163――田中・藤代(二〇一五、八五頁)。
164――ほかにも青年会メンバーとともに二〇一二年三月には二回目の「手つなぎ市」を、七月には「手つなぎ夜市」を開催し、二〇年ぶりに復活した夜市には一、五〇〇人が来場した(村上二〇一六)。

165——田中（二〇一七b、三五頁）。
166——田中・藤代（二〇一五、六六頁）。
167——現在は浜田市議会議員である。
168——田中（二〇一七b、四一頁）。
169——成長して卒業する人もいるが、志半ばでやめる形となるスタッフもいる。
170——ふるさと島根定住財団のウェブサイト「島根で頑張る人」参照。
171——田中（二〇一七b、四四頁）。
172——田中・藤代（二〇一五、四九頁）。
173——田中・藤代（二〇一五、六六頁）。
174——田中（二〇一七b、四三—四四頁）。
175——田中（二〇一七b、四五頁）。
176——藤田氏の近況については二〇一九年一一月九日付山陰中央新報「持続する地域づくり 主体的に担う人育て てごねっと石見など報告」を参照。
177——「GOつくる大学」については、二〇一九年一一月六日付山陰中央新報の記事「学び合い『大学』受講者一〇〇〇人突破」による。
178——二〇一八年までは江津市のビジネスプランコンテストのウェブサイトによる。二〇一九年については、二〇一九年一二月一六日付山陰中央新報の記事による。二〇二〇年度は新型コロナウイルスの影響で実施を見送った。

第6章

179——田口氏は転出子を関係人口として位置付ける必要性を唱えている（田口 二〇一七b）。
180——この概況の項では、特に断りがあるものを除き、まんのう町についてはまんのう町役場のウェブサイト、旧琴南町については『琴南町史 続編』、川奥地区については『琴南町史』による。参考文献参照。
181——「進む川奥地区の過疎化」における、横井ヒサ子氏以外の川奥地区の概況については、基本的に二〇一九年九月二〇日の雨霧氏のインタビューによる。
182——小中学校の詳細は『琴南町史』参照。

183――徳島大学総合科学部地域計画学研究室『旧琴南町川奥、西谷地区集落調査報告書』による。調査日程は二〇一六年六月一一日、七月二六日、八月六日、八月二九～九月二日。訪問して協力を得られた人に対し、学生二～三人が一五～三〇分程度、家族構成、転出家族の状況、集落活動の実施・参加状況、水源や敷地・農地の管理状況、買い物・通院方法六項目を聞き取り調査した。

184――前掲書による。

第7章

185――横井氏と高尾氏はもともと幼なじみではあったが、地域課題の解決にともに取り組むといったつながり方ではなかったことから、ネットワーク図では、この段階で横井氏が高尾氏との新たなネットワークを形成したという捉え方としている。

186――世界銀行は同胞や同業者をつなぐ強い結びつきは「接合的」社会関係資本、民族や職業上の環境が異なる弱い結びつきは「架橋的」社会関係資本と説明している。

187――たとえば、佐藤（二〇〇三）、佐野（二〇一八b）など。

188――関係人口が最初に信頼関係を築いた四人の中で、吉元氏、中川氏、雨霧氏の三人が自治体職員である。これは関係人口が地域再生主体として形成されるための条件が自治体職員との関わりである、ということを必ずしも意味するわけではないが、地域外主体から見て、自治体職員は自治体という信頼性の高い職場におり、また、職員自身も地域に対して当事者意識を持ちやすく地域再生主体になりやすいという意味において、自治体職員がその立場になりやすいということは言えるであろう。

189――渡辺（二〇一六）、米山（二〇一八）。

190――パットナムが示した具体策については、佐藤誠（二〇〇三）が「通勤時間を減らして近隣との結びつきを強め、緊密に結びつき歩行者に親切な地域に住み、友人や隣人と気軽に交際するコミュニティと公共空間をデザインするよう努めよう」「テレビの前で過ごす受け身の時間を減らして同胞市民との活発な結びつきの時間を増やすようにしよう」などの例を挙げ、精神主義的スローガンにすぎないとして批判している。

第8章

191――この当時は正確に言えば島留学制度は始まっておらず、島外生という呼び名であったが、趣旨としては島留学と同じであることから、島留学生という分類に基づいて分析する。

192――江津市ではそのほかにも、田舎暮らし体験事業のツアー客からの「古民家があれば住みたいが、古民家はないか」という声が、地域住民の中川氏に空き家は資源という価値を気付かせたというケースも存在している。ただし、田舎暮らし体験事業のツアー客は、よそ者ではあるが、何度も訪れるわけではなく一度きりという形が基本であることから、継続性を持つ関係人口ではないと考えられるため、分析対象から外している。

193――協働とは「同じ目的のために、対等の立場で協力して共に働くこと」を指す言葉である。小学館デジタル大辞泉、二〇二一年二月一二日取得。https://kotobank.jp/word/%E5%8D%94%E5%83%8D-529l6#E3.83.87.E3.82.B8.E3.82.BF.E3.83.AB.E5.A4.A7.E8.BE.9E.E6.B3.89

194――ただ、必ずしも創発的な課題解決の段階まで進まなくては効果が発現しないということではなく、ケースによってはその前の段階でも効果が発現することも想定されうる。効果の発現と同時並行で地域再生主体としての形成が進んでいく可能性もあることは留意しておきたい。

195――島前高校のウェブサイトより。

196――実際に地域が消滅するという事態に至れば、家屋や農地、山林などをどう扱うのかという別の問題が発生することが予想され、検討していく必要がある。

197――「ムラツムギ」と田中佑典氏の来歴については、日本経済新聞二〇一九年九月一二日付の田中氏の寄稿「集落の終活を考えよう」より。

198――「ムラツムギ village」Facebookグループへの二〇一九年六月一〇日の田中佑典氏の投稿より。二〇二一年二月一二日取得。https://www.facebook.com/groups/1307361222755550/permalink/1314312255393780/

参考文献

阿部真大、二〇一三、『地方にこもる若者たち――都会と田舎の間に出現した新しい社会』朝日新聞出版。

阿部亮介・小田切徳美、二〇一五、「地方移住の現状――毎日新聞・明治大学合同調査より」『ガバナンス』一六八、一〇三―一〇五頁。

阿部剛志・喜多下悠貴、二〇一九、「高校存続・統廃合が市町村に及ぼす影響の一考察――市町村の人口動態からみた高校存続・統廃合のインパクト」、三菱ＵＦＪリサーチ＆コンサルティングウェブサイト、（二〇一九年一二月四日取得、https://www.murc.jp/wp-content/uploads/2019/11/seiken_191122_1.pdf）。

安達生恒、一九七三、『〝むら〟と人間の崩壊――農民に明日があるか』三一書房。

安立清史、二〇〇八、『福祉ＮＰＯの社会学』東京大学出版会。

鯵坂学、二〇一一、「開発における中央と地方」地域社会学会『新版キーワード地域社会学』ハーベスト社、二八二―二八三頁。

赤坂憲雄、一九九二、『異人論序説』筑摩書房。

赤沢克洋・稲葉賢治・関耕平、二〇〇九、「集落活性化におけるソーシャル・キャピタルの役割に関する構造分析」『農林業問題研究』四五（一）、一―一三頁。

秋元律郎、一九六六、「地域社会の権力構造とリーダーの構成」『社会学評論』一六（四）二―一九頁。

――――a、一九七〇、「地域権力構造と市民運動」『社会学評論』二一（二）、三九―四九、一〇六頁。

――――b、一九七〇、「地方制度の確立過程と地域権力構造の展開――埼玉県秩父の事例」『社会科学討究』一五（三）、一五五―一九二頁。

海士町、二〇一四、「小さな島のあくなき挑戦！」『広報海士』四五三、二―四頁。

――――、二〇一五、『ないものはない――離島からの挑戦 最後尾から最先端へ』。

――――、二〇一九、「海士町概要」、海士町ウェブサイト、（二〇一九年一一月一二日取得、http://www.town.ama.shimane.jp/about/gaiyo/）。

――――、二〇一九、「海士町統計データ」、海士町ウェブサイト、（二〇一九年一一月一二日取得、http://www.town.ama.shimane.jp/about/tokei/）。

天田城介、二〇〇四、「抗うことはいかにして可能か？——構築主義の困難の只中で」『社会学評論』五五(三)、二二三—二四三頁。

安藤由美・鈴木規之編著、二〇一二、『沖縄の社会構造と意識——沖縄総合社会調査による分析』九州大学出版会。

蘭信三、一九九四、「都市移住者の人口還流——帰村と人口Uターン」松本通晴・丸木恵祐編『都市移住の社会学』世界思想社、一六五—一九八頁。

蘭由岐子、一九九四、「地方人口の向都離村現象」松本通晴・丸木恵祐編『都市移住の社会学』世界思想社、四九—八二頁。

新雅史、二〇一二、『商店街はなぜ滅びるのか——社会・政治・経済誌から探る再生の道』光文社新書。

浅野智彦、二〇〇六、『検証・若者の変貌——失われた10年の後に』勁草書房。

——編著、二〇〇九、『若者とアイデンティティ』日本図書センター。

浅野敏久、一九九九、「地域環境問題における地元——中海干拓事業を事例として」『環境社会学研究』五(〇)、一六六—一八二頁。

朝野洋一・寺坂昭信・北村嘉行編著、一九八八、『地域の概念と地域構造』大明堂。

渥美公秀、二〇一二、「被災地のリレーから広域ユイへ」『人間関係研究』一一、一—一二頁。

——、二〇一四、『災害ボランティア』弘文堂。

東浩紀、二〇一四、『弱いつながり——検索ワードを探す旅』幻冬舎。

——、二〇一七、『ゲンロン0 観光客の哲学』ゲンロン。

東大史、二〇一四、「元協力隊員による「失敗の本質」の研究」『季刊地域』一八、二九—三三頁。

馬場正尊編、二〇一六、『エリアリノベーション——変化の構造とローカライズ』学芸出版社。

Bauman, Z., 2000, *Liquid Modernity*, Cambridge: Polity Press.（森田典正訳、二〇〇一、『リキッド・モダニティ——液状化する社会』大月書店。）

Beck, U., 1999, *World Risk Society*, Cambridge: Polity Press.（山本啓訳、二〇一四、『世界リスク社会』法政大学出版局。）

陳品紅、二〇一四、「一九七〇・八〇年代日本の社会変動——学歴社会論に焦点を合わせて」『桃山学院大学社会学論集』四八(一)、一一五—一四二頁。

地域社会学会、二〇〇八、『縮小社会と地域社会の現在——地域社会学が何をどう問うのか』ハーベスト社。

——、二〇〇九、『縮小社会における地域再生』ハーベスト社。

——、二〇一一、『新版キーワード地域社会学』ハーベスト社。

千野雅人、二〇一二、「人口減少社会『元年』はいつか?」、総務省統計局ウェブサイト、(二〇一九年一一月一日取得、http://www.stat.go.jp/info/today/009.htm)。

中国山地編集舎、二〇一九、『みんなでつくる中国山地』。

中国新聞社、一九六七、『中国山地（上）』未来社。

――――、一九六八、『中国山地（下）』未来社。

大門大朗・渥美公秀、二〇一六、「災害時の利他行動に関する基礎的シミュレーション研究――一九九五年と二〇一一年のボランティアでは何が違ったのか」『実験社会心理学研究』五五（二）、八八―一〇〇頁。

――――・――――、二〇一八、「災害後の被災地における被災者と支援者の関係を考える――二〇一六年熊本地震における災害ボランティアセンターの事例から」『災害と共生』二（一）、二五―三二頁。

ダイヤモンド社、二〇〇〇、「累計14兆円のバラマキ財政モラルハザードの典型（特集まだやっていた！「ふるさと創生1億円」の現場）」『週刊ダイヤモンド』八八、一〇七―一〇八頁。

伊達崇晃・敷田麻実・坂村圭、二〇一八、「コミュニティとの関係性に着目したよそ者の性質について」『知識共創』八、V6-1-6-7。

土井隆義、二〇一〇、「地方の空洞化と若者の地元志向――フラット化する日常空間のアイロニー」『社会学ジャーナル』三五、九七―一〇八頁。

堂免信義、二〇一六、「現代の貨幣経済における経済格差拡大メカニズムの理論的考察――その1 通貨の循環不全による経済格差拡大」『Journal of Integrated Creative Studies』（二〇一六）、一―一七頁。

島前ふるさと魅力化財団、二〇二〇、「魅力化プロジェクトについて」、隠岐島前教育魅力化プロジェクトウェブサイト、（二〇二〇年一二月三〇日取得、http://miryokuka.dozen.ed.jp/about/）。

枝廣淳子、二〇一八、『地元経済を創りなおす――分析・診断・対策』岩波書店。

遠藤英樹、二〇一八、「ツーリズム・モビリティーズ研究の意義と論点」『関西学院大学社会学部紀要』（一二八）、九―二〇頁。

遠藤健・沖清豪、二〇一七、「地方における高校生の進路選択の特性と要因――『福島県高校生調査』の分析」『早稲田教育評論』三一（一）、一〇一―一一五頁。

遠藤知巳編、二〇一〇、『フラット・カルチャー――現代日本の社会学』せりか書房。

江崎雄治、二〇〇七、「地方圏出身者のUターン移動」『人口問題研究』六三（二）、一―一三頁。

――――・荒井良雄・川口太郎、二〇〇〇、「地方圏出身者の還流移動――長野県および宮崎県出身者の事例――」『人文地理』五二（二）、八〇―九三頁。

藤原健固、一九七九、「集合意識」『中京大学教養論叢』一九（四）、六〇三―六二二頁。

藤原眞砂、二〇一二、「島根県の若者の人口移動に関する研究序説——大学等進学者の向都移動の正確な把握を目指して」『総合政策論叢』(二四)、五三—七一頁。

藤原三夫・垂水亜紀、二〇〇五、「林業新規就業者の類型と転出者の特性——愛媛県の第3セクター林業会社を対象にして」『林業経済研究』五一(二)、六七—七四頁。

藤井多起・岡田麻由・藤原三夫、二〇〇九、「農山村移住・農林業就業希望者の属性と意向」『林業経済研究』五五(一)、八七—九八頁。

藤本信義・楠本侑司・三橋伸夫、二〇〇〇、「田園移住を促進する住環境整備の公的支援策に関する研究」『農村計画論文集』二、一一五—一二〇頁。

藤野寛、二〇〇六、「主体性という理念とその限界」『高崎経済大学論集』四八(三)、二〇三—二一一頁。

藤山一郎、二〇一四、「外部者の役割をめぐる『コミュニティデザイン』と『参加型開発』の比較研究」『立命館国際地域研究』四〇、九一—一〇七頁。

藤山浩、二〇一五、『田園回帰1%戦略——地元に人と仕事を取り戻す』農山漁村文化協会。

深澤弘樹、二〇一三、「地域メディアの意義と役割——『つながり』と『当事者性』の観点から」『駒澤社会学研究』(四五)、七三—九五頁。

福田恵子・佐藤豊信・駄田井久、二〇〇七、「地域づくりへの継続的参加に関する要因分析——活動者の貢献と効用の享受の観点から」『農村計画学会誌』二六(二)、七六—八五頁。

福岡賢昌、二〇一四、「小布施町における観光まちづくりと地域ブランドアイデンティティ」『十文字学園女子大学短期大学部研究紀要』四五、三九—六〇頁。

福武直編、一九六五a、『地域開発の構想と現実〈第1〉百万都市建設の幻想と実態』東京大学出版会。

——編、一九六五b、『地域開発の構想と現実〈第2〉新産業都市への期待と現実』東京大学出版会。

——編、一九六五c、『地域開発の構想と現実〈第3〉工業都市化のバランス・シート』東京大学出版会。

Florida, Richard L., 2008, *Who's Your City?: How the Creative Economy Is Making Where to Live: The Most Important Decision of Your Life*, New York: Basic Books.(井口典夫訳、二〇〇九、『クリエイティブ都市論——創造性は居心地のよい場所を求める』ダイヤモンド社。)

古城利明監修、二〇〇六、『グローバリゼーション/ポスト・モダンと地域社会』東信堂。

古厩忠夫、一九九七、『裏日本——近代日本を問い直す』岩波書店。

ふるさと回帰支援センター、二〇二〇、『二〇一九年度事業報告』。

ふるさと島根定住財団、二〇一九、「島根で頑張る人 ふるさとに貢献する若者を育てる ＮＰＯ法人てごねっと石見 横田学さん」、しまね地域活動応援サイト、(二〇一九年一一月二六日取得、https://furefure-shimane.jp/best/107.html)。

二神弘、一九七一、「地方中小都市における若年人口の還流現象」『地理学評論』四四、四七—五一頁。

玄田有史編著、二〇〇六、『希望学』中央公論新社。

——、二〇一五、「地方創生と地域を支える人材の育成」『Eco-forum』三〇(四)、四—一二頁。

Giddens, A., 1991, *Modernity and Self-Identity: Self and Society in the Late Modern Age*, Cambridge: Polity Press.(秋吉美都・安藤太郎・筒井淳也訳、二〇〇五、『モダニティと自己アイデンティティ——後期近代における自己と社会』ハーベスト社。)

——, 1986, *The Constitution of Society: Outline of the Theory of Structuration*, Berkeley: Univ of California Pr.(門田健一訳、二〇一五、『社会の構成』勁草書房。)

Gillmor, Dan, 2010, Mediactive, Morrisville: Lulu Press.(平和博訳、二〇一一、『あなたがメディア！——ソーシャル新時代の情報術』朝日新聞出版。)

後藤一寿、二〇一五、「プラットフォーム形成による効果的な農商工連携の促進と課題」『農村経済研究』三三(二)、三九—四六頁。

後藤実、二〇一二、「包摂／排除の社会システム理論的考察」『社会学評論』六三(三)、三二四—三四〇頁。

後藤雄二、二〇〇〇、「地域スケールと地域構造図」『弘前大学教育学部紀要』八四、一九—二三頁。

江津市、二〇一九、「市のプロフィール」、江津市ウェブサイト、(二〇一九年一一月一二日取得、http://www.city.gotsu.lg.jp/life/4/18/77/)。

——、二〇一九、江津市ビジネスプランコンテストウェブサイト、(二〇一九年一一月一二日取得、http://go-con.info/)。

羽場久美子、二〇一一、「拡大ＥＵにおける境界線とシティズンシップ——ヨーロッパ・アイデンティティとゼノフォビア(よそ者嫌い)の相克」『社会志林』五七(四)、三五—五三頁。

八巻一成・辻竜平・茅野恒秀・藤崎浩幸・林雅秀・比屋根哲・金澤悠介・齋藤朱未・柴崎茂光・高橋正也、二〇一四、「過疎地域の地域づくりを支える人的ネットワーク——岩手県葛巻町の事例」『日本森林学会誌』九六(四)、二二一—二二八頁。

蜂屋大八、二〇一七、「鶴見和子の内発的発展論における地域づくり主体形成の検討」『茗渓社会教育研究』八、一五—二八頁。

萩原俊一、二〇〇八、「防犯の視点からの地域再生——ソーシャル・キャピタルの構築と活用を念頭に」『現代福祉研究』八、一〇一—一二二頁。

濱田国佑、二〇一九、「若者の従順さはどのようにして生み出されるのか——不透明な時代における権威主義的態度の構造」吉川

徹・狭間諒多朗編『分断社会と若者の今』大阪大学出版会、五八―九〇頁。

浜田総務事務所・地域振興課、二〇〇二、『浜田市・江津市・桜江町・金城町・旭町・弥栄村・三隅町における地縁団体の状況について』。

濵口恵子、二〇〇四、「内発的発展論研究における内発性の再検討――主体形成過程を着眼点として」『農林業問題研究』四〇(一)、七〇―七五頁。

原田彰、一九六九、「学歴と地域移動――県外流出に関する事例研究」『教育社会学研究』二四、一一三―一二五頁。

原田保編、二〇〇一、『知の異端と正統』新評論。

原田曜平、二〇一〇、『近頃の若者はなぜダメなのか』光文社。

春名攻・竹林幹雄・山田幸一郎・滑川達・宮原尊洋・奥村隆之、一九九八、「地方都市における都市整備事業実施計画の策定とその合理性・妥当性評価のための数理モデル分析」『建設マネジメント研究論文集』六、二五五―二六四頁。

春田淳志・錦織宏、二〇一四、「医療専門職の他職種連携に関する理論について」『医学教育』四五(三)、一二一―一三四頁。

長谷山俊郎、一九八一、「経営主体の形成過程と地域農業振興に関する実証的考察」『東北農業試験場研究報告』六三、一六一―二〇九頁。

――――、一九九六、『地域活力向上のデザイン――その人と組織』農林統計協会。

橋本恭之・木村真、二〇一五、「夕張市における公営事業と国保事業の現状と課題」『関西大学経済論集』六四(三・四)、三〇三―三二一頁。

橋本理、二〇〇七、「地域の主体形成と公共政策の役割――長野県の事例を中心に」『サステイナブル社会と公共政策』一八九―二一二頁。

蓮見音彦、一九九〇、『苦悩する農村――国の政策と農村社会の変容』有信堂。

畑本裕介、二〇一〇、「限界集落論の批判的検討――地域振興から地域福祉へ――山口市徳地地域の高齢者生活調査を中心に」『山梨県立大学人間福祉学部紀要』五、一―一五頁。

服部圭郎、二〇〇九、「道路整備事業の大罪――道路は地方を救えない」洋泉社。

林直樹、二〇一〇ａ、「過疎集落に残っている高齢者の生活」林直樹・齋藤晋編著『撤退の農村計画――過疎地域からはじまる戦略的再編』学芸出版社、二一―二七頁。

――――、二〇一〇ｂ、「積極的な撤退の基礎」林直樹・齋藤晋編著『撤退の農村計画――過疎地域からはじまる戦略的再編』学芸出版社、七八―八三頁。

――――・齋藤晋編著、二〇一〇、『撤退の農村計画――過疎地域からはじまる戦略的再編』学芸出版社。

林泰義、二〇〇八、「住民自治とＮＰＯそして自治体の新たな関係」『コミュニティ政策』六(〇)、五二―七五頁。

狭間恵三子、二〇一二、「地域の主体形成とネットワーク展開からみた地域活性化のダイナミズムについての研究――神戸市新開地と沖縄市のまちづくりを事例に」『地域経済学研究』二四、七八―九八頁。

樋田大二郎、二〇一五、「離島・中山間地域の高校の地域人材育成と「地域内よそ者」――島根県の「離島・中山間地域の高校魅力化・活性化事業」の事例から」『青山学院大学教育学会紀要』五九、一四九―一六二頁。

――――・樋田有一郎、二〇一五、「社会関係資本と地域資源の利活用による地域人材育成――島根県離島・中山間地域の高校魅力化・活性化事業の取り組み」『青山学院大学教育人間科学部紀要』六、一―二〇頁。

――――・――――、二〇一八、『人口減少社会と高校魅力化プロジェクト――地域人材育成の教育社会学』明石書店。

樋田有一郎、二〇一六、「人口減少時代の地方郡部の高校教育の変化――学校知の変化と魅力化(学校)コーディネーター制度に着目して」『早稲田大学大学院教育学研究科紀要別冊』二四(二)、八一―九二頁。

樋口真己、二〇〇五、「大学との連携による市民学習活動の展開――筑豊ムラおこし・地域づくりゼミナールを事例として」『西南女学院大学紀要』九、八三―九三頁。

日野正基、二〇一三、「中山間地域における移住者の現状と課題――移住者の家計収支の観点から」『農村計画学会誌』三二(三)、三六〇―三六三頁。

平井太郎、二〇一九、「プロセス重視のコミュニティづくり――尊重と連鎖と関わり合い」小田切徳美・平井太郎・図司直也・筒井一伸『プロセス重視の地方創生――農山村からの展望』筑波書房、一〇―二五頁。

平川毅彦、一九八六、「都市周辺部における地域住民組織と権力構造――札幌市郊外Ｓ連合町内会を事例として」『社会学評論』三七(二)、一三四―一五一、二六九頁。

平松誠・三谷はるよ、二〇一七、「市民参加を活性化させる地域とは――マルチレベル分析を用いた地域特性の効果の検討」『ソシオロジ』六二(二)、五九―七六頁。

平岡義和・高橋和宏、一九八七、「地域経済類型と地域権力構造」『総合都市研究』三一、五五―七〇頁。

平田暢、一九九三、「地域権力構造のネットワーク分析」『秋田大学教育学部研究紀要 人文科学 社会科学』四五、一―一二頁。

広井良典、二〇一一、『創造的福祉社会――「成長」後の社会構想と人間・地域・価値』筑摩書房。

――――、二〇一五、『ポスト資本主義』岩波書店。

広田康生、二〇〇六、「テーマ別研究動向（移民研究）――〝共生〟を巡る秩序構造研究に向けて」『社会学評論』五七（三）、六五〇―六六〇頁。

久繁哲之介、二〇一〇、『地域再生の罠――なぜ市民と地方は豊かになれないのか』筑摩書房。

――――、二〇一八、「『関係人口⇕交流人口⇕定住人口』の質で政策を創る――茨城県編（Ⅰ）人口と通行者の量だけ増やす政策の失敗が分かる『商店街七分類』」『地方行政』一〇七九六、二―六頁。

保母武彦、一九九六、『内発的発展論と日本の農山村』岩波書店。

本田由紀、二〇〇九、『教育の職業的意義――若者、学校、社会をつなぐ』筑摩書房。

本間義人、二〇〇七、『地域再生の条件』岩波書店。

堀内史朗、二〇一一、「コミュニティ形成に資する仲介者の性質――エージェント・ベース・モデルによる分析」『理論と方法』二六（一）、五一―六六頁。

星野敏、二〇〇二、「集落計画づくりに対する意欲とその規定要因、神戸市北区K地区里づくりアンケート調査を踏まえて」『農村計画学会誌』二一、一三三―一三八頁。

五十嵐泰正、二〇一一、「空間とネットワーク」地域社会学会『新版キーワード地域社会学』ハーベスト社、一六四―一六五頁。

――――・開沼博編、二〇一五、『常磐線中心主義（ジョーバンセントリズム）』河出書房新社。

井口隆史・伊藤勝久・北川泉、一九九五、「中山間地域における農林業生産と定住促進政策に関する意向調査の分析（Ⅰ）中山間地域への移住の可能性に関して」『日本林學會誌』七七（五）、四二一―四二八頁。

飯田哲也、一九九一、『テンニース研究――現代社会学の源流』ミネルヴァ書房。

飯田泰之・入山章栄・川崎一泰・木下斉・林直樹・熊谷俊人、二〇一六、『地域再生の失敗学』光文社。

飯盛義徳、二〇一四、「地域づくりにおける効果的なプラットフォーム設計」『日本情報経営学会誌』三四（三）、三―一〇頁。

――――、二〇一五、『地域づくりのプラットフォーム――つながりをつくり創発をうむ仕組みづくり』学芸出版社。

移住・交流推進機構、二〇一九、「移住っていいことあるんだ!! 知らないと損する全国自治体支援制度２０１９版」、移住・交流推進機構ウェブサイト、（二〇一九年一一月一七日取得、https://www.iju-join.jp/feature_exp/071.html）。

井門隆夫、二〇一八、「2018年旅のトレンド予測――『観光客』から『関係人口』へ」『にいがたの現在・未来 センター月報』五三一、二三―二五頁。

今川晃、二〇一三、「人の力を考える」今川晃・梅原豊編『地域公共人材をつくる――まちづくりを担う人たち』法律文化社、一一―

二頁。

――・梅原豊編、二〇一三、『地域公共人材をつくる――まちづくりを担う人たち』法律文化社。

今井幸彦編著、一九六八、『日本の過疎地帯』岩波書店。

稲場圭信、二〇一七、「宗教社会学における災害ボランティア研究の構築」『災害と共生』一(一)、九―一三頁。

稲葉陽二、二〇〇四、「地域再生におけるソーシャル・キャピタルの役割」『改革者』五二九、三四―三七頁。

――、二〇〇七、『ソーシャル・キャピタル――「信頼の絆」で解く現代経済・社会の諸問題』生産性出版。

――、二〇一一、『ソーシャル・キャピタル入門』中公新書。

――・藤原佳典編著、二〇一三、『ソーシャル・キャピタルで解く社会的孤立――重層的予防策とソーシャルビジネスへの展望』ミネルヴァ書房。

稲垣文彦ほか著、二〇一四、『震災復興が語る農山村再生――地域づくりの本質』コモンズ。

井上慧真、二〇一六、「移行の危機にある若者への支援の形成と変容――社会関係資本の観点から」『社会学評論』六七(二)、二二二―二三七頁。

井上公子、二〇〇二、「地域福祉の新展開と住民の成長――地域福祉視点から見た子育てサークルの事例を通して」『立命館産業社会論集』三八(三)、二〇一―二一三頁。

井上俊・伊藤公雄編、二〇〇八、『自己・他者・関係』世界思想社。

井上秀次郎、二〇〇八、「変革主体形成論の現代的探求」『東邦学誌』三七(一)、九七―一〇八頁。

井上孝、一九九一、「日本国内における年齢別人口移動率の地域的差異」『筑波大学人文地理学研究』一五、二二三―二五〇頁。

犬丸淳、二〇一七、『自治体破綻の財政学』日本経済評論社。

石田英敬・吉見俊哉・マイクフェザーストーン、二〇一五、『メディア都市』東京大学出版会。

石黒格、二〇一八、「青森県出身者の社会関係資本と地域間移動の関係」『教育社会学研究』一〇二、三三―五五頁。

――・李永俊・杉浦裕晃・山口恵子、二〇一二、『「東京」に出る若者たち――仕事・社会関係・地域間格差』ミネルヴァ書房。

石井まこと・宮本みち子阿部誠編、二〇一七、『地方に生きる若者たち――インタビューからみえてくる仕事・結婚・暮らしの未来』旬報社。

石川利治、二〇一六、「工業団地の立地と生産活動構成の理論的分析」『経済研究所 Discussion Paper』(二六八)

石川義孝、一九七八、「戦後における国内人口移動」『地理学評論』五一、四三三―四五〇頁。

石山恒貴編著、二〇一九、『地域とゆるくつながろう！――サードプレイスと関係人口の時代』静岡新聞社。

石阪督規、二〇〇二、「瀬戸内過疎地域の高齢者生活と他出家族――広島県過疎山村の調査事例より」『人文論叢』一九、三一―四四頁。

――・緑川奈那、二〇〇五、「過疎地域の高齢者と他出子――三重県紀伊長島町の調査事例を通して」『人文論叢』二二、一一一―一二八頁。

石塚浩、二〇〇六、「知識創造における社会関係資本の役割」『情報学ジャーナル』一、一―一三頁。

磯田則彦、二〇〇九、「高等教育機関への進学移動と東京大都市圏への人口集中」『福岡大學人文論叢』四一（三）、一〇二九―一〇五二頁。

――、一九九三、「１９７０年代・１９８０年代における地域間人口移動――中国地方を例として」『人文地理』四五（一）、二四―四三頁。

石田光規、二〇一七、「〈つながる地域〉を実現させる」『談：speak、talk、and think』一一〇、二七―三四、三七―五〇頁。

坂倉杏介・保井俊之・白坂成功、二〇一五、「『共同行為における自己実現の段階モデル』を用いた協働型地域づくり拠点の参加者の意識と行動変化の分析」『地域活性研究』六、九六―一〇五頁。

伊藤美登里、二〇一五、「社会学史における個人と社会――社会学の課題の変容とそれへの理論的格闘」鈴木宗徳編著『個人化するリスクと社会』勁草書房、二七―五八頁。

伊藤敏安、二〇〇三、「地方にとって『国土の均衡ある発展』とは何であったか」『地域経済研究』一四、三―二一頁。

岩崎信彦・矢澤澄子監修、二〇〇六、『地域社会の政策とガバナンス』東信堂。

岩下明裕編著、二〇一七、『ボーダーツーリズム――観光で地域をつくる』北海道大学出版会。

和泉浩、二〇一五、「地域のレジリエンスにおけるソーシャル・キャピタルと記憶――東日本大震災後の地域コミュニティについての議論をもとに」『秋田大学教育文化学部研究紀要』七〇、九―二〇頁。

和泉徹彦、二〇一四、「児童医療費助成の社会的影響――政令指定都市及び東京都の加算を考える」『嘉悦大学研究論集』五六（二）、二一―三七頁。

事業構想研究所、二〇一八、「地方創生の現状と課題 ふるさと納税自治体アンケート 効果を可視化今後の可能性を探る」『月刊事業構想』七三、一二六―一二九頁。

Jung, Soonok./Sasaki, Mitsuo., 2007, "Glocal Marketing Based on Social Capital and Cultural Identity," Nihon University journal of business, 76(4): 35-40.

角一典、二〇〇〇、「住民運動の成功／失敗と政治的機会構造」『現代社会学研究』一三、二七—四三頁。

甲斐良治、二〇〇五、「若者はなぜ農山村に向かうのか」『現代農業』八四(一〇)、五六—六一頁。

開沼博、二〇一一、『フクシマ論——原子力ムラはなぜ生まれたのか』青土社。

梶井祥子編著、二〇一六、『若者の「地域」志向とソーシャル・キャピタル——道内高校生一七五五人の意識調査から』中西出版。

上村靖司、二〇一七、「『課題解決』か『主体形成』か」『消防防災の科学』一三〇、四—六頁。

——、二〇一八、「課題解決と主体形成」上村靖司・筒井一伸ほか編『雪かきで地域が育つ——防災からまちづくりへ』コモンズ、一七六—一七七頁。

神里博武、二〇〇四、「沖縄における小地域の福祉力形成の課題——小地域福祉推進組織地域ボランティアを中心に」『長崎ウエスレヤン大学地域総合研究所研究紀要』二(一)、六九—七八頁。

金井雅之、二〇〇八、「温泉地のまちづくりを支える社会構造」『社会学年報』三七(〇)、八三—九一頁。

——、二〇一〇、「個別的社会関係資本と集合的社会関係資本の相互関係——観光まちづくりを事例として」『理論と方法』二五(一)、四九—六四頁。

——、二〇一三、「多様な主体の交流による地域づくりの可能性——成果の個別性と仕組みの共通性『専修大学社会科学研究所月報』六〇一・六〇二、三四—四五頁。

金丸弘美、二〇〇九、『田舎力 ヒト・夢・カネが集まる5つの法則』ＮＨＫ出版。

金光淳、二〇〇三、『社会ネットワーク分析の基礎——社会的関係資本論に向けて』勁草書房。

——、二〇一七、「ソーシャルキャピタル＋創造階級＋よそ者は都市にイノベーションをもたらすか？」『経済社会学会年報』(三九)、一六〇—一六三頁。

金谷信子、二〇一二、「介護系ＮＰＯの持続性と多様性——介護保険制度外サービスの実態分析から」『広島国際研究』一八、五五—七〇頁。

神田誠司、二〇一八、『神山進化論——人口減少を可能性に変えるまちづくり』学芸出版社。

金子郁容、一九九二、『ボランティア』岩波書店。

金子勇、二〇一六、『「地方創生と消滅」の社会学——日本のコミュニティのゆくえ』ミネルヴァ書房。

——・森岡清志、二〇〇一、『都市化とコミュニティの社会学』ミネルヴァ書房。

金子淳、二〇一七、『ニュータウンの社会史』青弓社。

苅谷剛彦、一九九五、『大衆教育社会のゆくえ――学歴主義と平等神話の戦後史』中央公論社。

――――編著、二〇一四、『「地元」の文化力――地域の未来のつくりかた』河出書房新社。

嵩和雄、二〇一六、「農山村への移住の歴史」小田切徳美・筒井一伸編著『田園回帰の過去・現在・未来――移住者と創る新しい農山村』農山漁村文化協会、八六―九七頁。

――――、二〇一八、『イナカをツクル――わくわくを見つけるヒント』コモンズ。

加瀬和俊、一九九七、『集団就職の時代――高度成長のにない手たち』青木書店。

春日直樹、二〇〇七、『「遅れ」の思考――ポスト近代を生きる』東京大学出版会。

片田敏孝・廣畠康裕・青島縮次郎、一九九〇、「農山村過疎地域における転出・帰還行動のモデル化に関する基礎的研究」『土木学会論文集』四一九、一〇五―一一四頁。

片桐新自、一九八二、「組織連関視覚からの地域政治へのアプローチ」『社会学評論』三三(三)、六三―七九頁。

片岡佳美、二〇一二、「集落の過疎・高齢化と住民の生活意識――島根県中山間地域での量的調査データをもとに」『山陰研究』五、一九―三二頁。

――――、二〇一七、「地方の教育期家族――『家族実践』の視点からの考察」第68回関西社会学会報告原稿。

片山千賀子、二〇〇九、「食と農を軸にしたネットワークと地域づくり」『北海道大学大学院教育学研究院紀要』一〇七、一三九―一五七頁。

片山悠樹、二〇一七、「地域移動とキャリア」乾彰夫・本田由紀・中村高康編、『危機の中の若者たち』東京大学出版会、一九七―二〇九頁。

加藤久明、二〇一〇、「持続可能なイノベーションに関する一考察――「生活起点」の視点から」『政策科学』17特別号、六五―七五頁。

加藤秀樹、二〇一七、「『ふるさと住民票』の提案」『ＥＣＰＲ』二〇一七(二)、一九―二二頁。

加藤潤三・前村奈央佳、二〇一四、「沖縄の県外移住者の適応におけるソーシャルキャピタルの影響」『人間科学』三一、一一一―一四三頁。

勝村茂・秋元律郎、一九六五、「地域社会における権力構造分析の方法と課題」『社会科学討究』一一(一)、一―三六頁。

川端亮・稲場圭信、二〇一八、『アメリカ創価学会における異体同心――二段階の現地化』新曜社。

Kawamura Nozomu and Takahashi Kazuhiro and Sakoda Kosaku, 1986, "Community Power Structure ; A Japanese Case Study,"

Comprehensive urban studies, 28: 173-203.

河井孝仁、二〇〇九、「構造としての地域――ヴァリネラビリティと編集」河井孝仁・遊橋裕泰『地域メディアが地域を変える』日本経済評論社。

――、二〇一六、『シティプロモーションでまちを変える』彩流社。

――、二〇一八、「地域参画総量が地域を生き残らせる――「関係人口」を超えて」『ガバナンス』二〇二、二七―二九頁。

――、二〇二〇、『「関係人口」創出で地域経済をうるおすシティプロモーション2・0――まちづくり参画の意欲を高めるためには』第一法規。

――・藤代裕之、二〇一二、「大規模震災時における的確な情報流通を可能とするマスメディア・ソーシャルメディア連携の可能性と課題」『メディア展望』六〇四、一三―一七頁。

河合幸尾・宮田和明編、一九九一、『社会福祉と主体形成――90年代の理論的課題』法律文化社。

風間規男、二〇〇二、「関係性の公共政策学へ――ガバメント志向とネットワーク志向の交錯」『季刊行政管理研究』一〇〇、三―一二頁。

城戸宏史、二〇一六、「『地方創生』政策の問題と今後の市町村合併の可能性――一村一品運動のインプリケーションを踏まえて」『経済地理学年報』六二(四)、三〇六―三二三頁。

吉川徹、二〇〇一、『学歴社会のローカル・トラック――地方からの大学進学』世界思想社。(新装版、二〇一九、大阪大学出版会。)

――、二〇一四、『現代日本の「社会の心」――計量社会意識論』有斐閣。

――、二〇一八、『日本の分断――切り離される非大卒若者(レッグス)たち』光文社。

――・狭間諒多朗編、二〇一九、『分断社会と若者の今』大阪大学出版会。

木村和美、二〇〇八、「教育の主体としての家庭・地域の形成――被差別部落における社会関係資本に着目して」『大阪大学教育学年報』一三、一〇九―一二一頁。

木村至聖、二〇〇九、「産業遺産の表象と地域社会の変容」『社会学評論』六〇(三)、四一五―四三二頁。

木野聡子・敷田麻実、二〇〇八、「観光・交流へのかかわりによる漁業者のエンパワーメントの過程にかんする研究――北海道浜中町の漁業者活動を事例に」『日本観光研究学会全国大会学術論文集』二三、一七七―一八〇頁。

木下斉、二〇一五、『稼ぐまちが地方を変える』NHK出版。

岸政彦、二〇一三、『同化と他者化――戦後沖縄の本土就職者たち』ナカニシヤ出版。

――――、二〇一六、『質的社会調査の方法他者の合理性の理解社会学』有斐閣。

木田恵理奈・後藤春彦・佐藤宏亮、二〇一一、「商店街振興組合による祭礼運営を通した地域コミュニティ形成に関する研究」『都市計画論文集』四六(三)、四八一―四八六頁。

北川由紀彦、二〇一六、「『出稼ぎ』という移動」北川由紀彦・丹野清人『移動と定住の社会学』放送大学教育振興会、一六二―一七三頁。

北井万裕子、二〇一七、「パットナムのソーシャル・キャピタル概念再考――共同体の美化と国家制度の役割」『立命館経済学』六五(六)、一三八七―一四〇〇頁。

北島滋、一九九八、『開発と地域変動――開発と内発的発展の相克』東信堂。

北山幸子・橋本貴彦・上園昌武・関耕平、二〇一〇、「島根県3地域(海士町、美郷町、江津市)におけるU・Iターン者アンケート調査の検討」『山陰研究』三、三七―六六頁。

鬼頭宏、二〇〇〇、『人口から読む日本の歴史』講談社。

鬼頭秀一、一九九八、「環境運動/環境理念研究における「よそ者」論の射程――諫早湾と奄美大島の「自然の権利」訴訟の事例を中心に」『環境社会学研究』四、四四―五九頁。

清原桂子、二〇〇八、「復興をささえたネットワーク」岡田真美子編『地域再生とネットワーク――ツールとしての地域通貨と協働の空間づくり』昭和堂、一八四―二〇一頁。

小林昭裕、二〇〇三、「都市住民の田園移住に対する意識構造に関する基礎的研究――北海道を事例として」『農村計画学会誌22』、三七―四二頁。

小林潔司・多々納裕一、一九九七、「過疎コミュニティにおける活性化活動とリーダーシップ」『土木学会論文集』五六二(Ⅳ―35)、三七―四六頁。

小林甲一、二〇〇九、「持続可能な地域社会づくりに関する一考察 ――地域・社会政策の視角から」『名古屋学院大学論集社会科学篇』四五(四)、一―一二頁。

小林孝行、一九七六、「マージナル・マン理論の検討」『ソシオロジ』二一(三)、六五―八三頁。

小林敏明、二〇一〇、『〈主体〉のゆくえ――日本近代思想史への一視角』講談社。

小林悠歩・筒井一伸、二〇一八、「他出子との共同による農山村集落維持活動の実態――長野県飯山市西大滝区を事例として」『農村計画学会誌』三七(三)、三二〇―三二七頁。

小暮義隆、二〇一六、「よそ者と地域社会の相互変容と関係性」『21世紀社会デザイン研究』一四、一一一―一二一頁。

小嶋祐伺郎、二〇一八、「他者と出会いが生起する『深い学び』についての一考察――『自他の関係性の再構築』にかかわる道徳授業の実践から」『次世代教員養成センター研究紀要』四、一三九―一四五頁。

国土交通省、一九七七、『第3次全国総合開発計画』。

――――、一九八七、『第4次全国総合開発計画』。

――――、一九九八、『21世紀国土のグランドデザイン』。

――――、二〇〇八、「過疎地域等における集落の状況に関するアンケート調査」、(二〇一九年一一月四日取得、http://www.mlit.go.jp/kisha/kisha07/02/020817/01.pdf)。

――――、二〇一三、「平成25年度新しい離島振興施策に関する調査」、(二〇一九年一一月四日取得、https://www.mlit.go.jp/common/001081043.pdf)。

――――、二〇一五、『国土形成計画』。

――――、二〇二〇、「関係人口の実態把握」。

国民生活審議会コミュニティ小委員会、一九六九、『コミュニティ――生活の場における人間性の回復』。

国立国会図書館、二〇一九、「第61回国会衆議院地方行政委員会議録 第53号」、国会会議録検索システム、(二〇一九年一二月四日取得、http://kokkai.ndl.go.jp/SENTAKU/syugiin/061/0050/06107230050053.pdf
国立社会保障・人口問題研究所、二〇一八、『日本の将来推計人口――平成29年推計の解説および条件付推計――』。

國領二郎編著、二〇〇六、『創発する社会』日経BPコンサルティング。

小松秀雄、二〇〇七、「アクターネットワーク理論と実践コミュニティ理論の再考」『神戸女学院大学論集』五四(二)、一五三―一六四頁。

小森聡、二〇〇七、「新規定住者を受け入れる農村の意識と立地条件に関する研究――京都府の中山間地域を事例として」『農林業問題研究』四三(一)、一一二―一一七頁。

古村学、二〇一五、『離島エコツーリズムの社会学』吉田書店。

近藤明子・近藤光男、二〇〇五、「スケジュールモデルを用いた地域間人口移動の特性分析」『土木計画学研究・論文集』二二、二二三―二三〇頁。

近藤信一、二〇一五、「沿岸被災地域における誘致企業の撤退と雇用維持・創出への新たな取組み――EBO(従業員買収)による起業のケーススタディからの考察」『総合政策』一七(二)、五七―七四頁。

今野裕昭、二〇一五、「市町村合併と地域課題の解決力――平成の大合併下の日光市栗山」『専修人間科学論集』社会学篇五、三五―四九頁。

小阪勝昭編著、二〇〇二、『離島「隠岐」の社会変動と文化』御茶の水書房。

小阪昌裕・金井萬造、二〇〇八、「地域資源を活用した着地型観光事業づくりと地域再生に関する事業化考察」『日本観光研究学会全国大会学術論文集』二三、二九三―二九六頁。

小瀬木えりの、一九九四、「香港における中国人雇主フィリピン人メイド関係の考察――役割をめぐる創発的関係形成と境界維持について」『京都社会学年報』二、五七―七八頁。

琴南町誌編纂委員会、一九八六、『琴南町史』。

――・琴南町編集委員会、二〇〇六、『琴南町史 続編』。

古藤浩、二〇〇九、「大学入学による人口移動地図の研究」『GIS:理論と応用』一七(二)、一―一二頁。

厚生労働省、二〇一五、『厚生労働白書』。

――、二〇一七、「平成28年 国民生活基礎調査の概況」、(二〇一九年一一月四日取得、https://www.mhlw.go.jp/toukei/saikin/hw/k-tyosa/k-tyosa16/dl/16.pdf)。

小薮明生、二〇〇九、「社会理論としてのパットナムの社会関係資本論について」『社会学年誌』五〇、五三―六七頁。

久保田進彦、二〇〇四、「地域ブランドのマネジメント」『流通情報』四一八、四―一八頁。

工藤順、二〇一二、「地域社会における社会的企業の可能性――コミュニティカフェでる・そーれの事例から」『青森県立保健大学雑誌』一三、二三―三二頁。

熊谷文枝、二〇一二、『「地域力」で立ち向かう人口減少社会――小さな自治体の地域再生策』ミネルヴァ書房。

倉原宗孝、一九九九、「市民的まちづくり学習としての住民参加のワークショップに関する考察」『日本建築学会計画系論文集』六四(五二〇)、二五五―二六二頁。

栗島英明・佐藤峻・倉阪秀史・松橋啓介、二〇一五、「Resource generatorによる地域住民のソーシャル・キャピタルの測定と地域評価との関連分析」『土木学会論文集G』七一(六)、II9一―II98。

黒田学・中西典子・長谷川千春・野村実、二〇一六、「地方分権改革と地域再生に関する調査研究――京都市北部地域における生活福祉とガバナンス」『立命館産業社会論集』五二(三)、一二五―一三八頁。

黒田俊夫、一九七〇、「人口移動の転換仮説」『人口問題研究』一一三、一五―三〇頁。

――、一九七八、「人口移動の新しい展開――日本における人口移動の構造変動」『日本大学紀要』三、九七―一一〇頁。

黒田由彦、二〇〇五、「分野別研究動向（地域）――公共性と地域社会」『社会学評論』五六（一）、二三二―二四七頁。

黒柳晴夫、一九八一、「地域権力構造の変容と地方議員――岐阜市内「混住化」農村地域の事例（地方議会と地域民主主義〈主集〉）」『都市問題』七二（九）、三八―四九頁。

轡田竜蔵、二〇一七、『地方暮らしの幸福と若者』勁草書房。

Lin, Nan, 2001, *Social Capital: A Theory of Social Structure and Action*, Cambridge: Cambridge University Press.（筒井淳也・石田光規・桜井政成・三輪哲・土岐智賀子訳、二〇〇八、『ソーシャル・キャピタル――社会構造と行為の理論』ミネルヴァ書房。）

まち・ひと・しごと創生本部、二〇一九、『まち・ひと・しごと創生基本方針2019』。

町村敬志、一九九九、『越境者たちのロスアンジェルス』平凡社。

――、二〇〇六、「グローバリゼーションと地域社会」似田貝香門監修『地域社会学の視座と方法』東信堂、四六―六六頁。

――編、二〇〇七、『開発の時間 開発の空間――佐久間ダムと地域社会の半世紀』東京大学出版会。

――、二〇一七、「コミュニティは地域的基盤を必要とするのか」『学術の動向』二二（九）、三二―三五頁。

――、二〇一八、「『過剰人口』から『縮小社会』へ――戦後開発における〈スケールの語り〉の動員力」地域社会学会編『縮小社会と地域社会の現在』ハーベスト社、二三―四〇頁。

――編、二〇一二、『都市の政治経済学』日本評論社。

――編、二〇一三、『都市空間に潜む排除と反抗の力』明石書店。

前田真子・西村一朗、二〇〇四、「山村留学を契機とした都市住民の農山村地域への移住と移住家族の山村留学における役割」『農村計画学会誌』二三（一）、八―一五頁。

前田剛、二〇一八、「離島の地方創生 域学連携による『関係人口』づくり――域学連携は地方創生におけるイノベーション・人口還流の鍵」『地方行政』一〇八〇五、二―一五頁。

前川英城、二〇一〇、「歴史に学ぶ集落移転の評価と課題」林直樹・齋藤晋編著『撤退の農村計画――過疎地域からはじまる戦略的再編』学芸出版社、八九―九五頁。

前村奈央佳・加藤潤三・藤原武弘、二〇一五、「移動を希求する心理――『ライフスタイル移民』についての社会心理学的考察」『関西学院大学社会学部紀要』一二〇、一三三―一四六頁。

牧大介、二〇一八、『ローカルベンチャー――地域にはビジネスの可能性があふれている』木楽舎。

牧野厚史・松本貴文編、二〇一五、『暮らしの視点からの地方再生』九州大学出版会。

牧里毎治・野口定久・武川正吾・和気康太、二〇〇七、『自治体の地域福祉戦略』学陽書房。

眞鍋一水、二〇一四、「アイデンティティ形成に関与する他者、〝Identity agents〟を捉える試み」『日本青年心理学会大会発表論文集』

　二二(〇)、三二―三三頁。

まんのう町、「地勢・概要」、(二〇一九年一一月一〇日取得、http://www.town.manno.lg.jp/info/chisei.php)。

丸田一・國領二郎・公文俊平、二〇〇六、『地域情報化 認識と設計』NTT出版。

増田寛也編著、二〇一四、『地方消滅――東京一極集中が招く人口急減』中央公論新社。

増田直紀、二〇〇七、『私たちはどうつながっているのか』中央公論新社。

益田市、二〇一九、「人口拡大課」、益田市ウェブサイト、(二〇一九年一一月一七日取得、https://www.city.masuda.lg.jp/soshiki/21/)。

松宮朝、二〇一一、「農都交流」地域社会学会『新版キーワード地域社会学』ハーベスト社、三六〇―三六一頁。

松本大、二〇一六、「地域住民の公民館への参加のプロセス」『弘前大学教育学部紀』一一六、五七―六六頁。

松元一明、二〇一六、「市民活動による市民セクターの生成――P・Lバーガーの理論とペストフの図式を利用して(2)」『成蹊大学文
　学部紀要』五一、一七五―一九二頁。

松本通晴・丸木恵祐、一九九四、『都市移住の社会学』世界思想社。

松本貴文、二〇一七、「内発的発展論の再検討――鶴見和子と宮本憲一の議論の比較から」『下関市立大学論集』六一(二)、一―一二
　頁。

松村和則、一九九九、「山村再生と環境保全運動――「自由文化空間」と「よそ者」の交錯」『環境社会学研究』(五)、二一―三七頁。

松村武、二〇一四、「過疎・人口激減地へ移住者主導による観光の意義と課題」『日本観光学会誌』(五五)、七三―八三頁。

松永桂子、二〇一二、『創造的地域社会――中国山地に学ぶ超高齢社会の自立』新評論。

――――、二〇一六、「ローカル志向をどう読み解くか」松永桂子・尾野寛明編著『ローカルに生きるソーシャルに働く』農山漁村文化
　協会、六―二二頁。

――――、二〇一五、『ローカル志向の時代――働き方産業経済を考えるヒント』光文社。

松岡廣路、二〇〇六、「福祉教育・ボランティア学習の新機軸――当事者性・エンパワメント」『日本福祉教育・ボランティア学習学会年
　報』一一(〇)、一二―三二頁。

松岡俊二、二〇一八、「持続可能な地域社会のつくりかた――地方創生と社会イノベーションを考える」『アジア太平洋討究』三三、一―一八頁。

松下啓一、二〇一六、「若者の力をどう地域に活かすか――自治体若者政策への展望」『ガバナンス』一八一、一七―一九頁。

三上直之、二〇一六、「高校生が語る地域移動の志向――三五人のヒアリング調査結果から」梶井祥子編著『若者の「地域」志向とソーシャル・キャピタル――道内高校生一七五五人の意識調査から』中西出版、八七―一四〇頁。

三隅一人、二〇一三、『社会関係資本――理論統合の挑戦』ミネルヴァ書房。

――――、二〇一五、「テーマ別研究動向（ソーシャル・キャピタル）」『社会学評論』六六（一）、一三四―一四四頁。

見田宗介、一九九六、『現代社会の理論――情報化・消費化社会の現在と未来』岩波書店。

――――、二〇〇六、『社会学入門――人間と社会の未来』岩波書店。

――――、二〇一八、『現代社会はどこに向かうのか――高原の見晴らしを切り開くこと』岩波書店。

三田村けんいち、二〇一二、「愛と資本――地域の再生を求めて」谷口憲治編著『中山間地域農村発展論』農林統計出版、二五―三四頁。

三谷太一郎、二〇一七、『日本の近代とは何であったか――問題史的考察』岩波書店。

三浦展、二〇〇六、『「自由な時代」の「不安な自分」――消費社会の脱神話化』晶文社。

三浦典子、一九七六、「地域間移動の効果をめぐる考察」『社会学研究年報』七（八）、四二―四九頁。

三浦倫平、二〇一六、『「共生」の都市社会学――下北沢開発の問題のなかで考える』新曜社。

宮台真司、一九九七、『まぼろしの郊外――成熟社会を生きる若者たちの行方』朝日新聞社。

三宅和子、一九九三、「日本人の言語行動とウチ・ソト・ヨソの概念」『日本語教育方法研究会誌』一（一）、六―七頁。

宮原浩二郎、一九九八、「他者の衝撃衝撃の他者」内田隆三編『情報社会の文化2 イメージのなかの社会』東京大学出版会、四九―七八頁。

宮本和夫、二〇〇七、「地域に根ざし地域につながる高校像を求めて――長野県における地域高校調査報告」『教育』五七（一一）、六〇―六七頁。

宮本憲一、一九八九、『環境経済学』岩波書店。

――――、二〇〇〇、『日本社会の可能性――維持可能な社会へ』岩波書店。

宮本常一、一九八五、『忘れられた日本人』岩波書店。

宮下和裕、一九九三、『地方自治の現実と可能性――主権者の主体形成をめぐる対抗』自治体研究社。

宮下聖史、二〇一五、「『人口減少社会』の地域政策・地域づくりに関する一考察――『選択と集中』路線に対抗するための理論と実践」『長野大学紀要』三六(三)、一四三―一五五頁。

水野淳子、一九九九、「過疎地域における内発的発展の有効性に関する研究――北海道下川町を事例として」『農業経営研究』二五、五一―七六頁。

文部科学省、二〇一八、『廃校活用事例集』。

――、二〇一九、『令和元年度学校基本調査』。

森恭子、二〇一六、「社会統合の概念とソーシャル・キャピタル」『生活科学研究』三八、四三―五二頁。

森尾淳・杉田浩、二〇〇九、「中山間地域のモビリティと生活圏域に関する分析」『土木計画学研究・論文集』二六(一)、八五―九一頁。

――・中塚高士、二〇一三、「持続可能な地域の条件に関する研究――若者の人口動態分析を通して」『平成25年度国土政策関係研究支援事業研究成果報告書』。

――・杉田浩、二〇〇八、「ライフステージに着目した地域間移動の変化分析と地域活性化政策の方向性」『土木計画学研究・論文集』二五(一)、一九三―二〇〇頁。

森岡仁、二〇〇八、「戦後日本の人口変動」『駒沢大学経済学論集』三九(三)、三七―五四頁。

森岡清志編、二〇〇八、『地域の社会学』有斐閣。

森重昌之、二〇〇九、「観光を通じた地域コミュニティの活性化の可能性――地域主導型観光の視点から見た夕張市の観光政策の評価」『観光創造研究』五、一―二〇頁。

――、二〇一一、「多様な人びとがかかわる機会をつくりだす地域主導の観光――「かかわり合う地域社会(Engaging Community)」の形成に向けて」『北海道大学大学院国際広報メディア・観光学院院生論集』七、六一―七〇頁。

森戸哲、二〇〇一、「都市と農村の共生を考える――交流活動の現場から」『農村計画学会誌』二〇(三)、一七〇―一七四頁。

守友裕一、二〇〇〇、「地域農業の再構成と内発的発展論」『農業經濟研究』七二(二)、六〇―七〇頁。

村上義昭、二〇一六、「ビジネスプランコンテストで地域を元気にする人材を輩出する――島根県江津市」日本政策金融公庫総合研究所『地域経済の振興と中小企業』同友館、一二一―一五一頁。

村串仁三郎、一九九九、「夕張炭鉱遺蹟の観光資源化について――観光学と産業考古学の見地から」『経済志林』六七(一)、一二一―一六二頁。

村澤昌崇、二〇〇三、「書評『学歴社会のローカル・トラック――地方からの大学進学』吉川徹著」『理論と方法』一八(二)、二六二―二六四頁。

妙見昌彦、二〇一五、「シャッター通り商店街の再生――商店街再生の事例から」『日本経大論集』四四(二)、二〇九―二二七頁。

長野市、二〇一九、「人口増推進課」、長野市ウェブサイト、(二〇一九年一一月一七日取得、https://www.city.nagano.nagano.jp/soshiki/jinkou/)。

長尾雅信・山崎義広・八木敏昭、二〇一八「地域ブランド論における外部人材の受容の研究――中山間地域におけるソーシャル・キャピタルの測定から」『マーケティングジャーナル』三八(一)、九二―一〇七頁。

内閣府、二〇一四 a、「『東京在住者の今後の移住に関する意向調査』の結果概要について」、(二〇一九年一一月二日取得、http://www.kantei.go.jp/jp/singi/sousei/meeting/souseikaigi/h26-09-19-siryou2.pdf)。

――――、二〇一四 b、「農山漁村に関する世論調査」、内閣府ウェブサイト、(二〇一九年一一月二日取得、https://survey.gov-online.go.jp/h26/h26-nousan/index.html)。

――――、二〇二〇、「新型コロナウイルス感染症の影響下における生活意識・行動に関する調査」。

中川敦、二〇〇四、「遠距離介護と親子の居住形態」『家族社会学研究』一五(二)、八九―九九頁。

――――、二〇一六、「遠距離介護の意思決定過程の会話分析」『年報社会学論集』二九、五六―六七頁。

中川哉、二〇一七、「疑問だらけの20代が女性管理職になるまで」『ＡＬＰＳ』一二九、四〇―四三頁。

中川秀一・宮地忠幸・高柳長直、二〇一三、「日本における内発的発展論と農村分野の課題――その系譜と農村地理学分野の実証研究を踏まえて」『農村計画学会誌』三二(三)、三八〇―三八三頁。

中川内克行、二〇一八、「道半ばの地方総合戦略――東京一極集中が加速人口減に歯止めかからず」『日経グローカル』三三六、一〇―一九頁。

――――、二〇一九、「『関係人口』で地域を存続・活性化――400超の自治体が創出・拡充事業を実施」『日経グローカル』三五八、六―二五頁。

中井郷之、二〇一〇、「新たな社会ネットワークの構築と地域振興に関する研究」『RPSPP Discussion Paper』一七、一―一五頁。

中嶋真美、二〇一三、「内発的発展論からみたコミュニティ・ツーリズムの担い手――タンザニア北部を事例に」『日本国際観光学会論文集』二〇(〇)、三三―四〇頁。

中條暁仁、二〇〇三、「過疎山村における高齢者の生活維持メカニズム――島根県石見町を事例として」『地理学評論』七六(一三)、九七九―一〇〇〇頁。

――――、二〇〇七、「中山間地域における福祉活動組織の性格と参加住民の意識――広島県三次市を事例として」『静岡大学教育学部研究報告 人文・社会科学篇』五七、一七―三二頁。

――――、二〇一七、「中山間地域における地域資源の活用実践と住民の対応」『経済地理学年報』六三(二)、一七一―一八一頁。

中村八朗、一九七九、「地域権力構造と住民自治に関連して」『都市問題』七〇(二)、一四―二九頁。

ナカムラケンタ、二〇一八、『生きるように働く』ミシマ社。

中西晶、二〇〇一、「知のトリックスター」原田保編『知の異端と正統』新評論、七八―一二一頁。

中西宏彰、二〇一一、「田舎暮らしにおける新規定住者と農村側住民の共住に関する研究――京都府南丹市美山町S集落を事例として」『農林業問題研究』四四(二)、一四〇―一四五頁。

――――・桂明宏、二〇〇七、「田舎暮らし希望者のニーズと支援方策に関する研究――京都府における田舎暮らし希望者に対するアンケートに基づいて」『農林業問題研究』四三(一)、九五―一〇〇頁。

中村和彦、二〇一五、『入門組織開発』光文社。

中村賢佑・十代田朗・津々見崇、二〇一三、「移住者支援に向けた主体間連携に関する一考察――長野県を事例として」『日本観光研究学会全国大会学術論文集』二八、三〇九―三一二頁。

中島正博、二〇一四、「島根県海士町の取組みから見た定住政策の課題」『経済理論』三七六、八三―一〇一頁。

中嶋則夫、二〇一三、「市場経済の役割市場の失敗とコミュニティ政策の視点」『広島経済大学経済研究論集』三六(二)、五五―六〇頁。

中田實、二〇〇五、「地域共同管理理論の成立と展開――ムラの理論から地域の理論へ」『村落社会研究』一一(二)、一―六頁。

中塚雅也、二〇一九ａ、『農業・農村の資源とマネジメント』神戸大学出版会。

――――、二〇一九ｂ、『拠点づくりからの農山村再生』筑波書房。

――――・内平隆之、二〇一四、『大学・大学生と農山村再生』筑波書房。

中山ちなみ、一九九八、「若者の地域移動と居住志向――生活意識に関する計量分析」『京都社会学年報』六、八一―一一二頁。

中山政行・亀山秀雄、二〇一四、「プログラムプラットフォームによる創発的地域活性化プロジェクトに関する研究」『国際Ｐ２Ｍ学会誌』九(二)、一四一―一五二頁。

中澤秀雄、一九九九、「日本都市政治における『レジーム』分析のために――地域権力構造（ＣＰＳ）研究からの示唆」『年報社会学論集』一九九九(一二)、一〇八―一一八頁。

――――、二〇〇五、『住民投票運動とローカルレジーム――新潟県巻町と根源的民主主義の細道1994-2004』ハーベスト社。

――――、二〇一二、「地方と中央――『均衡ある発展』という建前の崩壊」小熊英二編著『平成史』河出書房新社、一六九―二一六頁。

中澤高志、二〇一六、「『地方創生』の目的論」『経済地理学年報』六二（四）、二八五―三〇五頁。

南後由和、二〇一八、『ひとり空間の都市論』筑摩書房。

直田春夫、二〇〇五、「千里ニュータウンのまちづくり活動とソーシャルキャピタル」『都市住宅学』四九、一五―二一頁。

根岸裕孝、二〇〇九、「グローバリゼーションの進展と地域政策の転換」『経済地理学年報』五五（四）、三三八―三五〇頁。

ＮＨＫスペシャル取材班、二〇一七、『縮小ニッポンの衝撃』講談社。

仁平典宏、二〇〇二、「戦後日本におけるボランティア言説の転換過程――『人間形成』レトリックと〈主体〉の位置に着目して」『年報社会学論集』二〇〇二（一五）、六九―八一頁。

――――、二〇〇三、「『ボランティア』とは誰か――参加に関する市民社会論的前提の再検討」『ソシオロジ』四八（一）、九三―一〇九頁。

――――、二〇一二、「社会保障――ネオリベラル化と普遍主義のはざまで」小熊英二編著『平成史』河出書房新社、二一八―二九四頁。

日本経済新聞社、二〇〇七、『地方崩壊――再生の道はあるか』日本経済新聞出版社。

――――、二〇一二、『絆の風土記――列島各地で見た社会再生の芽生え』日本経済新聞出版社。

日本農業新聞取材班、二〇一九、『若者力』日本農業新聞。

日本政策金融公庫総合研究所、二〇一六、『地域経済の振興と中小企業』同友館。

西口敏宏・辻田素子、二〇一七、「コミュニティー・キャピタル序説――刷り込み同一尺度の信頼準紐帯の機能」『組織科学』五〇（三）、四―一五頁。

西村達郎・南真衣、二〇一六、「地方進学校卒業生のローカル・トラック――鹿児島県立Ｋ高校を事例として」『社会文化論集』一四、二五―五七頁。

西村俊昭、二〇一〇、「若い世帯の農山村移住は簡単ではない」林直樹・齋藤晋編著『撤退の農村計画――過疎地域からはじまる戦略的再編』学芸出版社、六〇―六五頁。

西森雅樹、二〇一七、「地域間の人材移動の誘因分析」『地域活性研究』八、二〇―二七頁。

西谷弘、一九八三、「電源開発と地域対応――高浜・大飯原発建設に伴う地域権力構造の変容と地域対応」『佛大社会学』八、六三―七七頁。

似田貝香門監修、二〇〇六、『地域社会学の視座と方法』東信堂。

西山未真、二〇一五、『農村と都市を結ぶソーシャルビジネスによる農山村再生』筑波書房。

西澤晃彦、二〇〇〇、「居住点から拡がる社会」町村敬志・西澤晃彦著『都市の社会学――社会がかたちをあらわすとき』有斐閣、一七五―二〇一頁。

野村義博、二〇一二、「よみがえる離島　隠岐・海士町に住んでみる」『絆の風土記――列島各地で見た社会再生の芽生え』日本経済新聞出版社、五五―九五頁。

沼尾波子、二〇一六、『交響する都市と農山村――対流型社会が生まれる』農山漁村文化協会。

帯谷博明、二〇〇二、「ダム建設計画をめぐる対立の構図とその変容――運動・ネットワーク形成と受益・受苦に注目して」『社会学評論』五三(二)、一九七―二一三頁。

大江守之、一九九五、「国内人口分布変動のコーホート分析――東京圏への人口集中プロセスと将来展望」『人口問題研究』五一(三)、一―一九頁。

小田亮、二〇〇七、「現代社会の『個人化』と親密性の変容――個の代替不可能性と共同体の行方」『日本常民文化紀要』二六、一八八―一五六頁。

小田切徳美、二〇〇八、「農山村地域再生のイメージ」『農業と経済』七四(五)、五一―六二頁。

――、二〇〇九、『農山村再生――「限界集落」問題を超えて』岩波書店。

――、二〇一四、『農山村は消滅しない』岩波書店。

――、二〇一八、「関係人口という未来――背景・意義・政策」『ガバナンス』二〇二、一四―一七頁。

――、二〇一九、「農山村の動態――今なぜ『プロセス重視』か」小田切徳美・平井太郎・図司直也・筒井一伸『プロセス重視の地方創生――農山村からの展望』筑波書房、二―九頁。

――・筒井一伸編著、二〇一六、『田園回帰の過去・現在・未来――移住者と創る新しい農山村』農山漁村文化協会。

小川全夫、一九九〇、「アーバン・エクソダスかルーラル・ルネサンスか――社会学的にみた人の移動の変化」『農林統計調査』四〇(九)、一三―一六頁。

――、一九九六、「都市・農村交流の歴史とこれまでの成果――持続的交流に向けて」『農林統計調査』四六(一二)、四―一〇頁。

荻野亮吾、二〇一三、「『社会関係資本』論の社会教育研究への応用可能性」『東京大学大学院教育学研究科紀要』五三、九五―一一二頁。

荻野達史、二〇〇六、「新たな社会問題群と社会運動――不登校ひきこもりニートをめぐる民間活動」『社会学評論』五七（二）、三一一―三二九頁。

小熊英二編著、二〇一二、『平成史』河出書房新社。

大橋昭一、二〇〇八、「観光とソーシャル・キャピタル――観光地の戦略主体形成のための基本的枠組みの研究」『関西大学商学論集』五三（五）、四五―六四頁。

岡田真美子編、二〇〇八、『地域再生とネットワーク――ツールとしての地域通貨と協働の空間づくり』昭和堂。

岡田真、一九七三、「人口Uターンの実在をめぐる論争」『地理学評論』四六、六五六―六六五頁。

岡田憲夫、一九九七、「知識技術の集積・伝搬過程としてみた過疎地域の活性化に関する研究――鳥取県智頭町の事例」『土木学会論文集』五六二、四七―五五頁。

――、二〇一五、「ひまわりシステムを生んだ鳥取県智頭町の地域復興事起こしのまちづくり――人口減・少子高齢化に適応する社会システムのデザイン」『JP総研research』三一、五〇―五七頁。

――・河原利和、一九九七、「交流時代における中山間地域の外部者参入過程に関する実証的研究――ハビタント概念の例証」『実験社会心理学研究』三七（二）、二二三―二四九頁。

――・小林清司・高野博司、一九八九、「過疎地域のコミュニティ活性化に関する基礎的分析」『土木計画学研究・講演集』一二、一五一―一五八頁。

――・小林潔司・北尾淳、一九九〇、「外部者の参入が山村過疎地域に与える活性化効果に関する研究」『土木計画学研究・講演集』一三、一六一―一六八頁。

――・杉万俊夫、一九九七、「過疎地域の活性化に関する研究パースペクティブとその分析アプローチ――コミュニティ計画学へむけて」『土木学会論文集』五六二（Ⅳ―35）、一五―二五頁。

岡本伸之編著、二〇〇一、『観光学入門』有斐閣。

岡崎陽一・須田トミ、一九六九、「戦後人口移動の動向」『人口問題研究』一〇九、五三―六四頁。

奥田道大編、一九九九、『講座社会学 4 都市』東京大学出版会。

奥田太郎・篭橋一輝編、二〇一九、『Stranger Ethics――人は〈よそ者〉の何を恐れるのか？』南山大学社会倫理研究所。

恩田守雄、二〇一一、「支え合いの地域づくり――島根県浜田市旭町の調査」『流通経済大学社会学部論叢』二一（一）、一三―七五頁。

鬼丸正明、二〇〇七、「ソーシャルキャピタル――スポーツ論への可能性」『一橋大学スポーツ研究』二六、三三―四〇頁。

大野晃、二〇〇一、「条件不利地域農業の現状と地域再生への主体形成――寒冷地山村・北海道津別町の事例」『商学論纂』四二(六)、一―三九頁。

――、二〇〇九、「山村集落の現状と集落再生の課題」秋津元輝編『集落再生――農山村・離島の実情と対策』農山漁村文化協会、四五―八七頁。

大野久・茂垣まどか・三好昭子・内島香絵、二〇〇四、「ＭＩＭＩＣモデルによるアイデンティティの実感としての充実感の構造の検討」『教育心理学研究』五二(三)、三二〇―三三〇頁。

大野剛志、二〇一〇、「地域活性化運動における新規参入者の位置と役割――北海道上川郡下川町『下川産業クラスター研究会』の実践を事例として」『現代社会学研究』二三(〇)、一九―三七頁。

折田仁典、一九八九、「過疎問題と過疎地域の地域イメージに関する基礎的研究」『土木計画学研究・論文集』七、二〇三―二一〇頁。

小山田晋・長谷部正・木谷忍・安江紘幸・伊藤まき子、二〇一二、「東日本大震災被災地復興に対するよそ者のかかわり方に関する倫理学的研究」『農業経済研究報告』四三、一五―三六頁。

大澤真幸、二〇一五、『社会システムの生成』弘文堂。

――、二〇一九、『社会学史』講談社。

プラチナ構想ネットワーク、二〇一九、「第Ⅰ回プラチナ大賞 最終審査発表会・審査結果」、(二〇一九年一一月一二日取得、http://www.platinum-network.jp/pt-taishou2013/ceremony.html)。

Putnam Robert D., 1993, *Making Democracy Work: Civil Traditions in Modern Italy*, Princeton: Princeton University Press.(河田潤一訳、二〇〇一、『哲学する民主主義――伝統と改革の市民的構造』NTT出版。)

――、(ed.), 2000, *Bowling Alone: The Collapse and Revival of American Community*, New York: Simon & Schuster.(柴内康文訳、二〇〇六、『孤独なボウリング――米国コミュニティの崩壊と再生』柏書房。)

――、2006, *Our Kids: The American Dream in Crisis*, New York: Simon & Schuster.(柴内康文訳、二〇一七、『われらの子ども――米国における機会格差の拡大』創元社。)

齋藤克子、二〇〇八、「ソーシャル・キャピタル論の一考察――子育て支援現場への活用を目指して」『現代社会研究科論集』二、七一―八二頁。

斉藤雅茂、二〇一八、『高齢者の社会的孤立と地域福祉』明石書店。

坂本治也、二〇一〇、「日本のソーシャル・キャピタルの現状と理論的背景」『ソーシャル・キャピタルと市民参加』一―三一頁。

坂本佳鶴恵、二〇一七、「アイデンティティ――私が私であること」友枝敏雄・竹沢尚一郎・正村俊之・坂本佳鶴恵、『社会学のエッセンス新版補訂版――世の中のしくみを見ぬく』有斐閣、三二一―三四頁。

坂本忠次、二〇〇八、「財政再建と地方分権――最近の広域行政論に関する一考察」『岡山大学経済学会雑誌』三九(四)、三四五―三六二頁。

坂本義和、一九九七、『相対化の時代』岩波書店。

佐久間康富・山﨑義人、二〇一八、「住み継がれる集落をつくる営みのなかの『農村協働力』――『住み継がれる集落をつくる 交流・移住・通いで生き抜く地域』の再読」『農村計画学会誌』三六(四)、五〇〇―五〇三頁。

作野広和、二〇〇六、「中山間地域における地域問題と集落の対応」『経済地理学年報』五二(四)、二六四―二八二頁。

――――、二〇一四、「島根県における過疎化の動態的把握と今日の地域的課題」『山陰地方における地域社会の存立基盤とその歴史的転換に関する研究 二〇一一年度二〇一三年度島根大学重点研究プロジェクト研究成果報告書』一一五―一三八頁。

――――、二〇一八、「『関係人口』の捉え方と自治体の役割――自治体の真価が問われる時代に向けて」『ガバナンス』二〇二、一八―二〇頁。

――――、二〇一九、「人口減少社会における関係人口の意義と可能性」『経済地理学年報』六五(一)、一〇―二八頁。

櫻井龍彦、二〇〇一、「ゲオルク・ジンメルへの橋と扉」『現代社会理論研究』一一、二九一―二九四頁。

櫻井義秀、二〇一一、「ソーシャルキャピタル論の射程と宗教」『宗教と社会貢献』一(一)、二七―五一頁。

――――、二〇一四、「人口減少社会日本における希望ときずな――しあわせとソーシャル・キャピタル」『宗教研究』八八(二)、三一五―三四二頁。

――――・川又俊則編、二〇一六、『人口減少社会と寺院――ソーシャル・キャピタルの視座から』法藏館書店。

山陰中央新報、二〇一三年一月七日付、「移住新時代⑤定住の流儀」。

――――、二〇一九年一月六日付、「学び合い『大学』受講者Ｉ０００人突破」。

――――、二〇一九年一月九日付、「持続する地域づくり 主体的に担う人育ててごねっと石見など報告」。

――――、二〇一九年一二月一六日付、「体験型観光農園を 三島さん(浜田)安達さん(江津)江津市ビジコン大賞」。

佐野淳也、二〇一八ａ、「ネットワーク型主体形成による地域の自己生態系化――徳島県神山町の地域創生事例からの考察」『同志社政策科学研究』二〇(一)、六一―七三頁。

――――、二〇一八ｂ、「地域づくり主体のネットワーク形成と自己生態系化――徳島県神山町の地域づくり事例からの考察」『地

域活性学会研究大会論文集』一〇、六五―六八頁。

――――、二〇一九、「島根県海士町における地域づくり主体の自己生態系化プロセス」『同志社政策科学研究』二〇(二)、一三―三〇頁。

佐々木雅幸、川井田祥子、萩原雅也編著、二〇一四、『創造農村――過疎をクリエイティブに生きる戦略』学芸出版社。

佐々木豊・井上貴之・小薗井茜・渡邊瑞生、二〇一四、「日本型サブカルチャー戦略〝やおわらし〟を用いた農学・農業活性化の試み」『農業情報研究』二三(二)、一二三―一三一頁。

指出一正、二〇一六、『ぼくらは地方で幸せを見つける――ソトコト流ローカル再生論』ポプラ社。

佐藤一子、二〇一二、「地域再生にむけたソーシャル・キャピタルの継承と地域学習の展開過程――埼玉県深谷市の事例研究を中心に」『法政大学キャリアデザイン学部紀要』九、四六五―四九二頁。

佐藤誠、二〇〇三、「社会資本とソーシャル・キャピタル」『立命館国際研究』一六(一)、一―三〇頁。

佐藤宣子、二〇〇五、「山村社会の持続と森林資源管理の相互関係についての考察」『林業経済研究』五一(一)、三―一四頁。

佐藤遼・城所哲夫・瀬田史彦、二〇一四、「地方への移住関心層と移住可能層との間での地方移住生活イメージに対する選好パターンの違い――移住先地域での暮らし方・働き方の質に関するイメージに着目して」『都市計画論文集』四九(三)、九四五―九五〇頁。

佐藤卓己、二〇〇六、『メディア社会――現代を読み解く視点』岩波書店。

佐藤康行、二〇一一、「縮小する地方社会における地域再生――持続可能な生計アプローチから見た佐渡」『社会学年報』四〇、一一―二一頁。

関満博、二〇〇九、『地域産業の「現場」を行く』新評論。

――――・横山照康編、二〇〇四、『地方小都市の産業振興戦略』新評論。

――――・松永桂子編、二〇〇九、『中山間地域の「自立」と農商工連携』新評論。

関孝敏、一九九〇、「地域移動論序説」『北海道大学文学部紀要』三八(三)、二五―六四頁。

関原剛、二〇一〇、「山里ＮＰＯ機能の本質・５つのつなぎ」『地域開発』五五〇、五一―五三頁。

潜道文子、二〇一八、「ソーシャル・エンタープライズによるソーシャル・イノベーションの創出と『コミュニティ・キャピタル』」『拓殖大学経営経理研究』一一一、三一七―三三六頁。

柴田和子、二〇〇六、「『よそもの』の行うまちづくりと地域住民」『龍谷大学国際社会文化研究所紀要』八、五―一七頁。

柴山清彦・丹下英明、二〇一〇、「イノベーションを促す「ストレンジャー」の視点——多様性がもたらす革新を実現するための諸条件」『日本政策金融公庫論集』八、五三—七三頁。

椎川忍・小田切徳美・平井太郎・一般財団法人地域活性化センター・一般社団法人移住・交流推進機構、二〇一五、『地域おこし協力隊——日本を元気にする60人の挑戦』学芸出版社。

敷田麻実、二〇〇五、「よそ者と協働する地域づくりの可能性に関する研究」『江渟の久爾』五〇、七四—八五頁。

——、二〇〇九、「よそ者と地域づくりにおけるその役割にかんする研究」『国際広報メディア・観光学ジャーナル』(九)、七九—一〇〇頁。

——、二〇一〇、「よそ者との共創社会へ——地域づくりにおける薄い関係と濃い関係」『開発こうほう』一〇—一一頁。

嶋田暁文、二〇一六a、「『増田レポート』再考——『自治体消滅』論とそれに基づく処方箋は正しいのか?」『地方自治ふくおか』六〇(〇)、三—二〇頁。

——、二〇一六b、「海士町における地域づくりの展開プロセス——『事例』でも『標本』でもなく実践主体による『反省的対話』の素材として」『自治総研通巻』四五六、一—三四頁。

島根県、二〇一二、『平成24年 島根の人口移動と推計人口』。

——、二〇一五、『島根県人口ビジョン』。

——、二〇一五、『まち・ひと・しごと創生 島根県総合戦略』。

——、二〇一六、『島根総合発展計画』。

——、二〇二〇a、『島根県人口シュミレーション二〇二〇』。

——、二〇二〇b、「令和二年島根の人口移動と推計(速報)」。

島根県立隠岐島前高等学校、二〇一九、「高校魅力化プロジェクト」(二〇一九年一二月五日取得、https://www.dozen.ed.jp/miryokuka/)

島津邦弘、二〇一二、『山里からの伝言——中国山地二〇一〇—二〇一二』渓水社。

清水洋行、二〇一〇、「テーマ別研究動向 NPO・ボランティア」『社会学評論』六一(二)、六九—七八頁。

清水宏吉、二〇一四、『「つながり格差」が学力格差を生む』亜紀書房。

——・高田一宏・鈴木勇・知念渉・中村瑛仁・古田美貴・岡邑衛・薮田直子、二〇一〇、「I. 社会関係資本と学力——「つながり格差」仮説の再検討」『日本教育社会学会大会発表要旨集録』(六二)、三六八—三七二頁。

清水昌人、二〇〇一、「近年の人口移動理由」『人口問題研究』五七(一)、八—二四頁。

清水亮、二〇〇八、「『縮小社会』と地域社会の現在」地域社会学会『縮小社会と地域社会の現在――地域社会学が何をどう問うのか』ハーベスト社、三―八頁。

新海英行、二〇一三、「地域のエンパワーメントと住民の主体形成――地域づくりは人づくり」『名古屋柳城短期大学研究紀要』三五、一―一三頁。

篠原匡、二〇一四、『神山プロジェクト――未来の働き方を実験する』日経BP社。

塩原良和・五十嵐泰正・山北輝裕・安達智史・稲津秀樹・谷村要・轡田竜蔵、二〇一一、「特集グローバリゼーション移動／定住」『社会学批評』四、八三―九五頁。

Simmel, G., 1909, "Brücke und Tür," (北川東子編訳・鈴木直訳、一九九九、『ジンメル・コレクション』筑摩書房、九〇―一〇〇頁。)

――、1992, Soziologie: Untersuchungen uber die Formen der Vergesellschaftung, Georg Simmel Gesamtausgabe, Bd.11, Berlin: Suhrkamp.(居安正訳、一九九四、『社会学』(上・下)白水社。)

新藤慶、二〇〇八、「市町村合併をめぐる住民投票運動の展開と地域権力構造の変容――群馬県富士見村を事例として」『現代社会学研究』二一、一―一七頁。

塩見直紀、二〇一三、『半農半Xという生き方 決定版』筑摩書房。

白波瀬達也、二〇一七、『貧困と地域――あいりん地区から見る高齢化と孤立死』中央公論新社。

白井こころ、二〇一二、「沖縄県民の社会参加活動と地域帰属意識――沖縄県におけるソーシャル・キャピタルとSocial Determinants of Healthへの考察」安藤由美・鈴木規之編著『沖縄の社会構造と意識――沖縄総合社会調査による分析』九州大学出版会、一四九―一八五頁。

曽我謙悟、二〇一九、『日本の地方政府』中央公論新社。

曽根英二、二〇一〇、『限界集落――吾の村なれば』日本経済新聞出版社。

ソトコト編集部、二〇一九、「関係人口入門」『ソトコト』木楽舎、二〇(二)、二四―七七頁。

総務省、二〇一四、「大正9年国勢調査」、政府統計ポータルサイト、(二〇一九年一二月二日取得、https://www.e-stat.go.jp/stat-search/files?page=1&layout=datalist&toukei=00200521&tstat=000001036875)。

――、二〇一六、『住民基本台帳人口移動報告二〇一五年結果』。

――、二〇一八、『これからの移住・交流施策のあり方に関する検討会報告書――「関係人口」の創出に向けて』。

――、二〇一九a、「過疎対策の現状と課題」、総務省ウェブサイト、(二〇一九年一一月四日取得、http://www.soumu.go.jp/main_

content/00051096.pdf)。

———、二〇一九b、「平成27年国勢調査」、総務省統計局ウェブサイト、(二〇一九年一二月二日取得、https://www.stat.go.jp/data/kokusei/2015/kekka.html)。

———、二〇一九c、「地域おこし協力隊」、総務省ウェブサイト、(二〇一九年一一月二日取得、http://www.soumu.go.jp/main_content/000717586.pdf)。

———、二〇一九d、「『関係人口』とは?」、関係人口ポータルサイト、(二〇二一年二月一二日取得、http://www.soumu.go.jp/kankeijinkou/)。

———、二〇一九e、「平成2年度~平成29年度優良事例表彰一覧」、総務省ウェブサイト、(二〇一九年一一月四日取得、http://www.soumu.go.jp/main_sosiki/jichi_gyousei/c-gyousei/2001/kaso/h17hyousyouichiran.html)。

———、二〇二〇、「モデル事業概要」、関係人口ポータルサイト、(二〇二〇年一二月三〇日取得、https://www.soumu.go.jp/kankeijinkou/discription/index.html)

Scott, N./Baggio, R./Cooper, C., 2008, *Network Analysis and Tourism: from Theory to Practice*, Clevedon: Cannel View Publications.

須貝道雄、二〇一二、「山形県新庄市 シャッター通り商店街に住んでみる」『絆の風土記——列島各地で見た社会再生の芽生え』日本経済新聞出版社、一八二—二二五頁。

杉万俊夫、一九九七、「過疎地域の活性化——グループ・ダイナミックスと土木計画学の出会い」『実験社会心理学研究』三七(二)、二一六—二二三頁。

———・森永壽・渥美公秀、一九九七、「過疎地域活性化のグループ・ダイナミックス——鳥取県智頭町の活性化運動10年について」『土木学会論文集』五六二、二一七—二三六頁。

杉岡秀紀、二〇一〇、「新しい公共と人材育成——京都発『地域公共人材』の育成事例」『社会科学』八九、一五九—一七七頁。

住田和則・渡邊貴介・羽生冬佳、二〇〇一、「地方自治体におけるＵＩターン施策に関する研究」『都市計画論文集』三六、三五五—三六〇頁。

Sumner, William G., 1959 (1906), *Folkways: a study of the sociological importance of usages, manners, customs, mores, and morals*, New York: Dover Pub.(青柳清孝・園田恭一・山本英治訳、一九七五、『フォークウェイズ』青木書店。)

須藤直子、二〇一二、「変わりゆく移住の形式——よそ者(stranger)概念からみる『新しい移住』」『ソシオロジカル・ペーパーズ』二一、三六—五三頁。

鈴木広監修、二〇〇二、『地域社会学の現在』ミネルヴァ書房。

鈴木浩・山口幹幸・川崎直宏編著、二〇一三、『地域再生——人口減少時代の地域まちづくり』日本評論社。

鈴木健史・森尾淳・内山久雄・寺部慎太郎、二〇一一、「広島県におけるＵＪＩターンの要因に関する研究——地域の特徴、ＵＪＩターン支援施策からみた分析」『都市計画論文集』四六(三)、三二五—三三〇頁。

鈴木謙介、二〇一三、『ウェブ社会のゆくえ』ＮＨＫ出版。

鈴木宗徳、二〇一五、「ベック理論とゼロ年代の社会変動」鈴木宗徳編著『個人化するリスクと社会』勁草書房、一—二四頁。

鈴木伸生、二〇一七、「外部集団成員とのネットワーク形成の要因——大学生のクラブ・サークルを事例としたZero-Inflated Negative Binomial Regression Modelによる実証研究」『理論と方法』三二(一)、一三—三一頁。

鈴木敏正、一九九六、「地域住民の主体形成と社会教育学——山田主体形成論によせて」『北海道大學教育學部紀要』七一、二一—三五頁。

——、二〇〇七、「現代教育計画論への3つの視点」『北海道大学大学院教育学研究科紀要』一〇一、一—一八頁。

衆議院、二〇一九、「過疎地域対策緊急特別措置法」、衆議院ウェブサイト、(二〇一九年一一月四日取得、http://www.shugiin.go.jp/internet/itdb_housei.nsf/html/houritsu/06319700424031.htm)。

——、二〇一九、「過疎地域振興特別措置法」、衆議院ウェブサイト、(二〇一九年一一月四日取得、http://www.shugiin.go.jp/internet/itdb_housei.nsf/html/housei/h147015.htm)。

——、二〇一九、「過疎地域活性化特別措置法」、衆議院ウェブサイト、(二〇一九年一一月四日取得、http://www.shugiin.go.jp/internet/itdb_housei.nsf/html/houritsu/11819900331015.htm)。

首相官邸、二〇一四、「第187回国会における安倍内閣総理大臣所信表明演説」、首相官邸ウェブサイト、(二〇一九年一一月一三日取得、https://www.kantei.go.jp/jp/96_abe/statement2/20140929shoshin.html)。

——、二〇一九、「地方創生」、首相官邸ウェブサイト、(二〇一九年一一月四日取得、https://www.kantei.go.jp/jp/headline/chihou_sousei/index.html)。

立花敏・井上真・安村直樹・奥田裕規・山本伸幸・久保山裕史、一九九八、「人的繋がりからみた首都圏近郊山村の現状と展望——埼玉県大滝村を事例に」『林業経済研究』四四(二)、六七—七二頁。

橘木俊詔、二〇〇四、『リスク社会を生きる』岩波書店。

田上幸太・高橋智、二〇〇四、「戦後障害児教育における地域と教育のディスコース——『地域——主体形成——教育』という言説モデルの形成を中心に」『東京学芸大学紀要第I部門教育科学』五五、二二一—二四〇頁。

田所承己、二〇一七a、「モビリティ時代に人はなぜ場所に集まるのか——コミュニティカフェの『場所の意味づけ』を手掛かりに」『帝京社会学』三〇、八五—一〇四頁。

———、二〇一七b、『場所でつながる場所とつながる』弘文堂。

———、二〇一四、「コミュニティカフェとモビリティ——地域空間における〈つながり〉の変容」長田攻一・田所承己編『つながる／つながらないの社会学』弘文堂、八〇—一〇六頁。

田口太郎、二〇〇六、「市民を中心としたまちづくり体制の自律化プロセスに関する研究」早稲田大学大学院理工学研究科博士論文。

———、二〇一七a、「『関係人口』の地域づくりにおける可能性」『ECPR』二〇一七(二)、一三—一八頁。

———、二〇一七b、日本農業新聞二〇一七年一〇月一日付、「『関係人口』の捉え方」。

高橋博之、二〇一六、『都市と地方をかきまぜる——「食べる通信」の奇跡』光文社。

高橋和宏、一九八五、「地域権力構造論の再構築に向けて」『人文学報』一七七、四一—六二頁。

———、一九九四、「地域権力構造の比較分析——自己組織性概念の相対化に向けて」『人文学報』二五一、三一—八一頁。

———・村山登美雄・大西康雄・五十嵐誠、一九八七、「地域社会変動における地域権力構造とその自己組織化能力の分析——千葉県Y町を中心として」『人文学報』一九五、四三—九五頁。

高橋憲二、二〇一二、『過疎地における地域福祉政策——島根の高齢者・障害者の生活と福祉』高菅出版。

高橋正明、一九八六、「都市と農村の交流による地域の活性化——岡山県鏡野町越畑ふるさと村の場合」『大手前女子大学論集』二〇、一四八—一七一頁。

———、二〇〇六、「グリーン・ツーリズムによるまちづくり——兵庫県旧但東町の場合」『大手前大学人文科学部論集』七、七七—八八頁。

高橋勇悦・内藤辰美、一九九〇、『青年の地域リアリティ感覚——東京・地方・国際化』恒星社厚生閣。

高野良一、二〇一四、「社会関係資本のエートス論——教育理論の『可能性の中心』」『教育社会学研究』九四(〇)、六五—八九頁。

髙谷幸、二〇〇九、「脱国民化された対抗的公共圏の基盤——非正規滞在移住労働者支援労働組合の試みから」『社会学評論』六〇(一)、一二四—一四〇頁。

———、二〇一九、「移民が『よそ者』になるときならないとき」『CEL Culture、energy and life』一二三、三八—四一頁。

――――、二〇一七、『追放と抵抗のポリティクス――戦後日本の境界と非正規移民』ナカニシヤ出版。

高澤健司、二〇一六、「児童期・青年期におけるこれからの生徒指導の検討――信頼関係から寛容と主体性を育む生徒指導」『福山市立大学教育学部研究紀要』四、六三―六八頁。

竹端寛、二〇一八、「『ソーシャルワーカーの社会学』に向けて」『福祉社会学研究』一五(〇)、四九―六五頁。

竹本達也、二〇一二、「パットナムのソーシャルキャピタル論の再検討――世代と時代経験へのまなざしを用いて」『社会学研究科紀要』一〇、二九―四六頁。

竹野克己、二〇一五、「大平正芳内閣の『田園都市国家構想』と戦後日本の国土計画」『公共政策志林』(三)、一二五―一三八頁。

滝本優枝、二〇一六、「観光地類型による地域経済活性化の批判的検討」『商経学叢』六三(二)、二五七―二七五頁。

玉村雅俊編著、二〇一六、『ソーシャルパワーの時代――「つながりのチカラ」が革新する企業と地域の価値共創(CSV)戦略』産学社。

――――・小島敏明編著、二〇一六、『東川スタイル――人口8000人のまちが共創する未来の価値基準』産学社。

玉野和志、二〇〇六、「90年代以降の分権改革と地域ガバナンス」岩崎信彦・矢澤澄子監修『地域社会の政策とガバナンス』東信堂、一三五―一五三頁。

玉沖仁美、二〇一二、『地域をプロデュースする仕事』英治出版。

田村久美、二〇〇六、「家族・施設・地域の福祉ガバナンス」『川崎医療福祉学会誌』一五(二)、五一一―五一九頁。

田村秀、二〇一八、『地方都市の持続可能性――「東京ひとり勝ち」を超えて』筑摩書房。

田中マキ子・神田裕美・白水麻子・森口覚・小川全夫、二〇〇八、「中山間地域再生に向けた健康福祉コンビニ構想の有効性の検討――第I報 生活者の健康実態からの考察」『山口県立大学学術情報』一、一四八―一六〇頁。

田中尚輝、一九九八、『ボランティアの時代――NPOが社会を変える』岩波書店。

田中里美、二〇一〇、「地域の福祉の状態――高齢者による評価」『現代社会学』一一、一五―二八頁。

田中重好・山下祐介、一九九九、「地方都市と過疎地域との新たな関係性――過疎地域からのアプローチ」『日本都市社会学会年報』一九九九(一七)、一〇九―一二六頁。

田中輝美、山陰中央新報二〇一六年五月二七日付、「しまね未来探訪(14)学校魅力化プロジェクト」。

――――、山陰中央新報二〇一六年一二月二三日付、「しまね未来探訪(21)江津市ビジネスプランコンテスト」。

――――、二〇一七a、「人口減少時代におけるよそ者との地域再生――島根県を事例に」大阪大学大学院人間科学研究科二〇一六年度修士論文。

――――、二〇一七b、『よそ者と創る新しい農山村』筑波書房。

――――、二〇一七c、『関係人口をつくる――定住でも交流でもないローカルイノベーション』木楽舎。

――――、二〇一八、「地域の人が関係人口をつくる」『ガバナンス』(二〇二)、二一―二三頁。

――――、二〇一九a、「関係人口の可能性と課題」『地域問題研究』(九五)、九―一四頁。

――――、二〇一九b、「地域――都市と地方をつなぎ直す」藤代裕之編著『ソーシャルメディア論・改定版――つながりを再設計する』青弓社、一七二―一八六頁。

――――、山陰中央新報二〇一九年八月三〇日付、「しまね未来探訪(53)島前高校卒業生フェスタ」。

――――・藤代裕之研究室、二〇一五、『地域ではたらく「風の人」という新しい選択』ハーベスト出版。

田中佑典、二〇一九、「集落の終活を考えよう」、日本経済新聞電子版二〇一九年九月一二日、(二〇一九年一二月二日取得、https://www.nikkei.com/article/DGXMZO49674400R10C19A9SHE000/)。

谷口功、二〇〇四、「コミュニティにおける主体形成に関する一考察」『コミュニティ政策』二(〇)、一七三―一八九頁。

谷口憲治編著、二〇一二、『中山間地域農村発展論』農林統計出版。

丹野清人、二〇一六、「顔の見えない定住化」北川由紀彦・丹野清人『移動と定住の社会学』放送大学教育振興会、一〇五―一三七頁。

垂水亜紀・藤原三夫・泉英二、二〇〇〇、「徳島県山城町における定住促進政策の展開と成果」『林業経済研究』四六(一)、五七―六二頁。

辰己佳寿子、二〇一二、「「よそ者」も守る日本の農地――農地を守ることは地域を守ること」『日本作物学会紀事』八一(二)、二四一―二四三頁。

田代洋一編、二〇〇四、『日本農村の主体形成』筑波書房。

寺本英仁、二〇一八、『ビレッジプライド――「0円起業」の町をつくった公務員の物語』ブックマン社。

寺本義也・中西晶、二〇〇〇、『知識社会構築と人材革新――主体形成』日科技連出版社。

寺島英弥、二〇一二、『悲から生をつむぐ――「河北新報」編集委員の震災記録三〇〇日』講談社。

寺床幸雄、二〇一六、「社会関係資本に関する地理学の研究動向と課題――農業・農村研究との関連を中心に」『人文地理』六八(四)、四四三―四六一頁。

――――、二〇一八、「社会関係資本からみた長崎市におけるビワ栽培の持続性と地域的課題」『経済地理学年報』六四(一)、三六―五四頁。

The International Bank for Reconstruction and Development, The World Bank, 2001, *World Development Report 2000/2001: Attacking Poverty*, New York: Oxford University Press.（西川潤・五十嵐知子訳、二〇〇二『世界開発報告二〇〇〇／二〇〇一——貧困との闘い』シュプリンガー・フェアラーク東京。）

十川信介、二〇〇八、『近代日本文学案内』岩波書店。

徳田剛、二〇〇四、「マージナル・マン概念の射程」『神戸大学文学部紀要』三一、一九—三五頁。

——、二〇〇五、「よそ者概念の問題機制——『専門家のまなざし』と『移民のまなざし』の比較から」『ソシオロジ』四九(三)、三—一八頁。

——、二〇〇七ａ、「よそ者概念の社会学的彫琢——Ｇ・ジンメルによる概念規定を中心に」『社会学雑誌』二四、九七—一一一頁。

——、二〇〇七ｂ、「よそ者の社会学——近さと遠さのダイナミクス」神戸大学大学院文化学研究科二〇〇七年度博士論文。

——、二〇一〇、「Ｚ・バウマンの社会秩序観——『よそ者』と『社会的距離』の視点から」『社会学史研究』三二、五九—七三頁。

——、二〇一七、「Ｇ・ジンメルの『空間の社会学』——空間・都市・移動をめぐって」『社会学史研究』三九、二七—四五頁。

——、二〇二〇、『よそ者／ストレンジャーの社会学』晃洋書房。

徳野貞雄、二〇〇七、『農村の幸せ都会の幸せ——家族・食・暮らし』ＮＨＫ出版。

——、二〇一〇、「縮小論的地域社会理論の可能性を求めて——都市他出者と過疎農村」『日本都市社会学会年報』二八、二七—三八頁。

徳島大学総合科学部地域計画学研究室、二〇一七、『まんのう町ことなみ未来会議事業委託業務　旧琴南町川奥西谷地区集落調査報告書』。

——、二〇一九、『まんのう町旧琴南町川奥地区　転出子による地域サポートの検証　報告書　転出子によるネットワーク型住民自治の検討』。

富野暉一郎、二〇一三、「いま求められる地域公共人材」今川晃・梅原豊編『地域公共人材をつくる——まちづくりを担う人たち』法律文化社、一五—三六頁。

友枝敏雄、二〇一七、「社会関係資本から21世紀のコミュニティと社会へ」『学術の動向』二二(九)、八—一二頁。

——・浜日出夫・山田真茂留、二〇一七、『社会学の力』有斐閣。

遠山茂樹、二〇一一、「社交をデザインする——ＳＮＳを利用した地域社交場の創設の試み」『情報文化学会誌』八(二)、一一—一八頁。

富山新聞報道局、二〇一八、『南砺発魂一如――「一流の田舎」への挑戦』富山新聞社。

――――、二〇一八、『奇跡の村・舟橋――日本一の小さな村の人口はなぜ倍増したか?』富山新聞社。

豊島慎一郎・仁平典宏、二〇一二、「仁平典宏著『「ボランティア」の誕生と終焉――〈贈与のパラドックス〉の知識社会学」』『ソシオロジ』五七(二)、九七―一〇四頁。

土屋薫・須賀由紀子二〇一九、「地域を支える社会関係資本形成の仕組みの構築――まち歩きによる地域への愛着意識の醸成に向けて」『江戸川大学紀要』二九、三〇五―三一三頁。

津田翔太郎、二〇一九、「アイデンティティ論の発展的検討――承認の視座を中心に」『21世紀倫理創成研究』一二、五二―六七頁。

辻竜平・佐藤嘉倫編、二〇一四、『ソーシャルキャピタルと格差社会――幸福の計量社会学』東京大学出版会。

辻喜彦・吉武哲信・出口近士、二〇一〇、「複数公共事業によるまちづくりプロジェクト・マネジメントにおける日向市デザイン会議の役割と機能評価」『社会技術研究論文集』七、一―一〇頁。

津曲隆・山部末光、二〇〇八、「拡張による学習としての地域活性化――阿蘇地域におけるスポーツを利用した共発的発展モデルについての検討」『アドミニストレーション』一五、四三―七六頁。

鶴見和子、一九九六、『内発的発展論の展開』筑摩書房。

鶴田俊、二〇一六、「秋田県立高等学校卒業生の大学進学動向の分析」『秋田県立大学ウェブジャーナル』三、五八―六四頁。

筒井一伸・嵩和雄・佐久間康富、二〇一四、『移住者の地域起業による農山村再生』筑波書房。

――――・佐久間康富・嵩和雄、二〇一五、「都市から農山村への移住と地域再生――移住者の起業・継業の視点から」『農村計画学会誌』三四(一)、四五―五〇頁。

堤研二、一九八七、「過疎山村・大分県上津江村からの人口移動の分析」『人文地理』三九(三)、一―二三頁。

――――、一九八九、「人口移動研究の課題と視点」『人文地理』四一(六)、四一―六二頁。

――――、二〇一一、『人口減少・高齢化と生活環境――山間地域とソーシャル・キャピタルの事例に学ぶ』九州大学出版会。

内田隆三編、一九九八、『情報社会の文化2 イメージのなかの社会』東京大学出版会。

打越綾子、二〇一四、「よそ者が地域住民からの信頼を得る：好かれるための一戦略」『ワイルドライフ・フォーラム』一八(二)、一二―一三頁。

内野澄子、一九九〇、「戦後日本の人口移動の変動」『人口問題研究』一九四、一六―三四頁。

上田裕文・郡山彩、二〇一六、「地域づくりに関わる住民の行動変容プロセスとよそ者の役割――北海道寿都町での大学プロジェクトの事例より」『農村計画学会誌』三五(三)、三九八―四〇三頁。

上野眞也、二〇〇四、「条件不利地域の構造と政策分析(I)――質的比較分析による集落存立条件の研究」『熊本法学』一〇五、一―四六頁。

内山節、二〇一〇、『共同体の基礎理論――自然と人間の基層から』農山漁村文化協会。

鵜飼孝造、二〇〇〇、「ネットワーク論」碓井崧・丸山哲央・大野道邦・橋本和幸『社会学の理論』有斐閣、二〇五―二一九頁。

梅原豊、二〇一三、「地域公共人材の育成とその育成――京都府での挑戦」今川晃・梅原豊編『地域公共人材をつくる――まちづくりを担う人たち』法律文化社、三七―五二頁。

宇野重規、二〇一〇、『〈私〉時代のデモクラシー』岩波書店。

Urry, J., 2000, *Sociology Beyond Societies: Mobilities for The Twenty-First Century*, London: Routledge.(吉原直樹監訳、二〇〇六、『社会を越える社会学』法政大学出版会。)

――――, 2007, *Mobilities*, Cambridge: Polity Press.(吉原直樹・伊藤嘉高訳、二〇一五、『モビリティーズ――移動の社会学』作品社。)

宇都宮浄人、二〇一五、『地域再生の戦略――「交通まちづくり」というアプローチ』筑摩書房。

宇沢弘文、二〇〇〇、『社会的共通資本』岩波書店。

若林幹夫、二〇〇〇、『都市の比較社会学』岩波書店。

若原幸範、二〇〇五、「農村の内発的発展とコアメンバーの意識形成」『社会教育研究』二三、七三―九一頁。

――――、二〇〇七a、「地域づくり主体の形成過程」『日本社会教育学会紀要』四三、八三―九二頁。

――――、二〇〇七b、「農村における内発的発展の担い手形成過程」『社会教育研究』二五、三九―四九頁。

――――、二〇〇九、「農村におけるネットワーク型の地域づくり主体形成」『北海道大学大学院教育学研究院紀要』一〇七、一五九―一七七頁。

渡辺啓巳、二〇〇三、「歴史的農山村環境の保全と地域再生」『日本獣医畜産大学研究報告』五二、二九―三三頁。

渡部薫、二〇〇六、「都市の変容と文化資本――活動の創発とネットワークによる文化の創造」『文化経済学』五(二)、五五―七一頁。

渡辺真知子、一九八五、「戦後における国内人口移動の新局面――経済低成長時代への人口学的適応の一側面」『三田学会雑誌』七八(二)、四〇―六八頁。

渡部奈々、二〇一一、「パットナムのソーシャル・キャピタル論に関する批判的考察」『社学研論集』一八、一三五―一五〇頁。

渡辺諭、二〇一六、「街と人の流れを変えた創業支援」松永桂子・尾野寛明編著『ローカルに生きるソーシャルに働く』農山漁村文化協会、五八—七〇頁。

渡部友里、二〇一六、「岡山県笠岡諸島における移住者の特性と生活の現状」『地域地理研究』 二二(一)、一六—二六頁。

Ward, Neil, and Atterton, Jane, and Kim, Tae-Yoen, and Low, Philip, and Philipson, Jelemy, and Tompson, Nicola, 2005, "Universities, the Knowledge Economy and 'Neo-Endogenous Rural Development'," CRE Discussion Paper 1, 1-15.(安藤光義・小田切徳美訳、二〇一一、「大学・知識経済・『ネオ内発的発展』」安藤光義・フィリップ・ロウ編『英国農村における新たな地の地平』農林統計出版、一八九—二一一頁。)

William, F. White, 1993=1952, *Street Corner Society: the social structure of an Italian slum*, Chicago: University of Chicago Press.(奥田道大・有里典三訳、二〇〇〇、『ストリート・コーナー・ソサエティ』。)

矢部拓也、二〇〇六、「地域経済とまちおこし」岩崎信彦・矢澤澄子監修『地域社会の政策とガバナンス』東信堂、八八—一〇二頁。

——、渡戸一郎、西山志保、二〇一一、「総説 分権と自治」地域社会学会『新版キーワード地域社会学』ハーベスト社、二二二—二二七頁。

八木信一・関耕平、二〇一九、『地域から考える環境と経済——アクティブな環境経済学入門』有斐閣。

山田晴義、二〇一一、「農村移住による農村再生のための計画的課題と展望」『農村計画学会誌』二九(四)、四一四—四一七頁。

山田定一、二〇〇六、「地域産業の振興と支援ネットワーク——非営利・協同の視点を踏まえて」『開発論集』七七、八九—一一二頁。

山田真茂留、二〇一七、「社会関係資本の光と影——まとめその先へ」『学術の動向』二〇一七。九、四八—五二頁。

山岸俊男、一九九八、『信頼の構造——こころと社会の進化ゲーム』東京大学出版会。

——、一九九九、『安心社会から信頼社会へ——日本型システムの行方』中央公論新社。

山口昌男、一九七五、『道化の民俗学』新潮社。

山口泰史、二〇一六、「山形県庄内地域における若年人口の流出と親世代の意識」『地学雑誌』一二五(四)、四九三—五〇五頁。

——・松山薫、二〇一五、「戦後日本の人口移動と若年人口移動の動向」『東北公益文科大学総合研究論集』二七、九一—一一四頁。

山本栄一、一九九二、「過疎地域活性化と『内発的発展論』」『經濟學論究』四六(一)、四一—五七頁。

山本英治、一九七三、「60年代における地域権力構造の変容」『都市問題』六四(一二)、三一—一五頁。

山本熊太郎、一九七一、『江津市の地誌』江津市文化財研究所。

山本伸幸・井上真・立花敏・安村直樹・奥田裕規・安村直樹・久保山裕史、一九九八、「人的繫がりからみた中国地方山村の現状と展望――島根県の山村集落を事例に」『林業経済研究』四四（二）、七九―八四頁。

山本信次、二〇一〇、「市民参加・森林環境ガバナンス論の射程――森林ボランティアの役割を中心として」『林業経済研究』五六（一）、一七―二八頁。

山本努、二〇一四、「限界集落論への疑問」『県立広島大学経営情報学部論集』六、一一三―一二三頁。

山中亜紀、二〇一一、「『アメリカ人』と『よそ者』との境界線――ルイス・C・レヴィンの「ネイティヴ・アメリカニズム」を手がかりとして」『法政研究』七八（三）、七四一―七六三頁。

山下宗利、二〇〇六、「中心市街地の活性化と今後の役割」『経済地理学年報』五二（四）、二五一―二六三頁。

山下良平・星野敏・九鬼康彰、二〇一〇、「条件不利地域における内発的発展の要因と推進体制に関する研究：京都府舞鶴市杉山集落を事例として」『農村計画学会誌』二八、三七五―三八〇頁。

山下祐介、二〇〇三、「社会的ネットワークと地域活性化」『人文社会論叢』九、一七一―一八四頁。

――――、二〇一〇、「戦後日本社会の世代と移動――過疎／過密の生成と帰結」『日本都市社会学会年報』二八、一―二五頁。

――――、二〇一二、「移動と世代から見る都市・村落の変容――戦後日本社会における広域システム形成の観点から」『社会学評論』六二（四九）、四二八―四四一頁。

――――、二〇一四、『地方消滅の罠』筑摩書房。

――――・菅磨志保、二〇〇六、「ボランティアの育成と組織化」岩崎信彦・矢澤澄子監修『地域社会の政策とガバナンス』東信堂、一二〇―一二四頁。

山竹伸二、二〇一一、『「認められたい」の正体――承認不安の時代』講談社。

山内道雄、二〇〇七、『離島発 生き残るための10の戦略』NHK出版。

――――・岩本悠・田中輝美、二〇一五、『未来を変えた島の学校――隠岐島前発ふるさと再興への挑戦』岩波書店。

山内直人、二〇〇五、「ソーシャル・キャピタルと地域再生」『CEL』七三、三―八頁。

――――、二〇〇六、「ソーシャル・キャピタルの視点でコミュニティ再生を考える」『地域政策研究』三四、五七―六四頁。

――――・東一洋、二〇〇六、「ソーシャル・キャピタルを地域再生にどう生かすか」『人と国土21』三一（六）、一二―一五頁。

――――、二〇一六、『縮充する日本――「参加」が創り出す人口減少社会の希望』PHP研究所。

山内裕・平本毅、二〇一六、「組織化における主体と客体の相互反映性――透析治療のエスノメソドロジー」『組織学会大会論文集』四（二）、六九―八〇頁。

――――・佐藤那央、二〇一六、「サービスデザイン再考――相互主観性からの視座」『マーケティングジャーナル』三五（三）、六四―七四頁。

山崎亮、二〇一二、『まちの幸福論――コミュニティデザインから考える』NHK出版。

――――、二〇一六、『縮充する日本――「参加」が創り出す人口減少社会の希望』PHP研究所。

山崎義人、二〇一七、「どう住まいいかに継がれていくべきか」山崎義人・佐久間康富編著『住み継がれる集落をつくる――交流・移住・通いで生き抜く地域』学芸出版社、一三一―一三三頁。

柳田国男、二〇一七、『都市と農村』岩波書店。

柳井雅也、二〇一七、「『よそ者』による地域づくりの特徴と課題について」『東北学院大学教養学部論集』一七八、一五―二七頁。

矢野聡、二〇一〇、「規範理論としてのソーシャル・キャピタル」『行動計量学』三七（一）、六九―七六頁。

安福恵美子、二〇〇〇、「ツーリズムの社会的・文化的インパクト――ツーリストとホストの異文化接触を中心に」『異文化コミュニケーション研究』一二、九七―一一二頁。

矢田俊文、二〇一六、「国土形成計画制度の意義と課題――国土計画体系見直しの議論を追う」『経済地理学年報』六二（四）、三六〇―三八四頁。

――――編著、二〇〇五、『地域構造論の軌跡と展望』ミネルヴァ書房。

矢崎慶太郎、二〇一七、「信頼：社会学の基礎前提とソーシャル・ウェルビーイング調査結果の検討」『ソーシャル・ウェルビーイング研究論集』三、九―三一頁。

米山秀隆、二〇一二、『空き家急増の真実――放置・倒壊・限界マンション化を防げ』日本経済新聞出版社。

――――、二〇一八、『縮小まちづくり――成功と失敗の分かれ目』時事通信社。

米沢和彦、二〇〇二、「地方自治体行政と地域活性化――『まちづくり』『むらおこし』の系譜と展望」鈴木広監修『地域社会学の現在』ミネルヴァ書房、二三八―二五一頁。

尹孝鎮・三村浩史・Lim Bon、一九九〇、「転出時期別に類型化された地方都市出身者の〝ふるさと回帰意識〟構造――津山市地域住宅計画にみるUターン世帯向け住宅施策の課題」『都市計画論文集』（二五）、七四五―七五〇頁。

劉鶴烈・千賀裕太郎、二〇〇二、「住民主導型集落づくりの起動期の実態に関する考察――福島県伊南村大桃地区を事例として」『農村計画学会誌』二一、一九三―一九八頁。

吉田昌幸、二〇〇四、「社会制度としての市場と企業家活動との相互補完性――ハイエク・カーズナー・ハーパーの市場＝企業家論か

ら」『經濟學研究』五四(二)、二二一―二三七頁。

吉田基晴、二〇一八、『本社は田舎に限る』講談社。

吉原直樹、二〇〇八、『モビリティと場所――21世紀都市空間の転回』東京大学出版会。

吉川光洋、二〇一〇、「農村地域への移住者の増加と歴史的変遷――UJIターンの概念の発生と政策的対応」『地域協働 地域協働研究所年報』七、一―二六頁。

吉川登、一九八五、「地域権力構造論の比較研究――地域政治研究の新たな視座をもとめて」『甲南大学紀要文学編』五九、一―一六頁。

吉見俊哉、二〇〇九、『ポスト戦後社会』岩波書店。

吉村彩・広田純一、二〇〇六、「地域づくりにおける地域住民の主体性形成プロセスとその要因」『農村計画学会誌』二五、三〇五―三一〇頁。

吉村隆・北山秋雄、二〇一〇、「中山間地域に暮らす住民のソーシャルキャピタルに関する研究――グループ農業活動によるソーシャルキャピタル醸成の可能性の検討」『信州公衆衛生雑誌』五(一)、五八―五九頁。

吉野英岐、二〇〇六、「戦後日本の地域政策」岩崎信彦・矢澤澄子監修『地域社会の政策とガバナンス』東信堂、五―二二頁。

吉武聡、二〇〇六、「コミュニティビジネスによる地域再生の可能性に関する考察――ソーシャル・キャピタルとの関連において」『日本地域政策研究』四、一七五―一八二頁。

図司直也、二〇一二、「農山村における地域サポート人材の役割と受け入れ地域に求められる視点」『JC総研report』二三、二三―二九頁。

――、二〇一四a、「若者はなぜ農山村に向かうのか――『里山』資源が生み出すなりわいづくりの可能性」『地域開発』、一一―一四頁。

――、二〇一四b、『地域サポート人材による農山村再生』筑波書房。

――、二〇一九、「プロセス重視の『ひと』づくり――農山村の未来を切り開くソーシャル・イノベーターへの成長」小田切徳美・平井太郎・図司直也・筒井一伸『プロセス重視の地方創生――農山村からの展望』筑波書房、一八―四四頁。

謝辞

よそ者が登るには、あまりにも高すぎる山なのではないか――。大阪大学大学院人間科学研究科博士後期課程に進んだ私がまず感じたことでした。

社会学的に関係人口を定義付け、地域再生に果たす役割を明らかにする。現役のジャーナリスト、つまり、アカデミアにおけるよそ者が向き合うには難易度が高いテーマだと、今となっては思います。しかし、よそ者であるがゆえに山の高さに気付かず、登り始めることができたのかもしれません。まだまだ日本では多いとは言えない、アカデミズムの作法を身に付けたジャーナリストになりたいという思いも後押ししました。

なんとか博士論文の提出と本書の出版までたどりつけたのは、大阪大学大学院人間科学研究科の先生をはじめとした多くの方々のおかげです。

吉川徹先生は博士前期課程に続いて指導教員を引き受けてくださいました。吉川先生のスタイルはわかりやすい答えをインスタントに示すというより、問いを通して思考が深まるための補助線を引いてくださっていたように思います。その問いは本質的であり、向き合うのが苦しいときもありましたが、だからこそ力になった部分があるように感じます。同郷ということもあって論文指導の折には島根にまつわる話題も共有でき、伺うのが楽しみでもありました。副査の川端亮先生、髙谷幸先生は、いつもあたたかい眼差しで気に掛けてくださり、博士論文に直結する助言だけでなく、社会学の魅力と厳しさも教えてくださいました。また、院生の先輩だった橋詰裕人さん、平松誠さんは、不案内で不安も多かった大学院生活や論文執筆を親切にサポートしてくださいました。

あらためて、大阪大学大学院で学べたことを誇りに思います。それゆえ大阪大学出版会から出版できることはこの上ない喜びです。的確なコメントで改稿を導いてくださった編集者の板東詩おりさんには本当に助けられました。心より感謝申し上げます。なお、本書に至らない点があるとしたら、それはひとえに筆者である私の責任です。まだまだ不十分な点も多く、誤りなども含めて指摘いただけると幸いです。

そのほか、明治大学の小田切徳美先生を座長とする日本協同組合連携機構（ＪＣＡ）の都市・農村共生社会創造研究会のメンバーの皆さまにも大変お世話になりました。研究会は毎回刺激に満ち、博士論文の血肉となったことはもちろん、数々の有益な助言をいただきました。さらには鳥取大学の筒井一伸先生、大谷大学の徳田剛先生には、直接相談に乗っていただき、重要なインスピレーションを得ることができました。

何より、お忙しい中で調査に時間を割いてくださった、島根県海士町、同県江津市、香川県まんのう町の方々のご協力があったからこそ、完成させることができました。調査では対象者の思いや来歴に触れ、心揺さぶられることも少なくありませんでした。本当にありがとうございました。普段から有形無形に力になってくれる家族とパートナー、中国山地をはじめとした全国各地の仲間や、ここにお名前を挙げることができなかった多くの方々も含めて感謝の気持ちでいっぱいです。

関係人口をめぐる最近の状況は、「ブーム」とも言われる中で、私が胸を高鳴らせて期待した頃とは違うものになっていっているように感じざるを得ません。ただ、言葉は生き物であり、その時代に生きている人たちによってつくられていくことを考えると、持つ意味やイメージは時代とともに変化して当然です。終章の最後でも触れたように、今後、関係人口という言葉自体も移り変わっていくのかもしれません。

とはいえ、人口減少時代、つまり、人的資源に限りがあるという制約が前提になる時代において、地域に暮らす人たちだけではなく外の人たちと力を合わせて生きていく、その必要性は高まっていくと考えます。人が減っても、人が少なくても、幸せな地域社会をどうつくっていくのか。私たちは大きな問いの入り口に立っているのではないでしょうか。

二〇二一年二月　　　田中輝美

ア行

カ行

サ行

田中輝美（たなか・てるみ）

島根県浜田市生まれ。大阪大学文学部卒。一九九九年、山陰中央新報社に入社し、琉球新報社との合同企画「環《めぐ》りの海——竹島と尖閣」で二〇一三年新聞協会賞を受賞。二〇一四年秋、同社を退職し、フリーのローカルジャーナリストとして、変わらず島根に暮らしながら、地域のニュースを記録している。主な著書に『関係人口をつくる——定住でも交流でもないローカルイノベーション』（二〇一七年、木楽舎）『未来を変えた島の学校——隠岐島前発ふるさと再興への挑戦』（共著、二〇一五年、岩波書店）など。二〇一八年度総務省ふるさとづくり大賞奨励賞受賞。二〇二〇年、大阪大学大学院人間科学研究科後期課程修了。博士（人間科学）。二〇二一年四月、島根県立大学地域政策学部准教授に着任。また、過疎の発祥地から「過疎は終わった！」と問い、百年続けることを掲げる年刊誌『みんなでつくる中国山地』プロジェクトも仲間と始めた。

関係人口の社会学
人口減少時代の地域再生

二〇二一年四月二十五日　初版第一刷
二〇二四年十一月十五日　初版第六刷

著者　田中輝美
発行所　大阪大学出版会
代表者　三成賢次
〒五六五-〇八七一
大阪府吹田市山田丘二-七
大阪大学ウエストフロント
電話：〇六-六八七七-一六一四（直通）
FAX：〇六-六八七七-一六一七
URL: http://www.osaka-up.or.jp

印刷・製本　亜細亜印刷株式会社
デザイン　三上悠里

ISBN 978-4-87259-729-5　C3036